W0271598

001it Foto: fs

Reise Know-How im Internet

Aktuelle Reisetipps und Neuigkeiten
Ergänzungen nach Redaktionsschluss
Büchershop und Sonderangebote

Weitere KulturSchock-Titel:

Afghanistan, Ägypten, Argentinien, Australien, Brasilien, China/Taiwan, Cuba, Ecuador, Finnland, Frankreich, Indien, Iran, Irland/Nordirland, Japan, Jemen, Kambodscha, Kleine Golfstaaten/Oman, Laos, Marokko, Mexiko, Mumbai, Pakistan, Peru, Polen, Rumänien, Russland, Slowenien, Spanien, Thailand, Thailands Bergvölker und Seenomaden, Tuareg, Türkei, Ukraine, Ungarn, USA, Vietnam, Vorderer Orient

KulturSchock – Familienmanagement im Ausland
KulturSchock – Leben in fremden Kulturen

Frank Schwarz
KulturSchock Italien

„Das ist das Angenehme auf Reisen, dass auch das Gewöhnliche durch Neuheit und Überraschung das Ansehen eines Abenteuers gewinnt."
Johann Wolfgang von Goethe: Italienische Reise,
Tagebucheintrag vom 9. März 1787 in Neapel

002it Foto: fs

Impressum

Frank Schwarz
KulturSchock Italien

erschienen im
Reise Know-How Verlag Peter Rump GmbH
Osnabrücker Str. 79
33649 Bielefeld

1. Auflage 2009

Gestaltung
Umschlag: Günter Pawlak (Layout), Klaus Werner (Realisierung)
Inhalt: Günter Pawlak (Layout), Anna Medvedev (Realisierung)
Karten: travel@media
Abbildungen: siehe Bildnachweis S. 7
Lektorat: Dhaara P. Volkmann
Druck und Bindung: Fuldaer Verlagsanstalt GmbH & Co. KG

ISBN 978-3-8317-1697-5
Printed in Germany

Dieses Buch ist erhältlich in jeder Buchhandlung Deutschlands, der Schweiz, Österreichs, Belgiens und der Niederlande. Bitte informieren Sie Ihren Buchhändler über folgende Bezugsadressen:

Deutschland
Prolit GmbH, PF 9, D-35461 Fernwald (Annerod) sowie alle Barsortimente
Schweiz
AVA-buch 2000, Postfach, CH-8910 Affoltern
Österreich
Mohr Morawa Buchvertrieb GmbH, Sulzengasse 2, A-1230 Wien
Niederlande, Belgien
Willems Adventure, www.willemsadventure.nl

Wer im Buchhandel trotzdem kein Glück hat, bekommt unsere Bücher auch über unseren **Büchershop im Internet: www.reise-know-how.de**

Wir freuen uns über Kritik, Kommentare und Verbesserungsvorschläge.

Alle Informationen in diesem Buch sind vom Autor mit größter Sorgfalt gesammelt und vom Lektorat des Verlages gewissenhaft bearbeitet und überprüft worden.

Der Verlag sucht Autoren für weitere KulturSchock-Bände.

Frank Schwarz

KulturSchock Italien

Bildnachweis

Die Kürzel an den Abbildungen stehen für folgende Personen, Firmen und Einrichtungen. Wir bedanken uns für ihre freundliche Abdruckgenehmigung.

fs Frank Schwarz
pl www.pixelio.de, S. 18, 25, 29, 34, 107
wp Wikimedia Commons, lizenziert unter GNU-Lizenz für freie Dokumentation, S. 49, 54

Umschlagfoto: fotolia.com, Philip Lange

Vorwort

In den Köpfen vieler Deutscher geistert eine Vorstellung von Italien als „Insel der Glückseligen" herum. Die Menschen dort, so das Vorurteil, genießen das *dolce vita* unter südlicher Sonne und sind immer gut gelaunt. Sie essen gern Pizza und Pasta, lieben Rotwein und sind immer für einen Flirt zu haben. Natürlich sehen sie gut aus, fahren gern Vespa und sind eher arbeitsscheu. Dieses Bild von Italien ist ein sehr eingeschränktes: In Wirklichkeit handelt es sich um ein vielfältiges, von großen regionalen Unterschieden geprägtes Land, dessen nationale Identität während der letzten hundert Jahren erst mühsam geschaffen werden musste. Drei Faktoren spielten dabei eine wichtige Rolle: der Krieg, der Faschismus und das Fernsehen.

Das „echte" Italien, das unverfälschte, nicht von der unsäglichen Medienmaschine kaputtgemachte, in dem sich noch das Abbild einer längst vergangenen Zeit wiederspiegelt, ist schwer zu finden, aber es existiert. Es gibt in allen Regionen Italiens Menschen, die auf der Suche sind nach dem, was langsam verloren zu gehen droht. Es sind Menschen, die ihre eigentümlichen Regionalsprachen pflegen oder versuchen, alte Kochrezepte zu bewahren. Sie alle eint der Gedanke, dass es notwendig ist, etwas gegen die drohende kulturelle Verflachung des Landes zu unternehmen, da es sonst Gefahr läuft, in seinem eigenen Klischee zu ersticken.

Seit dem erneuten Wahlsieg des Medienmoguls *Silvio Berlusconi* ist die weltweite Sympathie, deren sich die Italiener jahrzehntelang sicher sein konnten, in eine gewisse Antipathie umgeschlagen. Auf der ganzen Welt fragten sich viele Menschen, wie es möglich sein konnte, dass ein zwielichtiger Milliardär zum drittenmal Ministerpräsident wurde. Die von der neuen Mitte-rechts-Regierung angezettelte Diskussion über Fingerabdrücke, die alle Sinti und Roma in Italien abgeben sollen, unterstellte dem ganzen Land eine ausländerfeindliche Stimmung.

Zudem trugen die unglaublichen Meldungen über den Müllnotstand in Neapel dazu bei, dass die Touristenzahlen vor allem in Süditalien deutlich zurückgingen. Auch das Wiedererstarken der kriminellen Organisationen (Mafia, Camorra und *'ndrangheta*) rief weltweites Aufsehen hervor. Was ist los in diesem Land, dass zwar schon immer problembeladen war, aber stets aus jeder Krise einen Ausweg wusste?

In dem vorliegenden KulturSchock-Band soll der Versuch unternommen werden, auf diese Frage einige Antworten zu geben.

Frank Schwarz

Exkurse zwischendurch

Hinweis: Die in den Exkursen „Zweimal Südtirol im Gespräch", „Antonella und die Lega Nord", „Zwei italienische Frauenschicksale: Mariella und Concetta" und „Zweisamkeit: deutsch-italienische Beziehungen" zitierten Personen sind fiktiv.

003it Foto: fs

ZUR EINSTIMMUNG: EINE ZUGFAHRT VON MAILAND NACH PALERMO

Mailand Hauptbahnhof. Eine lange Reise nach Palermo stand bevor. Mit mir stieg ein Mann in seinen besten Jahren ins Abteil. Mit einem großen Schwung warf er sein Laptop und einen Koffer in das Gepäcknetz und setzte sich mir gegenüber. „Fahren Sie auch bis nach Palermo oder steigen Sie schon vorher aus?", fragte ich, während wir durch die endlos scheinende Poebene zuckelten. „Ich bin Ingenieur. Sie haben ja bestimmt von den Problemen mit dem Müll in Neapel gehört. Meine Firma hat jetzt den Auftrag erhalten, eine große Müllverbrennungsanlage an der Peripherie von Neapel zu bauen. Mich schicken sie nun dorthin, um einen geeigneten Standort für die Anlage zu finden." „Eine interessante Aufgabe", erwiderte ich. Der Mann zog die Augenbrauen hoch. „Sie glauben wirklich, es sei eine interessante Aufgabe, in Süditalien eine Müllverbrennungsanlage zu bauen? Sie glauben, es sei interessant, mit Neapolitanern zu verhandeln? Es ist überhaupt nicht interessant, sondern einfach nur schrecklich."

Bella Italia: Blick auf Sardiniens Küste

Ich verstummte sofort. Da ist er wieder, dachte ich mir, der bornierte Norditaliener, für den der ganze Süden Italiens, inklusive Rom, ausschließlich von Faulenzern bewohnt wird. Ich habe es satt, die *meridionali* (Süditaliener) gegen ihre eigenen Landsleute zu verteidigen. Zu oft schon habe ich auf die Vorzüge des Südens hingewiesen, auf die Freundlichkeit und Gastfreundschaft der Menschen und auf die historischen Gründe, warum die Süditaliener nun mal so sind, wie sie sind.

„Sie kommen aus Deutschland, seien Sie froh. Ich würde unsere Müllverbrennungsanlage auch lieber in München bauen lassen, das können Sie mir glauben." Mein Gegenüber versuchte, auf seine Art und Weise seine Sympathie für die Deutschen zum Ausdruck zu bringen ...

Hinter Siena glitt langsam die wellige Hügellandschaft der Toskana an uns vorbei. Der Ingenieur hatte sich hinter dem *Corriere della Sera* (dt. „Abendkurier", eine Mailänder Tageszeitung) versteckt und nahm erst in der südlichen Toskana, etwa auf der Höhe von Grosseto, das Gespräch wieder auf. „Wussten Sie, dass in der Toskana die wenigsten Kinder in ganz Europa geboren werden?" Ich wusste es nicht, fragte aber den Mann, der Anfang 30 sein mochte, ob er denn selbst eine Familie habe. Er errötete leicht und verneinte die Frage. Nach einer kurzen Pause erklärte er: „Mein Vater ist vor einigen Jahren gestorben, meine Geschwister leben alle im Ausland und einer musste sich ja um die *mamma* kümmern. Wir leben jetzt zusammen in einer 3-Zimmer-Wohnung in Mailand. Heiraten will ich sowieso nicht, die Frauen heutzutage sind mir zu eigensinnig. Unsere Nachbarin in Mailand beispielsweise: Der Mann arbeitet bis spätabends und was macht seine Frau? Sie hat einen Liebhaber, der kommt jeden Nachmittag. Das sind keine Frauen mehr wie die aus der Generation meiner Mutter, die sich ihr Leben lang für die Familie aufgeopfert haben. Da bleibe ich lieber allein – und außerdem kann niemand so gut Risotto kochen wie meine Mutter." Der Ingenieur grinste zufrieden.

Bald danach erreichten wir Rom. Am Bahnhof *Roma Termini* stieg ein Ehepaar mit zwei Kindern zu, einem Jungen und einem Mädchen. Der Dialekt, den sie sprachen, wies eindeutig auf ihre sizilianische Herkunft hin. Der Ingenieur verdrehte die Augen. Mit viel Lärm stürmten die redseligen Kinder, die, wie wir bald erfuhren, *Concetta* und *Tancredi* hießen, das Abteil. Die beiden sieben und acht Jahre alten Geschwister waren anscheinend kleine Anarchisten. Schon beim Einsteigen stritten sie sich um die besten Plätze. Alle Anweisungen der Eltern blieben unbeachtet und der kleine *Tancredi* begann schon bald, wie am Spieß zu schreien. Um was es ging, verstand ich nicht, weil der sizilianische Dialekt, den die Familie sprach, nahezu unverständlich war. Zwischendurch verfiel die Mutter aber immer wieder ins Italienische, sodass ich zumindest den einen Satz mitbekam, der für einen kurzen Moment zu absoluter Ruhe im Zugabteil führte: „Wenn du nicht gleich still bist, reiße ich dir beide Arme aus und verprügele dich mit deinen eigenen gottverdammten Händen." Der so angesprochene *Tancredi* verstummte augenblicklich und verzog sein zierliches lockenumrahmtes Gesicht, als wolle er gleich wieder anfangen loszubrüllen. Der Vater kam dem Geschrei zuvor. „Aber *Tancredi,* du weißt doch, dass deine Mutter es nicht so gemeint hat. Wenn wir am Bahnhof von Neapel ankommen, kaufe ich dir ein paar *sfogliatelle".* Dabei handelt es sich um kleine, mit Creme gefüllte Blätterteigtörtchen.

Am Bahnhof von Neapel stieg der Mailänder Ingenieur aus. „Kinder brauchen Regeln", sagte er, während er umständlich sein Laptop aus dem Gepäcknetz nahm, „fragen Sie den Deutschen da, die wissen, wie man so etwas macht." Der Vater schüttelte den Kopf und wandte sich zu mir, als der Ingenieur das Abteil verlassen hatte: „Diese Norditaliener mögen uns einfach nicht. Sie wissen immer alles besser und versuchen uns hier im Süden Ratschläge zu geben. Einfach lächerlich. In Sizilien gab es schon eine Hochkultur, als die in Mailand noch auf den Bäumen lebten."

In diesem Moment passierte ein mit aufgeschnittenen Kokosnüssen, belegten Schinkenbrötchen und eben jenen *sfogliatelle* bestückter, in der Sonne leuchtender Imbisswagen unser Abteilfenster. Der Vater kaufte für den Schreihals das Blätterteigtörtchen und für seine Schwester eine Limonade. Als der Vater *Tancredi* die Süßigkeit reichte, verzog der Junge das Gesicht und schrie: „Ich will aber einen *cannolo* und nicht diesen komischen Kuchen!" „Aber wo um Gottes Willen soll ich am Bahnhof von Neapel einen *cannolo* herbekommen. Du weißt doch ganz genau, dass es *cannoli* nur auf Sizilien gibt!", entgegnete der Vater. Blitzartig rutschte *Tancredi* von seinem Platz, stürzte sich auf seine Schwester und biss ihr ins Knie. Die Eltern trennten die beiden, indem sie *Tancredi* die Nase zuhielten, damit er den Biss lockern musste, und indem sie *Concetta* einen Finger nach dem anderen aufbogen, die sich in *Tancredi*s Haaren verkrallt hatten.

Um mir Luft zu verschaffen, bat ich um Entschuldigung und verließ das Abteil in Richtung Toilette. Das war zu viel des Kulturschocks. Ich fragte mich, wie es diese Familie miteinander aushielt und welche Schäden die Kinder von den eigentümlichen Erziehungsmethoden der Eltern davontragen würden. Als ich wieder in das Abteil zurückkehrte, erwartete mich ein Bild, das ich nach all den Streitereien nicht erwartet hätte: Der kleine *Tancredi,* der eben noch von seiner Mutter mit dem Ausreißen seiner Arme bedroht worden war, saß auf ihrem Schoß und wurde von ihr mit den liebevollsten Koseworten bedacht, die das Sizilianische zu bieten hat. Das Bild, das sich mir darbot, erinnerte mich in seiner hingebungsvollen Liebe an die *Pietà* von *Michelangelo.* Das muss das Geheimnis sein, dachte ich mir. Bei allen Streitereien sind die Beteiligten nie unversöhnlich und die Kinder wissen ganz genau, dass die Liebe ihrer Mutter bedingungslos ist.

Nachdem der kleine *Tancredi* eingeschlafen war, entbrannte zwischen den Eltern ein flüsternd vorgetragener Disput über Kindererziehung. Vater und Mutter gaben sich gegenseitig die Schuld am Verhalten des Jungen. Die Mutter brachte sogar vor, es läge an der sizilianischen Gesellschaft, dass die Kinder so ungezogen seien: Denn auf dem Festland wüchsen die Kinder anständiger auf, einfach wohlerzogener.

Wir hatten bereits die amalfitanische Küste mit ihren wunderschönen Felsenbuchten passiert. Jetzt fuhren wir durch den gebirgigen *Cilento,* Italiens zweitgrößten Nationalpark, eingezwängt zwischen Kalabrien und Kampanien. Trutzburgartige kleine Dörfer lagen auf den Spitzen der Hügel, die sich einst so gegen Sarazenen und andere Eindringlinge zu schützen suchten. In Pisciotta stieg ein weiterer Fahrgast zu. Er stellte sich als Arzt vor, der schon seit Jahren in Norditalien arbeitete und jetzt seine Familie in Palermo besuchen wollte.

In der gleißenden Mittagssonne glitten vor unserem Fenster Gewerbegebiete vorbei, in denen die Firmenangestellten den Unrat einfach in die Landschaft geworfen hatten. Die Vegetation ringsum war von der Sommerhitze verbrannt und ab und zu sah man zwischen halbverfallenen Baracken ein Rudel wilder Hunde. Der zugestiegene Arzt schaute gedankenverloren aus dem Fenster und sagte: „Das Schöne und das Hässliche liegen nirgendwo auf der Welt so nahe beieinander wie in Italien." Niemand sagte etwas, der Mann hatte Recht. Schon bald passierten wir Tropea in Kalabrien mit seinen karibisch anmutenden Sandstränden.

„Aus welcher Stadt kommen Sie eigentlich?", fragte ich den Vater. „Wir kommen aus Marsala, Sie kennen den Namen bestimmt wegen des berühmten gleichnamigen Dessertweins. Aber wussten Sie eigentlich", begann der Familienvater zu dozieren, während er sich behaglich in den Sitz zurücklehnte, „dass die Araber die Stadt benannt haben. Das arabische *Marsa-Allah* heißt übersetzt „Hafen des Allah". Tja, und was ist aus der großen arabischen Kultur geworden? Heute lungern die Tunesier überall auf den Straßen von Catania und Palermo herum." Er pfiff verächtlich durch die Zähne.

„Wie steht es mit dem organisierten Verbrechen in ihrer Gegend?", fragte der Arzt den Familienvater. Der Angesprochene verzog das Gesicht, als wäre er gefragt worden, ob man in seinem Dorf Speckknödel esse und Grappa trinke. „Sind Sie etwa auch einer von diesen Nestbeschmutzern, die von Sizilien immer nur im Zusammenhang mit Verbrechen sprechen? Bei uns gehen die Uhren etwas anders. Es gibt gewisse, sagen wir ökonomische Besonderheiten, die ein Leben auf unserer schönen Insel erst ermöglichen. Was hat denn der italienische Staat in den letzten 150 Jahren für uns Sizilianer getan? Wenn wir uns auf die verlassen hätten, wären wir alle schon längst verhungert." Das war der Startschuss zu einer langen und erregten Diskussion. Wir hatten mittlerweile Kalabrien erreicht, draußen glitten die Erhebungen des Aspromonte vorbei. Wir passierten Capo Vaticano und den äußersten Süden der Stiefelspitze, während der junge Arzt dem Familienvater klarzumachen versuchte, dass die Sizilianer eine Kultur der Legalität benötigten, um im 21. Jahrhundert zu überleben. „Eine Kultur der Legalität", sagte der Familienvater, „wenn ich das schon höre. Das sind doch alles Kommunistenparolen."

Die beiden Männer stritten sich heftig und laut. Alle Argumente, die sie vorbrachten, wurden mit ausladenden Gesten unterstrichen: Wie beim Beten wurden die Hände zusammengelegt, dabei verdrehten die Streitenden die Augen gegen den Himmel. Oft wurden auch die Spitzen von Daumen, Zeige- und Mittelfinger zusammengelegt, überhaupt waren die Hände immer in Bewegung – für einen Italiener kann es wohl keine schlimmere Strafe geben, als ohne Hände zur Welt zu kommen, dachte ich mir. Als der Zug endlich das Ende des italienischen Festlands erreicht hatte und wir auf die Fähre nach Sizilien umsteigen mussten, diskutierten die beiden Streithähne immer noch weiter. Sie waren so in ihren Streit vertieft, dass sie gar nicht bemerkten, dass sie gerade den Zug verließen.

Auf der Fähre, die uns nach Sizilien brachte, verlor ich die beiden aus den Augen. Ich fand sie wieder, als sie an der Bar gerade ihren Kaffee bezahlen wollten. Sie stritten sich immer noch, aber diesmal ging es darum, wer die Rechnung begleicht. Der Familienvater drängte den Arzt an der Kasse zur Seite, der sich heftig wehrte und zu verstehen gab, dass er zahlen wolle. Nachdem sich der Familienvater durchgesetzt hatte und sie den Espresso getrunken hatten, sah ich sie scherzend wieder an Deck gehen. Irgendwie hatten sie wohl doch noch eine Ebene gefunden, auf der sie sich verstanden.

Der Abschied dauerte lange und war herzlich. Von sämtlichen Beteiligten wurde ich zu mehrtägigen Besuchen auf Sizilien eingeladen. Als sie dann alle in der Bahnhofsvorhalle verschwunden waren, dachte ich mir: Was für ein aufregendes Land. Man sollte es besser kennenlernen ...

004it Foto: fs

EINE KURZE GESCHICHTE ITALIENS BIS ZUR EPOCHE DES RISORGIMENTO (CA. 1000 V. CHR.–1848)

„Aber als der würdige Mann ihm neben der Grotte die Spuren der Roma quadrata, die Mauerreste gezeigt hatte, die wirklich bis auf die Gründung Roms zurückzuführen schienen, wurde sein Interesse wach und eine erste Erregung ließ sein Herz klopfen."

Émile Zola: Palatin, 1896

Ein Zentrum der Christenheit: Die Kuppel des Petersdoms in Rom

Vorgeschichte (ca. 1000 v. Chr.–750 v. Chr.)

Das von Armut und Entbehrung geprägte Alltagsleben der italischen Stämme blieb von der Altsteinzeit an weitgehend unberührt von fremden Einflüssen. Die indogermanischen Veneter, Equer, Sabiner, Räter, Latiner und Volsker führten häufig noch ein halbnomadisches Leben, sie hausten in einfachen Hütten und hatten weder eine Schrift noch eine staatliche Organisation.

Im 8. Jahrhundert v. Chr. traten die **Etrusker** in das Licht der Geschichte und schickten sich an, das Land zu verändern. Sie trieben Handel mit den Hochkulturen Griechenlands und des Orients, steigerten die Produktivität der Landwirtschaft und führten ein dem griechischen ähnliches Alphabet ein. Kunst und Kultur blühten auf und es entstand eine staatliche Verwaltung. Ihre Siedlungen errichteten die Etrusker in den küstennahen Gebieten Latiums, Umbriens und der Toskana.

Lange Zeit spekulierten Historiker und Archäologen über die Herkunft des geheimnisvollen Volkes. Die Europäische Gesellschaft für Humangenetik unternahm 2007 einen Genvergleich zwischen Italienern aus der Toskana und Menschen aus anderen Regionen Europas, der Türkei und dem Nahen Osten. Nach Auffassung der Forscher ergaben sich dabei „überwältigende Belege", dass die etruskischen Siedler aus Anatolien nach Mittelitalien gekommen waren, möglicherweise auf der Flucht vor einer Hun-

010it Foto: © Paul-Georg Meister, www.pixelio.de

gerskatastrophe. Der Humangenetiker *Alberto Piazza* hatte bei den DNA-Proben von Männern aus Volterra und Murlo in der Toskana eine größere Übereinstimmung mit anatolischen Genen festgestellt als mit den anderen italienischen Genproben. Speziell in Murlo, so der Wissenschaftler, „gibt es eine Genvariante, die sonst nur Menschen aus der Türkei teilen."

Die Etrusker schmückten ihre Gräber gern mit Freskomalereien (z. B. *Tomba delle Anatre* – „Entengrab" bei Veji), die ausschweifende Trinkgelage, Jagdszenen und Tänze darstellten. Anscheinend führte das wohlhabende Volk ein angenehmes Leben, zumindest vermittelt die lebensfrohe und heitere Kunst, die sie hinterlassen haben, ein solches Bild. In kurzer Zeit schon dehnten die Etrusker ihren Einflussbereich über große Teile Nord- und Mittelitaliens aus.

Zur gleichen Zeit (ca. 800 v. Chr.) geriet Süditalien unter griechischen Einfluss. Die **Griechen** errichteten Kolonien, die seit dem 6. Jahrhundert v. Chr. die *Magna Graecia* (Großgriechenland) bildeten. Auch Neapel ist eine griechische Gründung – der Name der Stadt leitet sich von *nea polis* (Neustadt) ab. Zu den berühmtesten erhalten gebliebenen griechischen Baudenkmälern in Italien zählen die Tempelanlage von Paestum bei Neapel und der Tempel von Segesta auf Sizilien.

Aufstieg und Fall Roms (753 v. Chr.–395 n. Chr.)

Nach der Legende, die von dem römischen Geschichtsschreiber *Titus Livius* überliefert wurde, ging die Gründung Roms auf *Romulus* zurück, der wiederum ein Nachfahre des trojanischen Helden *Aeneas* gewesen sein soll.

Livius berichtet, die latinische Königstochter *Rhea Silvia* habe zwei Zwillingskinder **(Romulus und Remus)** geboren. Als Strafe für den Bruch eines Keuchheitsgelübdes – sie hatte sich, so die Legende, als Liebhaber den Gott *Jupiter* ausgesucht – musste sie die Neugeborenen auf dem Tiber aussetzen. Die Kinder überlebten, da sie von einer Wölfin gesäugt und aufgezogen wurden, die seitdem das Wahrzeichen Roms ist. Als sie beide herangewachsen waren, beschlossen sie, eine Stadt zu gründen. Über das Vorhaben gerieten sie in Streit. Als *Romulus* eine Mauer um die neugegründete Stadt errichtete, verhöhnte ihn *Remus*. Kurzerhand wurde er dafür von seinem rachsüchtigen Bruder erschlagen.

Rom auf dem Höhepunkt seiner Macht: Die Tempelanlage von Paestum

Was nach dem tragischen Ende eines Familienstreits aussieht, hat vermutlich symbolische Bedeutung. Die beiden Brüder verkörpern verschiedene Stämme (Latiner, Sabiner), die bereits seit dem 10. Jahrhundert v. Chr. auf den sieben Hügeln Roms siedelten. Die **Etrusker** fassten die Siedlungen der Stämme etwa im 8. Jahrhundert v. Chr. zu einer Stadt zusammen und gaben ihr den **etruskischen Namen Roma.**

Das **Gründungsjahr** 753 v. Chr, das der emsige Geschichtsschreiber *Titus Livius* „ausgerechnet" hat, ist eine reine Kopfgeburt. Doch kommt es – wie neuere Ausgrabungen ergeben haben –, dem tatsächlichen Gründungsdatum, das heißt der ersten Errichtung einer Stadtmauer auf dem Palatin, erstaunlich nahe.

Die ersten sieben Könige Roms herrschten 250 Jahre lang über die Stadt und waren Etrusker. Vertrieben wurden sie einer Legende nach von den Römern wegen der **Schändung der Lukrezia.** Der jüngste Sohn des Königs *Sextus Tarquinius* verliebte sich in die schöne Römerin und fasste den Entschluss, sie zu verführen. Die tugendhafte *Lukrezia* widersetzte sich aber den Annäherungsversuchen des Königssohnes. Erst als *Tarquinius* drohte, sie zu töten, gab sie ihm nach. Am Tag darauf berichtete *Lukrezia* ihrer Familie von der Tat des Etruskers und stach sich vor den Augen ihrer Angehörigen ein Messer in die Brust. Daraufhin brach eine Revolte gegen die fremden Herrscher aus, die 507 v. Chr. mit der Vertreibung der etruskischen Könige endete.

Danach gaben sich die Römer eine republikanische Verfassung. Regiert wurde die Stadt von zwei Konsuln, die für ein Jahr gewählt wurden. Beraten wurden sie von den Senatoren, die eine Art Parlament bildeten, den Senat, in dem alle politischen Entscheidungen lebhaft diskutiert wurden. Zur Anfangszeit der römischen Republik waren es einhundert Senatoren, die sich auf dem Kapitol in Rom trafen. Zu *Caesars* Zeiten handelte es sich bereits um 600 Senatoren. In der Anfangszeit war der Zugang zu Staatsämtern ausschließlich den Patriziern vorbehalten. Die Patrizier waren die großen, grundbesitzenden Familien, die in Clans (GENS) organisiert waren. Zu einem Clan gehörten alle möglichen Abhängigen (die sogenannten Klienten, lat.: *clientes*), das heißt Menschen, die dem Chef des Clans verpflichtet waren, eventuelle Schuldner, natürlich auch Sklaven usw. Letzte Spuren solcher Abhängigkeiten gegenüber einflussreichen Familien finden sich noch heute in Italien.

Den **Plebejern** dagegen, also den nicht grundbesitzenden Römern, blieben viele Rechte verwehrt. So durften sie etwa nur untereinander heiraten. Aus Protest gegen die Patrizierherrschaft bildeten sie eine eigene Volksversammlung *(concilium plebis)* und wählten sich ihre Anführer selbst. Der Konflikt wurde erst 367 v. Chr. durch das 12-Tafel-Gesetz beendet, das den Plebejern sowohl den Zugang zu den Staatsämtern eröffnete als auch die Möglichkeit, in Patrizierfamilien einzuheiraten.

Außenpolitisch entwickelte sich der Stadtstaat schnell zur wichtigsten **Macht in Mittelitalien.** Durch eine straffe, rationelle Organisation des Staats- und Militärwesens waren die Römer gegenüber ihren politischen Konkurrenten im Vorteil. Zuerst wurden die Etrusker ausgeschaltet und die

Archäologie und Politik

Italien steckt in einer Krise. Die Auseinandersetzungen zwischen Fußballfans und Polizei, die zunehmende Ausländerproblematik und die Umtriebe der Mafia, die dem Land keine Ruhe gönnen, sorgen für eine gedrückte Stimmung unter der Bevölkerung. In solchen Krisenzeiten wirkt eine Erinnerung an die große römische Vergangenheit des Landes sehr wohltuend. So ist es denn vielleicht auch kein Zufall, dass Ende 2007 der Chefausgräber auf dem römischen Palatinhügel, der Archäologe Andrea Carrandini, voller Stolz und recht medienwirksam die Entdeckung der Kulthöhle „Lupercale" verkündete. Entdeckt wurde das Gewölbe in 16 Metern Tiefe, direkt unter dem Palast des Augustus, des ersten Kaisers des Römischen Reichs. Die Höhle war in altrömischer Zeit eine bedeutende Kultstätte, die als Kinderstube von Romulus und Remus verehrt wurde. Hier sollen die Zwillinge angeblich von der Wölfin gesäugt worden sein. Im alten Rom wurde jedes Jahr vor der Höhle ein Fest gefeiert, auf dessen Höhepunkt ein Ziegenbock geschlachtet wurde. Mit den blutigen Hautlappen des getöteten Tieres wurden die anwesenden Frauen geschlagen - dadurch sollten sie rein und fruchtbar werden. Der italienische Kulturminister und ehemalige Oberbürgermeister Roms, Francesco Rutelli, verkündete stolz: „Es ist unglaublich, dass ein Mythos plötzlich zu einem realen Ort geworden ist."

Schon bald häuften sich aber ***Zweifel*** *an der „großartigsten Entdeckung, die jemals gemacht wurde". Der Leiter des Deutschen Archäologischen Instituts in Rom etwa hält die Entdeckung eher für einen Speiseraum aus der römischen Kaiserzeit. Andere Historiker schlossen sich der Meinung des Deutschen an. Der Ausgräber Carrandini aber wischt solche Bedenken vom Tisch, eine Haltung, für die ihn die römische Bevölkerung geradezu verehrt. Schließlich sorgt der renomierte Archäologe dafür, dass sich die Bewohner der italienischen Hauptstadt ihrer großen Vergangenheit gewiss sein können.*

Stadtstaaten Mittelitaliens in das römische Staatsgebilde integriert. Einen Rückschlag erlitten die Römer durch den Einfall der **Kelten** in Italien. Ende des 4. Jahrhunderts v. Chr. wurde Rom sogar von dem kriegerischen Volk aus dem Norden geplündert, das sich aber nicht dauerhaft in Italien festsetzen konnte. Die Urangst vor den nördlichen Nachbarn ist in Norditalien noch heute tief verankert.

Die Eroberungsgelüste der Römer richteten sich nun nach Süditalien, wo die **Griechen** etliche Kolonien gegründet hatten. Die junge römische Großmacht geriet auch mit dem nordafrikanischen Stadtstaat **Karthago** und seinem legendären Anführer *Hannibal* in Konflikt. In den ungemein blutigen **Punischen Kriegen** (264 v. Chr.–146 v. Chr.) sicherten sich die Römer endgültig die Macht über das südliche Italien.

Das Römische Reich wurde größer und damit immer schwerer zu kontrollieren. Soziale Unruhen, Sklavenaufstände und Machtkämpfe erschütterten das Land. Der konservative Senat wollte seine Macht nicht mit anderen teilen. Gegen den Reformer *Gaius Grachus* entfachten die Senatoren einen **Volksaufstand** (121 v. Chr.). Nachdem das Römische Reich immer häufiger von Sklavenaufständen erschüttert wurde, wollten *Grachus* und seine Gefolgsleute die sozial angespannte Situation mit einer umfassenden Agrarreform verbessern. Das widersprach völlig den Interessen des grundbesitzenden römischen Adels.

Gaius Julius Caesar schien vielen Römern der lang ersehnte starke Mann zu sein, der wieder Ruhe in den Staat bringen sollte. Durch seine erfolgreichen Feldzüge in Gallien und Spanien hatte sich der charismatische Römer eine kaum noch anfechtbare Stellung erworben. Nachdem er seinen Rivalen *Pompejus* ausgestochen hatte, war er praktisch der Alleinherrscher über das gesamte Römische Reich.

Die Angst vor der Diktatur eines Einzelnen war groß in Rom. Der Ziehsohn *Caesars, Brutus,* wurde beauftragt, den **Mord** an dem vielen zu mächtig gewordenen *Caesar* zu begehen (44 v. Chr.).

Aber auch der Mord an *Caesar* konnte das Ende der Republik nicht verhindern. Den Machtkampf nach *Caesars* Tod entschied sein Adoptivsohn *Octavian* für sich. Er nahm den Namen **Augustus** (= der Erhabene) an und vereinigte die wichtigsten Staatsämter in seiner Person. Damit war die Republik endgültig abgeschafft.

Nachfolger des *Augustus* wurde **Tiberius** (14–37 n. Chr.). Am Ende seiner Amtszeit zeichnete sich schon der Hang zum Größenwahn ab, dem noch so mancher Herrscher des römischen Weltreichs erliegen sollte.

Der Berüchtigtste unter den römischen Kaisern war **Nero** (54–68 n. Chr.), der in seiner Anfangszeit als gebildeter und liberaler Herrscher auftrat, sich aber dann immer mehr als Despot entpuppte. *Nero* schreckte nicht davor zurück, seine Mutter und seine Ehefrau ermorden zu lassen und Rom niederzubrennen (64 n. Chr.).

Unter Kaiser **Trajan** (98–117 n. Chr.) erlangte das Römische Reich seine größte Ausdehnung: Von England bis nach Nordafrika und von Spanien bis nach Syrien reichten die Grenzen der Weltmacht. Insgesamt bestand das Reich aus 46 Provinzen mit 80 Millionen Einwohnern.

Mit der Größe des Herrschaftsgebietes wuchs auch die Bedeutung der Armee. Ende des 2. Jahrhunderts n. Chr. brach das Zeitalter der **Soldatenkaiser** an, eine Ära, die von revolutionsartigen Wirren und Instabilität gekennzeichnet war. Gleichzeitig gewann in der römischen Bevölkerung die Oppositionsbewegung der **Christen** immer mehr an Einfluss. Die Morallehre der jungen Religion widersprach völlig den hierarchischen, auf Ungleichheit gegründeten Prinzipien des römischen Staates. Die Idee, dass alle Menschen (auch die Sklaven) vor Gott gleich seien, barg sozialen Brennstoff in sich, der letztendlich zum Zusammenbruch des Römischen Reichs führen sollte.

Die Machtübernahme **Kaiser Konstantins** (312 n. Chr.) brachte den Christen den Sieg. Der junge Kaiser erkannte das **Christentum** als gleichberechtigte Religion an (Mailänder Edikt). Im Jahre 330 verlegte Konstantin die Hauptstadt des Römischen Reichs nach Byzanz, der Stadt, der er seinen Namen gab: **Konstantinopel.** Der Niedergang Roms war damit unaufhaltsam geworden.

Im Jahre 395 zerbrach das Reich endgültig in einen oströmischen Teil, der von Konstantinopel, dem heutigen Istanbul, aus regiert wurde und einen weströmischen Teil, der seinen Schwerpunkt in Italien hatte und immer mehr an Bedeutung verlor. Das **Byzantinische (oströmische) Reich** sollte über tausend Jahre lang einen erheblichen Einfluss auf die italienische Kultur haben. Die byzantinischen Mosaiken in Ravenna (Sant Apollinare in Classe) beispielsweise zeigen, welch starke Wirkungen die orientalisch beeinflusste Kunst der Oströmer in Italien hinterlassen hat. Zeitweise geriet fast ganz Italien unter griechisch-byzantinische Herrschaft. Im Süden Italiens bildeten sich wieder griechische Kolonien, die noch heute existieren und in denen immer noch griechisch gesprochen wird.

Kampf um Italien (ca. 400–1200 n. Chr.)

Nach dem Untergang des römischen Weltreichs war Italien jahrhundertelang Kampfplatz auswärtiger Mächte. **In Norditalien fielen germanische Stämme ein** (Ostgoten, Langobarden), die große Teile des Landes besetzten und Königreiche und Fürstentümer gründeten. Der Ostgote *Theo-*

derich d. Große ließ noch einmal das Römische Reich aufleben. Er behielt die römischen Staatseinrichtungen bei und bemühte sich um die Erhaltung der antiken Kultur. Der Machtbereich der germanischen Stämme dehnte sich sogar bis nach Süditalien aus (Spoleto und Benevent). Die Langobarden gaben der norditalienischen Provinz Lombardei ihren Namen, den sie bis heute trägt. Der Name bezeichnet im Italienischen die „Männer mit den langen Bärten".

Die Byzantiner kontrollierten große Teile Süditaliens (Kalabrien, Apulien, zeitweise auch Rom). Die Päpste, deren politischer Spielraum immer kleiner wurde, riefen die Franken gegen die langobardische Bedrohung zu Hilfe. Unter fränkischer Schutzherrschaft sicherte die **Pippinische Schenkung** (754) dem aufstrebenden Papsttum, das seine weltliche Macht immer mehr ausbaute, außer der Stadt Rom den Besitz von Ravenna und weiterer Gebiete in Mittelitalien zu. Damit war die Grundlage des Kirchenstaats geschaffen.

Indes versuchten die fränkischen Herrscher, als erster *Karl der Große*, die Traditionen des Römischen Reichs fortzusetzen. Sie bezeichneten ihr Herrschaftsgebiet als **„Heiliges Römisches Reich"**, das, seit dem 15. Jahrhundert mit dem Zusatz „Deutscher Nation", bis zur Auflösung unter *Napoleon* (1806) existierte.

Süditalien wurde bereits seit der Islamisierung Nordafrikas von den Arabern bedroht, die schließlich im 9. Jahrhundert **Sizilien** eroberten und die Insel zwei Jahrhunderte lang beherrschten. Sizilien verdankt den Arabern bis heute einen wesentlichen Teil seiner landwirtschaftlichen Produkte: Zwei Drittel der Orangen- und 90 Prozent der Zitronenproduktion Italiens stammen heute von der Insel. Die Araber hatten aus Persien die Technik der künstlichen Bewässerung mitgebracht, die es erst ermöglichte, aus Sizilien ein Anbaugebiet für Zitronen, Mandarinen und Orangen zu machen. Auch in der Sprache hat die lang währende **arabische Besetzung** ihre Spuren hinterlassen. Viele Orts- und Gebietsnamen gehen auf arabische Bezeichnungen zurück.

Im 11. Jahrhundert wurde Sizilien von den **Normannen** erobert. *Roger II.* fasste die entstandenen Fürstentümer 1136 zu einem Staat moderner Prägung zusammen. Zentrum der politischen Macht in Süditalien war Palermo, damals eine blühende Großstadt. Die Normannen schufen die ökonomischen Strukturen, die Sizilien bis heute prägen. Die Eroberer aus Nordeuropa forcierten die Feudalisierung Süditaliens. Den normannischen Baronen wurden von König *Roger II.* große Landgüter übereignet, auf denen die sizilianischen Bauern arbeiteten, die einen Großteil ihrer Produkte an die Feudalherren abgeben mussten und selbst in bitterster Armut lebten. *Rogers* Tochter *Konstanze* heiratete 1186 den **Stauferkaiser**

011it Foto: © marianne, www.pixelio.de

Heinrich VI., der in Norditalien über beträchtliche Macht verfügte. Seit dem Untergang Roms wurde mit der Vereinigung des Normannen- und des Heiligen Römischen Reichs ganz Italien zum ersten Mal unter der Herrschaft einer politischen Gewalt vereint.

In Rom war der Papst mit der wiedererstandenen Einheit des Landes keineswegs einverstanden und sah seinen politischen Einfluss immer kleiner werden. Der Sohn *Heinrichs VI.,* der auf Sizilien geborene **Friedrich II.,** konnte im Kampf mit Papst *Gregor IX.* und den lombardischen Städten in Norditalien, die eine Einheit des Landes ablehnten, die kaiserliche Herrschaft vorübergehend wieder festigen. *Friedrich II.* träumte von einem straff organisierten Einheitsstaat. Noch heute wird auf das Grab des Stauferkaisers im Normannenpalast in Palermo wöchentlich eine Rose gelegt, eine letzte Verbeugung der Sizilianer vor dem Kaiser, der die Einheit Italiens erreichen wollte.

Mit der Hinrichtung seines Enkels *Konradin von Hohenstaufen* 1268 in Neapel brach die **staufische Herrschaft** in Italien endgültig zusammen. Alle nachfolgenden Versuche deutscher Kaiser, ihre Macht in Italien wie-

Arabisches Know-how: Orangenhain auf Sizilien

Rothaarige Süditaliener

Wie stark die Folgen der normannischen Eroberung Süditaliens noch heute in der Physiognomie der Bevölkerung zu sehen sind, habe ich selbst vor einigen Jahren feststellen können, als ich beruflich mit einer Gruppe von Kollegen in Kalabrien unterwegs war.

Wir besuchten ein kleines Dorf in der Nähe des Ferienortes Tropea. Der Bürgermeister, der uns vorgestellt wurde, war ein großer rothaariger und breitschultriger Mann mit blauen Augen. Beim gemeinsamen Mittagessen in der einzigen Trattoria des Dorfes hatten die meisten der einheimischen Gäste ebenfalls rotes Kopfhaar. Dazwischen mischten sich einige sehr dunkelhaarige Menschen mit arabischen Gesichtszügen. Als ich meine Verwunderung darüber äußerte, erklärte der Bürgermeister, das Dorf sei vor gut 1000 Jahren von Normannen gegründet worden, die hier wegen der abgelegenen geografischen Lage jahrhundertelang unter sich geblieben waren. Danach war die Siedlung immer wieder von nordafrikanischen Piraten heimgesucht worden, die sich dann im Lauf der Zeit mit der Bevölkerung vermischt hatten. „Noch heute", lachte der Bürgermeister, „können Sie unsere Siedlungsgeschichte an den Gesichtern der Menschen ablesen."

derherzustellen, scheiterten sowohl an dem Widerstand der Päpste als auch an der wachsenden Selbstständigkeit der norditalienischen Städte. (Siehe auch das Kap.: „Die Städte - der Norden Italiens".)

Die Päpste – der Kirchenstaat (14. Jahrhundert)

Der Papst *(Clemens V.)* befand sich seit 1309 im **Exil in Avignon.** Durch die Auseinandersetzungen mit den römischen Adelsfamilien hatte sich das Oberhaupt der Kirche gezwungen gesehen, die Stadt zu verlassen. Fieberhaft arbeitete die Kurie daran, ihre politische Macht wiederzuerlangen. Der Papst verfügte seit der Pippinischen Schenkung theoretisch über ein Staatsgebiet in Mittelitalien, das allerdings aus vielen voneinander unabhängigen Stadtstaaten bestand. Den Diplomaten der Kirche gelang es, diese Gebiete zu vereinen und ihnen mit Rom eine Hauptstadt zu geben, die einst die mächtigste der Welt war. Bereits 1377 konnte Papst *Gregor IX.* das Exil verlassen und in Rom einziehen. Damit ergriff er von einem **Kirchenstaat** Besitz, der ganz Mittelitalien umfasste und in dieser Form für mehrere Jahrhunderte Bestand haben sollte. Von nun an war **Italien dreigeteilt:** Im Norden herrschten die mächtigen und wohlhabenden Handelsrepubliken Genua, Venedig und natürlich Mailand, in der Mitte der Kirchenstaat, während in Neapel und Sizilien weiterhin die Feudalherren das Sagen hatten.

Die Anfänge der päpstlichen Regierungszeit waren von einem **kulturellen Aufschwung** begleitet. Die Kirche vergab viele Aufträge an Künstler und noch heute findet man nirgendwo in Italien so viele Klöster, wie auf dem ehemaligen Gebiet des Kirchenstaats. Für die heutigen Regionen Latium, Toskana, Romagna, Umbrien und Marken war die Herrschaft des Papstes prägend.

Hier formierte sich aber auch zuerst der Protest gegen die Kirche. In der Toskana wurde die anfangs konsequent atheistische Kommunistische Partei Italiens gegründet (1921).

Als die piemontesischen Truppen 1860 den Kirchenstaat eroberten, um ihn dem neugegründeten italienischen Nationalstaat einzuverleiben, wurden die Truppen als Befreier vom päpstlichen Joch empfangen. Heute umfasst der Überrest des Kirchenstaats, der Staat Vatikanstadt, gerade einmal eine Fläche von einem halben Quadratkilometer.

Die Städte – der Norden Italiens (15.–19. Jahrhundert)

Die **Guelfen** unterstützten im 13. und 14. Jahrhundert die Päpste, während die **Ghibellinen** Anhänger der kaiserlichen Macht waren. In den mittelitalienischen Städten (Florenz, Siena, Pisa) kam es zu blutigen Auseinandersetzungen zwischen den Anhängern der beiden Parteien. Hinter dem Konflikt „Kaiser gegen Papst" verbarg sich in Wahrheit der Kampf des aufstrebenden Bürgertums gegen die Besitzstände von Adel und Klerus.

In dieser Zeit erlebten die **norditalienischen Städte** einen rasanten wirtschaftlichen und kulturellen Aufstieg. Beherrscht wurden sie von mächtigen Familien, in Florenz waren das die *Medici,* in Mantua die *Gonzaga,* in Mailand die *Sforza* und die *Visconti.* Daneben bauten die Adelsrepubliken Genua und Venedig ihre Macht weiter aus. Allmählich bildete sich ein Finanzbürgertum, das zunehmend den Adel aus seiner Führungsposition verdrängte.

Auf den Fundamenten etruskischer und römischer Gründungen entstanden vor allem in der Toskana blühende Kommunen, deren Bewohner sich nach und nach aus der Bevormundung von Adel und Kirche lösten. Siena, Lucca und San Gimignano verkörperten das Zeitalter der Stadtre-

Die eiskalte Schönheit: Turin

***Turin** (ital.: Torino) ist die Hauptstadt der Region Piemont. Die Stadt zählt rund eine Million Einwohner. Von Frankreich im Westen und der Schweiz im Norden liegt Turin jeweils rund 100 Kilometer entfernt.*

*Der Name der norditalienischen Metropole ist untrennbar mit dem **Fiat-Werk** verbunden. Gezwungen durch den Produktionsabbau bei Fiat, versucht sich Turin seit einigen Jahren als modernes Dienstleistungszentrum - was auch zu gelingen scheint. Immerhin findet Italiens bedeutendste Buchmesse im Gebäude des ehemaligen Fiat-Werks im Stadtteil Lingotto statt. Die einst größte Autofabrik der Welt wurde nach ihrer Stilllegung 1982 von dem Stararchitekten Renzo Piano zu einem Büro-, Geschäfts- und Kongresszentrum umgestaltet. Da, wo früher der „Fiat 500" vom Band lief, steht heute ein Luxushotel. Das berühmte Gebäude aus den goldenen 1920er-Jahren mit der berühmten Fiat-Teststrecke auf dem Dach wurde erhalten. Hier soll der legendäre Chef des italienischen Automobilherstellers, Gianni Agnelli, in schlaflosen Nächten seine Runden mit den neuesten Modellen gedreht haben. Heute befindet sich hier ein ausgezeichnetes Restaurant mit typisch piemontesischer Küche - und Ausblick auf die mittlerweile stillgelegte Teststrecke.*

*„Passion lives here": Der **Slogan der Olympischen Winterspiele** von 2006 prangt noch immer an einigen Bauten im Süden der Stadt, wo die wichtigsten Austragungsorte der Olympiade lagen. Während der Spiele hatte Turin ausreichend Gelegenheit mit Theateraufführungen und Ausstellungen auf seine unübersehbaren Standortvorteile hinzuweisen.*

Die Lebensweise der Turiner ist stark von den französischen Nachbarn geprägt, selbst das piemontesische Königshaus fühlte sich lange Zeit mehr zu Frankreich als zu Italien hingezogen. Am frühen Abend flanieren die Einheimischen unter den endlosen Arkaden der Stadt, lassen sich in der einen oder anderen Bar nieder, um z. B. einen „Campari Soda" zu sich zu nehmen. Die Aperitif-Kultur wurde vor gut hundert Jahren hier erfunden.

*Turin ist eine genießerische Stadt: In ganz Italien berühmt sind die „Giandujotti", mit feiner Zartbitterschokolade überzogene **Pralinen aus Haselnusscreme.** Auf die Idee, der Pralinenfüllung geriebene Haselnüsse beizufügen, kamen die Turiner während der napoleonischen Belagerung der Stadt, als es zu wenig Schokolade gab. Haselnüsse waren reichlich vorhanden, also wurden sie kurzerhand mit der Schokolade vermischt. Manchmal schreiben eben die großen politischen Ereignisse auch die kulinarische Geschichte einer Stadt. Die „Giandujotti" sind übrigens die Vorläufer von „Nutella", das in den 1960er-Jahren in Turin entwickelt wurde.*

Turin wurde 1861 die ***erste Hauptstadt Italiens,*** *allerdings residierte König Viktor Emanuel II. nur für wenige Jahre im Palazzo Reale. Schon damals war die Stadt neben Mailand das intellektuelle und ökonomische Zentrum Norditaliens. Bis heute sind die Menschen in der Stadt am Po überzeugt, dass Turin besser als das rückständige und verschlafene Rom geeignet gewesen wäre, dauerhaft zur Hauptstadt Italiens zu werden.*

Turin war schon immer berühmt für sein weltoffenes und ***liberales Bürgertum.*** *So standen die Turiner dem faschistischen Regime unter Mussolini von Anfang an sehr kritisch gegenüber. Im Fiat-Werk Lingotto kam es immer wieder zu Arbeitsniederlegungen. Die Streiks des Jahres 1943 trugen mit zum Sturz der faschistischen Diktatur bei.*

Nach dem 2. Weltkrieg wurde Turin von einer Einwanderungswelle aus Süditalien überrollt. In den Jahren des italienischen Wirtschaftswunders brauchte Fiat dringend Arbeitskräfte. Die „meridionali" haben die Stadt verändert, jeder dritte Einwohner stammt mittlerweile aus dem Süden. Seit den 1980er-Jahren kommen die Einwanderer aus Nordafrika. Wer am Sonntag auf dem größten Freiluftmarkt Europas an der Porta Palazzo einkaufen geht, wird auf ein ***buntes Völkergemisch*** *treffen. Die Waren werden auf Neapolitanisch, Arabisch, Türkisch und Italienisch angepriesen.*

Heimliche Hauptstadt: Blick über die Po-Brücke

publiken mit ihren vordemokratischen Regierungsformen. Im mächtigen, von mehreren Hunderttausend Menschen bewohnten Siena wurde im 15. Jahrhundert die **älteste noch heute bestehende Bank** gegründet, die *Monte di Paschi di Siena*. Begriffe wie Konto und Bank wurden zuerst im Mittelitalien der Frührenaissance eingeführt.

Durch ihre intensiven Wirtschaftsbeziehungen bis in den Orient entwickelte sich in Nordostitalien die **Republik Venedig** zu einem der bedeutendsten Wirtschafstzentren Europas. Viele Elemente der italienisch-venezianischen Architektur stammen aus dem Orient. Mais und Reis, die noch heute zwei grundsätzliche Bestandteile der italienischen Küche darstellen, kamen zuerst über Venedig nach Italien.

Ganz Nord- und Mittelitalien war trotz seiner politischen Zerrissenheit in Kunst, Wirtschaftskraft und Wissenschaft das führende Land in Europa.

Die **Renaissance** (wörtlich: Wiedergeburt) orientierte sich seit dem 13. Jahrhundert an der römisch-griechischen Antike. Die Rückbesinnung auf die eigene Vergangenheit wurde zum Motor einer Aufbruchsstimmung in Nord- und Mittelitalien. Seit dem 13. Jahrhundert gab es erste Ansätze eines italienischen Nationalbewusstseins. Das Individuum schickte sich an, die von religiösen Vorstellungen besetzte Welt des Mittelalters zu verlassen und sich selbst in den Mittelpunkt zu rücken. Dadurch eröffneten sich ungeahnte Möglichkeiten für Ökonomie, Wissenschaft und Kunst, aber auch für eine immer skrupellosere Machtpolitik der Herrschenden (Machiavellismus). *Michelangelo, Leonardo da Vinci* und *Raffael* schufen in der Hochrenaissance (14./15. Jh.) ihre bedeutendsten Werke.

Der **wirtschaftliche und kulturelle Niedergang** setzte aber schon gegen Ende des 14. Jahrhunderts ein. Das mittel- und norditalienische Großbürgertum verlagerte seine Interessen von der Produktion in großen Manufakturen (Tuchindustrie) auf den Grundbesitz. Dieser Entscheidung verdanken wir heute beispielsweise die Existenz der Palladio-Villen in der Provinz Veneto, sie führte aber auch zu einer allgemeinen Erlahmung des Wirtschaftslebens. Die wohlhabend gewordenen Großbürger verprassten ihr Kapital lieber auf ihren von dem berühmtesten Architekten des 16. Jahrhunderts *(Andrea Palladio)* angelegten Landsitzen. Die Handelsstädte Genua und Venedig verloren ihre wirtschaftliche Vormachtstellung, bedingt durch die Entdeckung Amerikas und der damit einhergehenden Verlagerung des Welthandels vom Mittelmeer an den Atlantischen Ozean.

Das Herzogtum Mailand kam im 16. Jahrhundert unter die Herrschaft der spanischen Habsburger. Seit 1714 gehörte das Herzogtum zu Österreich-Ungarn. Die vielversprechendste ökonomische und politische Entwicklung in Norditalien nahm das 1720 gegründete Königreich Piemont-Sardinien. Im 19. Jahrhundert sollte sich der nach französischem Vorbild straff organisierte Staat an die Spitze der italienischen Einigungsbewegung setzen.

Seit dem 18. Jahrhundert nahm der Einfluss Österreichs in Norditalien immer mehr zu. Die Lombardei, Venetien, Mailand und die Toskana entwickelten sich aufgrund der Reformen der **Habsburger** auf allen Gebieten zu europäischen Musterländern.

Während der Revolutionskriege wurden die Österreicher von den napoleonischen Truppen aus der Lombardei vertrieben und erhielten als Entschädigung die Reste der einst mächtigen Republik Venedig. Triest, der Friaul und Trient sollten noch bis zum Ende des 1. Weltkriegs zu Österreich gehören. Die Architektur, die Küche und die Lebensweise der Menschen im Nordosten Italiens lassen noch heute etwas von der Mentalität des alten „Mitteleuropa" spüren.

1805 ließ sich **Napoleon** im Mailänder Dom zum König von Italien krönen. Bis nach Neapel stand Italien jetzt unter dem Einfluss der Franzosen, die nicht nur Krieg und Verwüstung über das Land brachten, sondern auch soziale Reformen durchsetzten und die Italiener mit den Begriffen Freiheit, Gleichheit und Brüderlichkeit bekannt machten. Der nationale Gedanke verbunden mit der Forderung nach Demokratie erfasste viele Menschen aus allen Schichten in Norditalien.

Der Süden Italiens (13.–19. Jahrhundert)

Nach dem Niedergang der Stauferherrschaft holte Papst *Clemens VI.* den Herrscher über die Provence, **Karl von Anjou,** nach Italien. *Karl* bemächtigte sich Süditaliens (Neapel und Sizilien), wurde aber schon 1282, während der sogenannten „Sizilianischen Vesper", gestürzt. Der sizilianische Adel machte sich für den Spanier *Peter III. von Aragon* stark, der im September 1282 König von Sizilien wurde. Die Anjou herrschten weiter in Neapel – der Süden Italiens war somit geteilt. Trotz der politischen Teilung blieben die Königreiche Sizilien und Neapel in ökonomischer, sozialer und kultureller Hinsicht relativ homogen. Ein beträchtlicher Teil des Weizens, der in den dicht bevölkerten Städten Nord- und Mittelitaliens verbraucht wurde, kam aus Apulien oder Sizilien. Die bedeutendsten Weinanbaugebiete Italiens befanden sich in Kampanien und Kalabrien. Erst im 20. Jahrhundert verlagerte sich die Weinproduktion nach Norditalien. Die **feudalen Strukturen** der Grundbesitzer blieben unangetastet und ein selbstbewusstes Bürgertum, wie es sich zur gleichen Zeit in Mailand, Florenz oder Pisa entwickelte, gab es nicht.

Die chaotische Schönheit: Neapel

Neapel** (ital.: Napoli) ist die Hauptstadt der Provinz Neapel und der Region Kampanien. Die Stadt zählt heute offiziell mehr als eine Million Einwohner, in Wirklichkeit sind es wahrscheinlich viermal so viele, weil viele Bewohner der Stadt schlicht und einfach nicht amtlich angemeldet sind. Bis zum Beginn des 20. Jahrhunderts war Neapel die größte Stadt Italiens. Heute steht sie nach Rom und Mailand an dritter Stelle und ist **die größte Metropole in Süditalien.

Entstanden ist Neapel als griechische Siedlung der „magna greca", Großgriechenlands. Vor dem Aufstieg Roms stand ganz Süditalien bis zum 4. Jahrhundert v. Chr. unter griechischer Herrschaft. Der Name bedeutet auf Griechisch „Neustadt" („Nea Polis"). Neapel liegt am gleichnamigen Golf und verfügt über einen bedeutenden Hafen, eine Universität (gegr. 1224) und die bemerkenswerteste Sammlung antiker Kunst in Italien (Museo Archeologico Nazionale). Auffällig ist, dass Neapel keine Stadtmitte besitzt, sondern mehrere kleinere Zentren. Damit gleicht die Metropole orientalischen Städten.

*Die **Neapolitaner** sind ein ganz besonderer Menschenschlag, der überall in Italien wegen seines Humors und seines einzigartigen Überlebenswillens geschätzt wird. Auf der anderen Seite weiß man, dass die Neapolitaner aber auch Schlitzohren sind. Unter jahrhundertelanger Fremdherrschaft und Ausbeutung durch Byzantiner, Normannen, Spanier und Franzosen haben sie Überlebensstrategien entwickelt, die z. B. kleine Diebstähle rechtfertigen. „Chi non ruba, non mangia." („Wer nicht stiehlt, der hat nichts zu essen."), ist ein Satz, der in Neapel immer wieder zu hören ist. „Pass auf, wenn Du nach Neapel fährst", warnten mich norditalienische Freunde vor meiner ersten Reise, „die Neapolitaner sind so charmant, dass du es gar nicht bemerkst, wenn sie dir die Geldbörse aus der Tasche ziehen."*

*Im italienischen Vergleich liegt Neapels Wirtschaft statistisch auf dem 94. Platz von insgesamt 103 Provinzen. Die Arbeitslosenquote liegt zwischen 20 und 30 Prozent, exakte Zahlen sind nicht zu bekommen. Und natürlich sind die Arbeitslosen die Reservearmee der **„Camorra"**, die die Stadt heute wieder fest im Griff hat. (Siehe auch das Kap.: „Parallelwelten: Mafia, Camorra und 'ndrangheta".)*

*Das war nicht immer so. **Johann Wolfgang von Goethe** erlebte auf seiner Reise durch Italien (1786–1788) einen gut funktionierenden ökonomischen Mikrokosmos. Mit geradezu soziologischer Genauigkeit untersuchte*

013it Foto: fs

er den Alltag der Einheimischen, um die These zu überprüfen, die Neapolitaner seien alle „lazzaroni", Nichtstuer. Er kommt zu dem Schluss, dass diese Annahme nicht stimmt. Im Gegenteil, Goethe begegnete einem äußerst geschäftigen Völkchen: „Die Lastträger, die an verschiedenen Plätzen ihre privilegierten Stände haben und nur warten, bis sich jemand ihrer bedienen will (…). Von Bettlern war keiner zu bemerken als ganz alte, völlig unfähige und krüppelhafte Menschen. (…) Die Kinder suchen einen kleinen Gewinn, indem sie Obst, gesponnenen Honig, Kuchen und Zuckerware einkaufen und wieder als kindische Handelsleute den übrigen Kindern anbieten und verkaufen; allenfalls nur um ihren Teil daran umsonst zu haben (…). Einige gehen herum mit Fässchen Eiswasser, Gläsern und Zitronen, um überall gleich Limonade machen zu können, einen Trank, den auch der Geringste nicht zu entbehren vermag."

Von wegen „bella italia": Armut in Neapel

Woher aber kam in dieser Welt der Armen das Geld für solche kleinen Leckereien? Der kommunistische Theoretiker **Antonio Gramsci** *bot fast 150 Jahre später in seinem Buch „Philosophie der Praxis" eine plausible Erklärung: „Neapel ist die Stadt, in der die meisten (adligen und nichtadligen) Landeigentümer Süditaliens ihre Grundrente verzehren. Um einige Zehntausende solcher Familien von Eigentümern größerer oder geringerer Wichtigkeit mit ihren Höfen von Dienern und unmittelbaren Lakaien organisiert sich das praktische Leben eines imponierenden Teils der Stadt, mit ihren handwerklichen Industrien, fliegenden Händlern, dem (...) Angebot von Diensten und Waren an die auf den Straßen herumlaufenden Beschäftigungslosen." Es gelang nicht, dieses mittelalterliche Wirtschaftssystem - ähnlich funktionierten vor Jahrhunderten auch die Städte in Mittel- und Nordeuropa - in die Gegenwart zu transformieren. Die Einnahmen der einst wohlhabenden Grundbesitzer schrumpften immer mehr, Grund und Boden wurden meist sich selbst überlassen und die ehemalige Führungsschicht Neapels existiert nicht mehr. Heute kümmert sich die „Camorra" um die wirtschaftliche Organisation der Stadt.*

014it Foto: © Paul-Georg Meister, www.pixelio.de

Allerdings begann unter dem Bürgermeister **Antonio Bassolino** *1993 eine neue, vielversprechende Ära für Neapel. Die Korruption wurde systematisch bekämpft, der Einfluss der „Camorra" eingedämmt. 2001 wurde Bassolino von Rosa Russo Jervolino abgelöst, die zwar den Kampf gegen die organisierte Kriminalität fortsetzte, aber den Wiederaufstieg der „Camorra" zum vermutlich größten Arbeitgeber der Stadt nicht verhindern konnte.*

Negative Schlagzeilen machte die Stadt am Golf von Neapel seit im Sommer 2007 der Müll nicht mehr abtransportiert werden konnte und in den Straßen der Stadt verrottete. Jahrelang war es versäumt worden, neue **Mülldeponien** *zu errichten. Als dann endlich der Staat tätig werden wollte, wehrten sich die Bewohner, aus Angst vor einer befürchteten Verseuchung des Bodens und der Luft. Es kam zu bürgerkriegsähnlichen Auseinandersetzungen mit der Polizei. Erschwert wurde die Situation noch dadurch, dass die Camorra, die mit den Mülltransporten gutes Geld verdient, die Bürger in ihrem Kampf gegen die Deponien unterstützte.*

Im 14. Jahrhundert wurde das **Königreich Neapel,** das immer noch von den Anjou beherrscht wurde, von Seuchen und Hungersnöten heimgesucht. Außerdem erhielten die landwirtschaftlichen Produkte Neapels immer mehr ausländische Konkurrenz auf den Märkten Italiens. Durch den Rückgang der Einkünfte verwandelten sich die Lehnsherren zunehmend in einfache Banditen, die durch Krieg und Plünderungen die Einbußen wettzumachen suchten. 1442 eroberte *Alfons V. von Aragon* Neapel und vereinte die Königreiche Sizilien und Neapel.

Im 16. Jahrhundert kam das Königreich Neapel-Sizilien dann zu Spanien. Im 18. Jahrhundert waren für zwei Jahrzehnte die österreichischen Habsburger Herren über Süditalien, die 1735 von einer Nebenlinie der spanischen Bourbonen abgelöst wurden. Mit kleinen Unterbrechungen sollten die Bourbonen fast 130 Jahre lang von Neapel aus ganz Süditalien regieren. Von vielen Neapolitanern wird diese Zeit oftmals als die glücklichste der Stadt verklärt. 1806 vertrieben die napoleonischen Truppen König *Ferdinand* aus Neapel. Zuerst übernahm *Napoleons* Bruder *Joseph* die Macht. Ab 1808 war dann der Schwager des französischen Kaisers, *Murat,*

Blick über das sonnenverwöhnte Neapel

Die Bourbonenherrschaft

Ich war erstaunt, als mich mein Begleiter bei meinem ersten Besuch in Neapel darüber aufklärte, dass Neapel seiner Meinung nach die besten Zeiten unter der Herrschaft der Bourbonen erlebt hatte. Ich hatte die Bourbonen bislang als brutale Ausbeuter angesehen, die mit dazu beigetragen hatten, den Süden Italiens zu einem der Armenhäuser Europas zu machen. Aber die Geschichte ist komplizierter: Während meines Aufenthaltes in Neapel traf ich immer mehr Menschen, vor allem aus den unteren Schichten, die ebenfalls aus ihrer ***Sympathie für die Bourbonen*** *keinen Hehl machten.*

Historisch lässt sich die Beliebtheit der Bourbonen auf die Ereignisse unter der napoleonischen Herrschaft im 19. Jahrhundert zurückführen. Napoleon vertrieb die Bourbonenherrscher und setzte seinen aufgeklärt-modernistischen Schwager Murat als König von Neapel ein. Dieser versuchte, die ***Landwirtschaft*** *privatwirtschaftlich zu organisieren. Der Grundbesitz wurde in den Händen weniger konzentriert, die uralten Rechte der Ziegen- und Schafshirten und der Kleinbauern wurden zugunsten eines effizienten Getreideanbaus in Monokultur aufgehoben. Hirten und kleine Grundbesitzer sollten in diesem neuen System als Landarbeiter arbeiten, ein Vorhaben, das ihrem individualistischen Charakter völlig widersprach. Als die Bourbonen nach der Niederlage Napoleons nach Neapel zurückkehrten, wurden sie von einem Großteil der Bevölkerung mit offenen Armen wieder aufgenommen.*

Die norditalienischen Intellektuellen, die in den 40er- und 50er-Jahren des 19. Jahrhunderts die Bauern zum Aufstand gegen die Bourbonen treiben wollten, mussten feststellen, dass die unteren Volksschichten ihre Interessen vom Königshaus besser vertreten sahen als von den Anhängern des privatwirtschaftlich-kapitalistischen Systems. Für die Kleinbauern waren die Agitatoren aus dem Norden nichts als Fremde, die ihnen ihre uralten Rechte zugunsten neuer Herrschaftsverhältnisse abnehmen wollten. Aus diesem bäuerlichen Heer der Armen und Landlosen rekrutierten sich die sogenannten ***„Briganten“****. Sie führten bis in das 20. Jahrhundert hinein einen brutalen Bürgerkrieg gegen den italienischen Staat, dessen Gründung im Jahre 1870 die Bourbonen endgültig vertrieben hatte, und seine Vertreter, die Carabinieri.*

In dieser Auseinandersetzung liegt eine der Ursachen, die das Erstarken krimineller Banden (Camorra, 'ndrangheta) im Süden der italienischen Halbinsel erst möglich machte. Auf eine gewisse Weise kann man die Briganten als Vorläufer der Camorra ansehen.

für einige Jahre Herrscher über Neapel. Nur auf den Inseln Sardinien und Sizilien konnten sich die Bourbonen behaupten. 1814/1815 brach die **napoleonische Herrschaft** in einem blutigen Bürgerkrieg zusammen. Viele Parteigänger der Franzosen fielen den Standgerichten der zurückgekehrten Bourbonen in Neapel zum Opfer.

Piccolo America – Norditaliener in Süditalien

In den 1930er-Jahren wurden im Süden der Region Latium, knapp 100 Kilometer von Rom entfernt, die ***Pontinischen Sümpfe*** *trockengelegt, eines der bedeutendsten Vorzeigeobjekte des italienischen Faschismus. Mit propagandistischem Getöse wurden aus ganz Italien Arbeiter herbeigeschafft, um das malariaverseuchte Gebiet für Menschen bewohnbar zu machen. Während der fünf Jahre andauernden Arbeiten kam es immer wieder zu Aufständen und Streiks, die von der faschistischen Politik totgeschwiegen wurden. Die Sümpfe wurden mit gewaltigen Entwässerungskanälen durchzogen. Städte wurden errichtet. Die bekanntesten und größten sind* ***Latina und Sabaudia,*** *auf dem Reißbrett geplante, faschistische Musterstädte, die dem zeitgenössischen Stil des „razionalismo" verpflichtet waren. Das am Meer gelegene Städtchen Sabaudia ist übrigens heute eines der beliebtesten Ausflugsziele der Römer.*

Auf dem urbar gemachten Land wurden karmesinrote Bauernhöfe angelegt, die noch heute entlang der Via Appia zu sehen sind. ***Siedler*** *waren schnell gefunden, sie kamen meistens aus dem Veneto in Nordostitalien. Hier war die wirtschaftliche Lage damals besonders schlecht und mit der Aussicht auf fruchtbares Land kamen viele „veneti" in das ihnen völlig fremde Süditalien. Eine wirkliche Beziehung zu ihren von der neapolitanischen Mentalität geprägten Nachbarn in Circeo oder Gaeta hat sich bis heute nicht entwickelt. Die Venetier sind ein Fremdkörper geblieben und man kann sie noch heute an ihrem eigentümlich melodischen Dialekt von den Süditalienern unterscheiden.*

Bei ihrer Ankunft im Agro Pontino gaben sie ihrer neuen Heimat den Namen „piccolo america", kleines Amerika, nicht das große Land der unbegrenzten Möglichkeiten, in das so viele Verwandte und Landsleute ausgewandert waren, sondern ***das kleine Amerika,*** *das ihnen vielleicht auch Aussicht auf ein besseres Leben bieten konnte.*

Heute ist der Agro Pontino eines der größten und fruchtbarsten landwirtschaftlichen Anbaugebiete in Italien. Auf den Märkten Roms und Neapels ist überall Obst und Gemüse aus den ehemaligen Sümpfen zu finden.

005it Foto: fs

KOLLEKTIVE ERINNERUNG: VOM RISORGIMENTO BIS HEUTE (1848–2008)

„Professor", rief Nando mit gesenktem Kopf, „Ihr liebt doch Italien?"
„Nein", sagte ich langsam, „Italien nicht, nur die Italiener."
Cesare Pavese

Faschistische Baukunst im römischen Stadtteil EUR
(Esposizione Universale di Roma)

Die italienische Einigung (1848–1861)

Die Bewegung des *Risorgimento* („Wiederauferstehung") ging fast ausschließlich von Norditalien aus und erfasste erst später den Süden. Bürgerliche Intellektuelle forderten ein geeintes Italien, das sich auf seine große Vergangenheit besinnen sollte. Geheimbünde wurden gegründet, deren bekanntester die *Carbonari* waren. Ihre Mitglieder, unter ihnen auch der italienische Nationalheld *Giuseppe Mazzini,* nach dem noch heute in jedem noch so kleinen Dorf eine Straße oder ein Platz benannt ist, verfolgten als Ziel die Gründung einer **italienischen Republik.** Der Sturz des österreichischen Staatskanzlers und Außenministers Fürst *Metternich* (1848), dessen Politik seit dem „Wiener Kongress" (1815) für die Aufrechterhaltung des Status quo in Europa gesorgt hatte, löste in der Lombardei die Revolution aus. Die Österreicher wurden aus Mailand und Venedig vertrieben. In Rom riefen *Giuseppe Mazzini* und *Giuseppe Garibaldi* die Republik aus.

Der bärtige, beim Volk sehr populäre **Garibaldi** war schon damals ein Mythos. Fast 20 Jahre verbrachte der Haudegen im südamerikanischen Exil, stets auf der Flucht vor seinen adligen Gegnern. Jetzt war er zurückgekehrt, um seinen Traum von einer Einigung Italiens zu erkämpfen. Aber die Hoffnungen auf einen Nationalstaat fielen schon bald auf den Barrikaden der **Revolution.** Fast überall in Italien wurden nun die Revolutionäre von den adligen Fürsten und den Truppen des Papstes verfolgt. Es ging ihnen nicht anders, als den Revolutionären in Frankreich und Deutschland. In vielen europäischen Ländern scheiterte die bürgerliche Revolution von 1848 schon nach wenigen Tagen. Nach diesem Fehlschlag setzte sich das Königreich Piemont-Sardinien unter König *Viktor Emmanuel II.* an die Spitze der italienischen Einigungsbewegung. Während sich in Norditalien vor allem die Jugend von der nationalen Begeisterungswelle mitreißen ließ, stand im Süden des Landes die Mehrzahl der Bevölkerung den revolutionären Bestrebungen des *Risorgimento* zurückhaltend bis ablehnend gegenüber.

In Turin arbeitete Graf *Cavour,* der Ministerpräsident des Königreichs Piemont-Sardinien, zäh und geschickt an einer Einigung Italiens. Es gelang dem „Bismarck Italiens", Liberale, Linke und Republikaner auf die piemontesische Führung der Einigungsbewegung einzuschwören.

1859 brach der **Krieg mit Österreich** aus, der zu italienischen Siegen bei Magenta und Solferino führte. Inzwischen waren die Fürsten der Toskana, Parmas und Modenas von Aufständischen vertrieben worden und die unter der Herrschaft des Kirchenstaates stehende Romagna befreite sich von der päpstlichen Herrschaft. Die Bourbonen wurden von *Garibaldi* und den Piemontesen aus Süditalien vertrieben („Zug der Tausend"). In all diesen Gebieten wurden **Volksabstimmungen** durchgeführt, die sich für die Angliederung an Piemont aussprechen sollten. Im Süden wurde dafür heftiger Druck auf die Bevölkerung ausgeübt. Unter Androhung von Gewalt mussten Bauern, die sowieso nicht lesen und schreiben konnten, ihr Kreuz an der „richtigen" Stelle machen. Hätte es 1860 eine freie Volksabstimmung in Süditalien gegeben, hätte nur eine Minderheit für den „Anschluss an den Norden" gestimmt.

So aber kam es, wie es kommen musste: Im Februar 1861 trat in Turin das erste Parlament Italiens zusammen. *Victor Emmanuel II.* wurde zum König ausgerufen.

Von den revolutionären Utopien des Jahres 1848 war das neu entstandene Königreich Italien weit entfernt. Die Helden der Revolution starben desillusioniert, wie *Garibaldi,* oder mussten ins Ausland fliehen, wie der radikale Revolutionär *Mazzini.* Im Grunde genommen hatte sich nichts an den Machtverhältnissen geändert, es „mussste nur so aussehen, als ob sich etwas geändert hätte", wie es der Schriftsteller *Tomaso di Lampedusa* in seinem weltberühmten Roman „Der Leopard" ausgedrückt hat.

1861 **wurden drei historisch gewachsene Gebiete vereinigt,** die völlig unterschiedlich waren: Die norditalienischen Kleinstaaten, der Kirchenstaat, der ganz Mittelitalien umfasste, und der feudal geprägte Süden des Landes. Diese Dreiteilung des Landes ist noch heute zu spüren.

Das Königreich Italien (1861–1900)

Doch das Königreich Italien war immer noch unvollständig. In Rom herrschte nach wie vor, gestützt auf die Anwesenheit einer französischen Garnison, das Oberhaupt der katholischen Kirche, Papst *Pius IX.* Italien und Frankreich verständigten sich, vorübergehend den Sitz der italienischen Regierung in Florenz einzurichten. Als die Franzosen während des Deutsch-Französischen Kriegs Truppen aus Rom nach Frankreich abziehen mussten, nutzten die Piemontesen die Gelegenheit. Am 4. September 1870 marschierten sie in der Ewigen Stadt ein, die schon bald darauf zur **Hauptstadt des Königreichs Italien** erklärt wurde. Papst *Pius IX.* erklärte daraufhin dem König seine Verachtung und verbot den Gläubigen in ganz Italien, an den Parlamentswahlen teilzunehmen.

Rom, das 1870 nur knapp 200.000 Einwohner zählte, erwachte in dieser Zeit aus seinem jahrhundertelangen Dornröschenschlaf. Innerhalb von 20 Jahren verdoppelte sich die Einwohnerzahl. Zuerst hielt der piemontesische Adel Einzug und in seinem Gefolge der Verwaltungsapparat, der von nun an die Struktur der Stadt bestimmen sollte. Der Dialekt der Piemonte-

015it Foto: fs

sen, den in Rom kein Mensch verstand, schuf von Anfang an eine Barriere zwischen den neuen Herren und den alteingesessenen Römern. Ganze Stadtviertel wurden niedergerissen, um eine angemessen repräsentative Architektur zu schaffen. Im Brief eines Romreisenden heißt es 1874: „Es hat sich sehr verändert, der klerikale Charakter der Stadt, das wehmütig Träumerische, das sie wie zu einem Kirchhof der Jahrhunderte machte, ist verwischt, die Vorteile des modernen Lebens, aber auch die Nachteile desselben breiten sich mehr und mehr aus."

Im Grunde handelte es sich bei der „Vereinigung" Italiens um eine **Annektierung des Südens durch den Norden.** Sicher gab es auch im *mezzogiorno* (Süditalien) Unterstützung für die Garibaldianer, aber im Grunde genommen stellte der piemontesische Adel für die Mehrheit der einfachen Landbevölkerung eine ausländische Macht dar, die als antikirchlich galt, was allen schon ein Grund zur Distanz war. Auf Sizilien schlossen sich Ende des 19. Jahrhunderts die Bauern zu revolutionären Vereinigungen zusammen, den sogenannten *fasci,* die gegen die Mafia, die Großgrundbesitzer und den piemontesischen Staat blutige Aufstände entfesselten. Sie hatten, auch wenn der Begriff eine Verbindung nahelegt, nichts mit dem späteren Begriff des Faschismus zu tun.

Die „zuspätgekommene" Nation Italiens versuchte mit allen Mitteln, den **Anschluss an die weiterentwickelten Industrieländer Europas** zu finden. Die Situation war schwierig: Noch 1880 waren fast 80 % der Italiener Analphabeten. Die Allianz aus den industriellen Eliten des Nordens und den agrarischen des Südens versuchte, durch eine expansionistische Politik die sozialen Probleme des Landes zu lösen. Italien wollte um jeden Preis im Konzert der internationalen Kolonialmächte eine bedeutende Rolle spielen. Der Überfall der italienischen Truppen auf Äthiopien endete 1896 mit einer vernichtenden Niederlage der Invasoren bei Adua. 1912 gelang es, Libyen zu annektieren, aber die innenpolitischen Probleme blieben dieselben.

Viele Menschen aus Süditalien oder den armen Provinzen Norditaliens (Venetien) emigrierten seit dem Ende des 19. Jahrhunderts nach Amerika. Auch die Emigration aus dem **mezzogiorno** in die aufstrebenden industriellen Metropolen Norditaliens (Mailand, Turin, Genua) nahm damals ihren Anfang. Für die norditalienische Schwerindustrie stellte die immer mehr verarmende Bevölkerung des Südens eine gewaltige Reservearmee dar, die bereit war, für niedrige Löhne zu arbeiten.

Das Zeitalter des Faschismus (1910–1944)

„Hör mir gut zu, Pereira," sagte Silva, „du glaubst noch immer an die öffentliche Meinung, also gut, die öffentliche Meinung ist ein Trick, den sich die Angelsachsen haben einfallen lassen, die Engländer und die Amerikaner verarschen uns, entschuldige den Ausdruck, mit dieser Vorstellung von der öffentlichen Meinung, wir hatten nie ihr politisches System, wir haben nicht ihre Traditionen, wir wissen nicht, was trade unions sind, wir sind Südländer, Pereira, wir gehorchen dem, der am lautesten schreit, der befiehlt."

Antonio Tabucchi, „Erklärt Pereira. Eine Zeugenaussage", 1994

Symbol des italienischen Laizismus: Denkmal für Giordano Bruno in Rom

Wer in einer beliebigen italienischen Großstadt unterwegs ist, wird überall auf die Bauwerke der faschistischen Regierungszeit stoßen. Häufig sind es staatliche Institutionen, die in dem typischen Stil der 1920er- und 1930er-Jahre errichtet sind. Manchmal ähneln die Gebäude der Bauhausarchitektur, schöne moderne Entwürfe, die ihrer Zeit weit voraus waren. Oft wirkt die Baukunst dieser Ära auch martialisch und pathetisch, doch das ist Geschmackssache. Fest steht: Die Faschisten haben nicht nur in der Architektur Italiens ihre Spuren hinterlassen, immerhin haben sie das Land fast 20 Jahre lang regiert.

Auf rechtsextremes Gedankengut trifft man überall in der italienischen Gesellschaft. Die konservative Partei *Alleanza Nazionale,* die drittstärkste Kraft in der italienischen Politik und jahrelanger Juniorpartner des derzeitigen Ministerpräsidenten *Berlusconi,* entstammt der Nachfolgeorganisation der faschistischen Partei, dem *Movimento Sociale Italiano (MSI).* Die Enkelin des *Duce, Allesandra Mussolini,* hat erst kürzlich eine neue faschistische Partei gegründet und beteuert in den italienischen Medien bei jeder Gelegenheit ihre Bewunderung für den Großvater. Wie aktuell das „Gespenst des Faschismus" in Italien immer noch ist, zeigen auch die jüngsten Krawalle in den Fußballstadien. (Siehe dazu auch das Kap.: „Fußball: *tifosi* – die „Typhuskranken".)

Mussolini und die Anfänge des italienischen Faschismus

Die Entstehung des italienischen Faschismus ist untrennbar mit der Person *Benito Mussolinis* verbunden. Bevor der gelernte Volksschullehrer die faschistische Partei Italiens *Partito Nazionale Fascista (PNF)* gründete, war er 20 Jahre lang eine **Führungspersönlichkeit der sozialistischen** Partei *Partito Socialista Italiano (PSI)* gewesen, ein Widerspruch, wie er wahrscheinlich nur in Italien vorstellbar ist.

Mussolini wurde 1883 in dem Städtchen Predappio in der Emilia Romagna in Mittelitalien geboren. Die „Romagnoli" sind bekannt für ihre linke Gesinnung, das gute Essen und die Lebensfreude. Schon sein Vater war Mitglied des dortigen Gemeinderats und ein stadtbekannter Sozialist und Internationalist. Bereits 1902 betätigte sich der junge *Mussolini* in der **Schweiz** politisch. Er schrieb Artikel für den „Avvenire del lavoratore", die Zeitung der italienischen Sozialisten in der Eidgenossenschaft. Bald darauf wurde er Sekretär der italienischen Maurergewerkschaft in Lausanne. Er selbst hatte eine starke Antipathie gegen körperliche Arbeit, schon wenige Probetage als Maurergehilfe in Yverdon brachten den jungen Mann an den Rand der körperlichen Erschöpfung. Stark ausgeprägt waren aber schon damals Eigenschaften, die später charakteristisch für ihn werden sollten: Egozentrik, Gier nach Selbstbestätigung und Ablehnung aller Nebenrollen.

Mussolinis Weltbild entsprach zu dieser Zeit dem so vieler linker intellektueller Italiener. Der italienische Sozialismus konzentrierte sich zu Beginn des 20. Jahrhunderts auf wenige Themen: kompromissloser Pazifismus, Antiklerikalismus und Hass gegen die Monarchie – Grundmotive, die noch bis heute den gemeinsamen politischen Nenner für die Linke Italiens bilden.

In der Partei zählte *Mussolini* zum revolutionären Flügel, der gegenüber den Revisionisten seit dem Mailänder Kongress (1910) deutlich in der Minderheit war.

Der Erste Weltkrieg

Das Attentat auf den österreichischen Thronfolger *Franz Ferdinand* in Sarajewo löste 1914 den **1. Weltkrieg** aus. Italien war militärisch durch den sogenannten „Dreibund“ mit Österreich und Deutschland verbunden. Das Land erklärte aber nach dem Ausbruch des Weltkriegs seine **Neutralität.** In Rom war man der Auffassung, die Österreicher hätten eigenmächtig den Krieg erklärt, also ohne vorherige Rücksprache mit der italienischen Regierung – was zweifellos auch stimmte. Während der folgenden Monate entwickelte sich in Italien eine bürgerliche „interventionistische“ Bewegung, die für den Kriegseintritt an der Seite der „Entente“ (Militärbündnis zwischen Frankreich, England und Russland) stimmte. Der Interventionismus und der 1915 folgende Eintritt Italiens in den 1. Weltkrieg waren eine Form des Staatsstreichs von oben. Die Regierung war der Meinung, dass ein kurzer, siegreicher Krieg eine stärkere Disziplin innerhalb der Bevölkerung nach sich ziehen würde. Im Jahre 1914 stand Italien kurz vor dem Ausbruch eines Bürgerkriegs. Streiks und Aufstände waren an der Tagesordnung.

Mussolini liebäugelte schon früh mit den Interventionisten, doch die Parteilinie verbot ihm einen Schulterschluss. Die Sozialisten traten nach wie vor für die bedingungslose Neutralität des Landes ein, woran sich auch während des Kriegs nichts ändern sollte. Mittlerweile war *Mussolini* zum Direktor des offiziellen sozialistischen Parteiorgans „Avanti“ aufgestiegen. Er schrieb flammende Aufrufe gegen den Krieg – aber nur, weil es ihm die Parteiführung vorschrieb. Im Oktober 1914 schließlich „outete“ sich *Mussolini* im „Avanti“ als Interventionist und zog die Schlussfolgerung, dass die proletarische Revolution nicht machbar sei und nur noch der Krieg bleibe.

Kriegsziel waren die sogenannten „unerlösten“ Gebiete Trient und Triest, die zwar mehrheitlich von Italienern bewohnt waren, aber immer noch von Österreich-Ungarn beherrscht wurden. Beansprucht wurde aber auch Südtirol, die heutige Provinz Bozen, wo nur wenige Italiener lebten. Nicht zuletzt ging es um die **Hegemonie in der Adriaregion** – Italien forderte große Gebiete rund um die dalmatinische Stadt Rijeka (ital.: Fiume) in Jugoslawien. Ein erster Grundstein zur Errichtung der faschistischen Ideologie war gelegt.

Mussolini trat im November 1914 als Direktor des „Avanti“ zurück und wurde aus der sozialistischen Partei *(PSI)* ausgeschlossen. Er gründete eine neue Tageszeitung mit dem Namen „Popolo d'Italia“. Finanziert wurde das Blatt von verschiedenen Industriegruppen, die ein antisozialistisches Organ schaffen wollten.

Unterdessen trat die italienische Regierung in Verhandlungen mit England ein. Im Londoner Geheimabkommen versprachen die Entente-Staaten den Italienern, im Falle eines Sieges über Deutschland und Österreich, alle ihre Forderungen zu erfüllen. Am 24. Mai 1915 trat Italien in den 1. Weltkrieg ein. Im August wurde *Mussolini* eingezogen. Bis zum Juni 1917 diente er als Soldat, ob er allerdings wirklich Frontkämpfer war, wie er es selbst immer darstellte, ist umstritten. Auf jeden Fall wurde er verletzt und konnte somit wieder an seinen Schreibtisch bei der Zeitung „Popolo d'Italia“ zurückkehren, wo er auch das Kriegsende 1918 erlebte. Italien war an der Seite der „Entente“ als Sieger aus dem Krieg hervorgegangen. Der Preis war hoch: Mehr als 600.000 gefallene Italiener blieben auf den Schlachtfeldern zurück.

Faschistische Hoch-Zeit

Die italienische faschistische Bewegung entwickelte sich zunächst nur sehr langsam. Bei den Anhängern handelte es sich um einen Haufen abgerissener Abenteurer mit einer Ideologie, die sich sowohl auf der linken als auch auf der rechten politischen Seite bediente. Die Persönlichkeit *Mussolinis* wurde von vielen ehemaligen Frontkämpfern abgelehnt: Sie hielten ihm vor, dass er zwar fanatisch *für* den Krieg, aber äußerst zurückhaltend *im* Krieg gekämpft habe. Der **Name der neuen Bewegung** leitet sich von den *fascesi* ab, den Liktorenbündeln des alten Roms. (Die Liktoren waren die Amtsdiener des alten Rom. Sie trugen den hohen Würdenträgern des Reichs Rutenbündel voraus, die *fasces* genannt wurden. In die Bündel war ein Beil gesteckt. Die *fasces* waren ein Symbol für die Macht der hohen Beamten im alten Roms.) Noch heute ist das Liktorenbündel überall in Italien an Gebäuden und Kunstwerken aus der Zeit der faschistischen Herrschaft zu sehen.

In Italien gab es nach dem Kriegsende **schwere soziale Auseinandersetzungen:** Tausende von der Front zurückgekehrte Soldaten fanden nach der Demobilisierung keine Arbeit, während die Lebenshaltungskosten ständig stiegen. Zudem hatte die Regierung den Soldaten, um sie für den Krieg zu begeistern, eine Agrarreform versprochen. Die im Krieg siegreichen Bauern forderten nun von den Politikern und den Großagrariern die Einlösung dieser Versprechen. In vielen Gebieten Italiens besetzten die landlosen Heimkehrer die brachliegenden *Latifundien* (landwirtschaftliche Güter). Immer häufiger kam es zu Fabrikbesetzungen und Streiks. Das Land brodelte, überall war die Rede von einer bevorstehenden Revolution.

Problematisch war die Rolle der **Arbeiter.** Sie hatten wegen der kriegswichtigen Produktion in den Fabriken nicht einzurücken brauchen und hatten nur Verachtung für die Frontsoldaten übrig, die ihrer Meinung nach während des Kriegs nur den Interessen des Großkapitals gedient hätten. Diese Haltung trug wesentlich dazu bei, dass sich die sozialistische Arbeiterbewegung die Sympathien der Heimkehrer und des Heeres verscherzte.

Das Ergebnis der **Pariser Friedensverhandlungen** versetzte dem italienischen Selbstbewusstsein einen schweren Schlag. Zwar wurden die im Londoner Geheimvertrag zugesicherten Gebiete Südtirol, Trient und Triest an Italien angegliedert, doch wurde die Stadt Rijeka den Italienern verweigert. Gleich nach Kriegsende wurde ein Plebiszit, eine Volksabstimmung, arrangiert: Die Stadt wollte italienisch sein. Die Empörung in Italien war groß. Es bildete sich der Begriff vom „verstümmelten Sieg", analog zur „Dolchstoßlegende" in Deutschland. Paramilitärische Einheiten bildeten sich, die aus den *arditi* bestanden, einer Spezialtruppe, die im Krieg nur an Frontabschnitten eingesetzt worden war, an denen besonders wagemutige Soldaten gebraucht wurden. In die zivile Normalität zurückgekehrt, fanden sie sich nicht mehr zurecht. Sie bildeten rastlose Haufen, die ideologisch zwischen der extremen Rechten und dem Nationalismus pendelten und schließlich bei *Mussolini* und seinen Faschisten landeten. **Gabriele d'Annunzio,** der bekannteste Schriftsteller und exzentristischste Intellektuelle im damaligen Italien, zog am 12. September 1919 an der Spitze einer Abteilung *arditi* und zweier Infanteriebataillone in Rijeka ein und besetzte die Stadt. Während des ganzen Unternehmens fiel kein einziger Schuss. *D'Anunzios* Truppe war in schwarze Fantasieuniformen gekleidet – bald darauf sollte das Schwarzhemd *(camicia nera)* zur Uniform der Faschisten werden. In Fiume (Rijeka) bildete sich ein präfaschistisches System heraus: Der Dichter sprach viermal täglich zu seinem „Volk" und gab der Stadt eine **korporative Verfassung,** die später zum Grundprinzip des faschistischen Staates werden sollte. Das korporative System strebt einen Ausgleich verschiedener Interessengegensätze an. So wurden gemeinsame Kommissionen mit Arbeitnehmern, Arbeitgebern und Vertretern des Staates gebildet, die eine Harmonisierung der sozialen Konflikte bewirken sollten. *D'Annunzios* Truppe war der außerparlamentarische Vorläufer des später staatstragenden Faschismus.

Mussolini nutzte die präfaschistische Revolte *d'Anunzios* für seine eigenen Zwecke. Er erklärte Rijeka zur „Hauptstadt Italiens" und wurde plötzlich populär. Viele trauten ihm politisch mehr zu als dem verschrobenen Dichterfürsten.

Die Faschisten organisierten die **squadre, Kampfgruppen,** die gegen Sozialisten und Gewerkschaftsanhänger kämpften. Vergleichbar waren sie mit der nur kurz danach in Deutschland entstandenen nationalsozialistischen *SA* („Sturmabteilung" der NSDAP). Die Regierung unter dem liberalen Ministerpräsidenten *Giolitti* unterstützte den *squadrismo,* den Terror von rechts, um die Sozialisten auszuschalten. Eine Spezialität der *squadre* war die Verabreichung von Rizinusöl. Antifaschisten wurden gefangen und vor die Tore der Stadt gebracht. Dort mussten sie eine Flasche des verdauungsfördernden Mittels zu sich nehmen. Über die Folgen amüsierten sich die Terrorbanden königlich. Neben dieser leichten Form des Terrors gab es aber auch Mord und Totschlag. Die Auseinandersetzungen zwischen Linken und Rechten in diesen Jahren hinterließen einen tiefen Graben zwischen den politischen Lagern, eine Kluft, die noch heute in Italien spürbar ist. Der Wahlkampf von 2006, aus dem *Romano Prodi* als Sieger hervorging, war in seiner Unversöhnlichkeit ein Reflex dieser Ereignisse.

Eine wichtige Veränderung in der Mentalität der Italiener wusste sich *Mussolini* zunutze zu machen. Durch das schreckliche Kriegserlebnis war in Italien bereits während des Kriegs ein **nationales Bewusstsein** entstanden. Drei Jahre lang hatten Sarden und Sizilianer, Piemontesen und Neapolitaner gemeinsam in den Schützengräben gelegen, Menschen, die vorher noch nicht einmal voneinander wussten, was angesichts einer Analphabetenrate von nahezu 80 % und der mangelhaften Infrastruktur, infolgedessen es viele fast völlig von der Außenwelt abgeschiedene Gebiete gab, nicht weiter verwunderlich war. *Mussolini* gelang es, eine Koalition aus ganz unterschiedlichen Gruppierungen zu schmieden, die nur eines verband: Sie waren alle Italiener. Das war in der italienischen Politik etwas völlig Neues. Der Nationalismus wurde als mobilisierende Kraft entdeckt. Das war in anderen europäischen Ländern schon vor mehr als einem Jahrhundert geschehen ...

Wollte den „neuen Menschen" schaffen: Benito Mussolini (1883–1945)

Am 7. November 1921 wandelte *Mussolini* die Bewegung in eine politische Partei um, die **Partito Nazionale Fascista (PNF).** Die Liberalen fürchteten die Sozialisten und die christliche Partei mehr als die Faschisten und nahmen die *PNF* in ihr Wahlbündnis auf. Damit besiegelten sie praktisch das Ende der parlamentarischen Demokratie. Am 27. Oktober 1922 gab *Benito Mussolini* seinen in Neapel versammelten *squadren* den Befehl zum „Marsch auf Rom", um die Regierung unter Druck zu setzen. Obwohl die „Schwarzhemden" nur unzureichend ausgerüstet waren und die pompös inszenierte Besetzung der Hauptstadt nichts weiter als eine größere Demonstration darstellte, ernannte der König *Mussolini* am 28. Oktober 1922 zum Ministerpräsidenten.

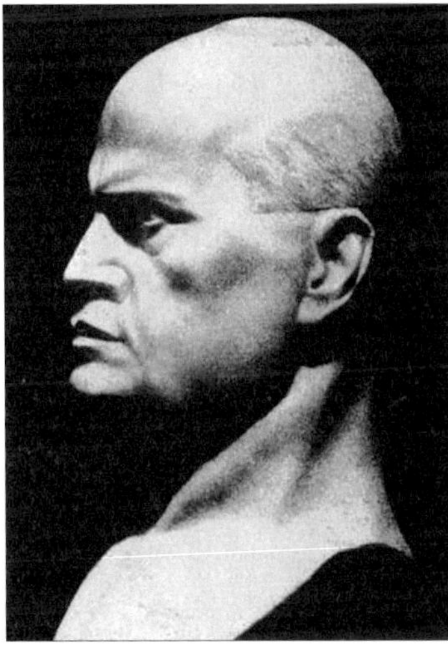
016it Foto: ©de.wikipedia.org

Auf Druck der *PNF* wurde im November 1923 ein neues Wahlgesetz verabschiedet, das der stärksten Partei zwei Drittel der Parlamentssitze zusprach. Unter Führung der Faschisten wurde eine Einheitsliste gegründet, an der sich die Protagonisten des „alten" liberalen Italiens beteiligten. Diese Koalition gewann im April 1924 über 60 % der Mandate.

Als im Juni 1924 der sozialistische Abgeordnete *Matteotti* auf dem Weg zum Parlament entführt und kurz darauf erschossen wurde, mobilisierte sich zum letzten Mal Widerstand gegen die Regierung. Eine Woche nach dem Mord verließen die Fraktionen der Kommunisten, Sozialisten und einige demokratische Gruppierungen das Parlament. Demonstrativ zogen sie auf den Aventinhügel, in Erinnerung an die Plebejer, die im 3. Jahrhundert v. Chr. als Zeichen des Protestes gegen die Herrschaft der Patrizier ebenfalls auf den Aventin gewandert waren. Der Protest der Linken blieb auf den Auszug aus dem Parlament beschränkt. Immer mehr Italiener schlossen sich der faschistischen Bewegung an – oder resignierten.

In den folgenden drei Jahren wurde die Pressefreiheit beseitigt, die politischen Parteien und die Gewerkschaften, mit Ausnahme der faschistischen, wurden verboten, die Oppositionszeitungen eingestellt und die parlamentarische Demokratie wurde durch die Bildung der Einheitsliste endgültig abgeschafft. **Mussolini wurde zum Duce** (dt.: „Führer") ernannt. Die berüchtigte Geheimpolizei *OVRA* wurde gebildet, deren alleinige Aufgabe darin bestand, Regimegegner aufzuspüren und unschädlich zu machen. Der Ausschaltung der innenpolitischen Widersacher folgte die außenpolitische Anerkennung des Regimes durch die Vereinigten Staaten und England. Die 1926 von Amerika bewilligten Bankkredite trugen in erheblichem Maße zur politischen Stabilisierung des Systems bei.

Die Italiener begannen, sich mit dem faschistischen System zu arrangieren. In Süditalien dachten die Kleinbauern: „Vielleicht gibt uns der Staat etwas mehr Land und hilft uns im Kampf gegen die kriminellen Banden." Die norditalienischen Kleinbürger meinten: „Vielleicht hilft uns der Staat, wenn wir der faschistischen Partei beitreten, und besorgt uns Arbeit in der Verwaltung."

Den größten innenpolitischen Erfolg seiner Laufbahn erreichte *Mussolini* mit der **Unterzeichnung der Lateranverträge** (1929). Der seit der Gründung Italiens (1870) andauernde Konflikt zwischen dem Papst und der Regierung wurde damit endgültig beigelegt. Der Kirche ging es darum, ihren moralischen Alleinvertretungsanspruch im italienischen Staatsrecht zu verankern. In den Verträgen wurden die Unauflöslichkeit der Ehe und die Steuerfreiheit für das Kirchenvermögen festgeschrieben. Außerdem verpflichtete sich der Staat dazu, den „heiligen Charakter" der Stadt Rom zu wahren und keine Kundgebungen zuzulassen, die dem widersprechen würden. Im Gegenzug wurde der Kirchenstaat, der im Mittelalter zeitweise ganz Mittelitalien umfasst hatte, geografisch auf das Gebiet innerhalb der Leonischen Mauer rund um den Petersdom beschränkt. Der Papst war derart angetan von *Mussolini*, dass er für ihn die ungewöhnliche Bezeichnung „Mann der Vorsehung" fand.

Auch in anderen europäischen Ländern entwickelten sich ähnliche politische Strömungen, auf die der Begriff des Faschismus ebenfalls angewendet wurde, so z. B. in Portugal, Spanien und Deutschland.

Das autoritäre Regime verbreitete in Italien eine Stimmung, die sich wie Mehltau auf die politische Kultur des Landes legte. Kritiker der Regierungspolitik wurden auf einsame Inseln im Mittelmeer verbannt oder einfach eingesperrt.

Der ehemalige Volksschullehrer *Mussolini* hatte eine **Erziehungsdiktatur** errichtet, die einen neuen Menschen schaffen sollte. Er sollte nationalistisch, tatkräftig, mutig und diszipliniert sein. Vor allem aber sollte er seinen chronischen Individualismus aufgeben. Schon die Kinder wurden in der Jugendorganisation *Balilla* zusammengefasst. Das Radio wurde als Propagandainstrument eingesetzt, täglich wurden den Italienern die „Erfolge" des faschistischen Systems verkündet. Die Bürger entzogen sich der faschistischen Propagandamaschinerie durch eine gewisse Gleichgültigkeit gegenüber dem Staat, wie sie bereits in den Jahrhunderten der Fremdherrschaft eingeübt worden war.

Bis 1929 gab es einen wirtschaftlichen Aufschwung, der mit einer wirtschaftsliberalen Politik der Regierung verknüpft war und seine Ursache auch in dem allgemeinen Aufschwung der „Goldenen Zwanziger Jahre" hatte. Ab 1930, einhergehend mit der **Weltwirtschaftskrise,** sank die Industrieproduktion erheblich, Arbeitslosigkeit und Unzufriedenheit machten sich breit. Das Regime steuerte mit staatskapitalistischen Maßnahmen dagegen. Die **opere,** einer der wichtigsten Begriffe aus der Terminologie der faschistischen Ideologie, die großen staatlichen „Werke", die in jener Zeit in Gang gesetzt wurden, sollten die Italiener fester an das politische System und die Nation binden. In den Großstädten wurden ganze Stadtviertel niedergerissen und im „Stil der neuen Zeit" umgestaltet. Für die landlosen und verarmten Bauern aus Venetien, einem der Armenhäuser im Italien der 1930er-Jahre, wurden in Mittelitalien Sumpfgebiete erschlossen. Das ehrgeizigste Projekt war die Trockenlegung der Pontinischen Sümpfe im südlichen Latium, das noch heute eines der größten Gemüseanbaugebiete Italiens ist. Der Begriff der *opere* wurde übrigens von dem derzeitigen Ministerpräsidenten *Berlusconi* wieder belebt. (Siehe auch das Kap.: „Die Ära Berlusconi".)

Staatliche Institute zur Wirtschaftslenkung wurden gegründet, ein Fünfjahresplan wurde eingeführt, Maßnahmen, wie sie in den 1930er-Jahren nahezu überall auf der Welt populär waren. Ein **gewaltiger bürokratischer Apparat** entstand, an dem das Land noch heute krankt. Die Bevölkerungszahl Roms stieg zwischen 1925 und 1939 von 800.000 auf 1,3 Millionen Menschen, vor allem wegen des Zuzugs der Bürokraten aus allen Regionen des Landes. All diese Maßnahmen bedingten eine immer höhere Staatsverschuldung. Eine expansionistische Außenpolitik schien der einzige Ausweg zu sein.

Im Oktober 1936 wurde **Äthiopien** von den Italienern besetzt – *Mussolini* träumte von einer Ausdehnung Italiens bis nach Afrika. Im Sommer 1936 schickte die Regierung Truppen nach Spanien, um den **faschistischen Putsch General Francos** zu unterstützen. Die italienischen Soldaten trafen auf ihre eigenen Landsleute, die in den Internationalen Brigaden auf der Seite der spanischen Republik dienten. Häufig kam es zu Massendesertionen der faschistischen Einheiten. Das gemeinsame Eingreifen in den Spanischen Bürgerkrieg führte zu einer Annäherung zwischen dem faschistischen Regime und dem nationalsozialistischen Deutschland. Im November 1936 wurde die sogenannte **Achse zwischen Rom und Berlin** vertraglich besiegelt.

1938 führten die Faschisten, nach deutschem Vorbild, die **antijüdischen Rassengesetze** ein. Von den Deutschen wurde kein Druck auf Italien ausgeübt, *Mussolini* initiierte die Gesetze aus freien Stücken, obwohl er kein Antisemit war und die italienischen Juden in der faschistischen Bewegung eine bedeutende Rolle spielten. Vermutlich ging es dem Diktator um die Mobilisierung der Massen: Der nationale Gedanke sollte durch die Ausgrenzung einer Gruppe gestärkt werden.

Der Zweite Weltkrieg und das Ende der faschistischen Regierung

Als im August 1939 der **2. Weltkrieg** ausbrach, blieben die Italiener zunächst neutral. Die Situation von 1915 schien sich zu wiederholen. *Mussolini* wusste genau, dass Italien nicht auf den Krieg vorbereitet war und hielt sich deswegen zurück. Nachdem die Deutschen 1940 Frankreich überrannt hatten, entschloss sich der *Duce,* an der Seite *Hitlers* in den Krieg einzutreten. Er war jetzt fest davon überzeugt, dass der Krieg mit einem Sieg Deutschlands enden werde. In deutschen Diplomatenkreisen sprach man von „Leichenfledderei".

Der Eintritt Italiens in den Weltkrieg rief in der Bevölkerung Unmut hervor. Als sich die Tageszeitungen der Großstädte immer mehr mit den Todesanzeigen gefallener Soldaten füllten, zeichnete sich langsam das Ende des Regimes ab. Im Juli 1943 kam es zur letzten Sitzung des obersten Gremiums der „Schwarzhemden", des „Faschistischen Großrats". 19 der 28 Ratsmitglieder stimmten für die **Abberufung Mussolinis,** am Tag danach wurde er verhaftet.

Eine neue Regierung unter Marschall *Pietro Badoglio* wurde eingesetzt. Auf Sizilien landeten im Sommer 1943 die Alliierten und drangen nach Norden vor. Im Oktober 1943 schließlich erklärte die Regierung *Badoglio* den Deutschen den Krieg.

Durch die spektakuläre Befreiungsaktion eines SS-Kommandos konnte der *Duce* aus seinem Gefängnis in den Abruzzen befreit werden. Er gründete noch einen deutschen Vasallenstaat, die **Reppubblica Sociale Italiana,** mit ihrer sogenannten „Hauptstadt" Salo am Gardasee. Der *RSI* war nur ein kurzes Leben beschieden, sie ging unter dem Vormarsch der Alliierten und den Angriffen der Partisanen kläglich zugrunde.

Der italienische Staat predigt noch heute an den nationalen Gedenktagen den ruhmreichen **Kampf der Partisanen** gegen das faschistische System und versucht damit, die zwanzigjährige Diktatur *Mussolinis,* die von einem Großteil der Bevölkerung begeistert unterstützt wurde, zu verdrängen. Im Gegensatz zum nationalsozialistischen Deutschland haben trotzdem viele Italiener in den Jahren 1943 bis 1945 ihr Schicksal selbst in die Hand genommen. Sie verließen ihre Familien, lebten in Wäldern oder verlassenen Bauernhöfen und kämpften mit bescheidenen Mitteln gegen die wesentlich besser ausgerüsteten Deutschen und die italienischen Faschisten.

Der *Duce* wurde auf der Flucht von Partisanen gefangen genommen und gemeinsam mit seiner Geliebten von einem Standgericht zum Tod durch Erschießen verurteilt. Die Leichen wurden den Schaulustigen an einer Tankstelle in Mailand an den Füßen aufgehängt präsentiert.

Schon bald nach dem Krieg wurde der *MSI (Movimento Sociale Italiano)* gegründet, die Nachfolgepartei der *Partito Nazionale Fascista*. Die Partei konnte in den1950er-Jahren nie mehr als 6 % der Stimmen auf sich vereinigen. Von dem *MSI* spalteten sich bald **faschistische Terrororganisationen** wie der *Ordine Nuovo* ab, der eine „Strategie der Spannung" verfolgte. Durch terroristische Anschläge sollte ein Klima der Angst erzeugt werden, das vom parlamentarischen Faschismus ausgenutzt werden sollte. (Siehe das Kap.: „Terror von links und rechts: die bleiernen Jahre".)

Nachkriegszeit

Im Dezember 1945 musste die linke Regierung unter *Ferruccio Parri* dem kämpferischen Christdemokraten *Alcide de Gasperi* weichen. Von nun an sollte die *DC (Democrazia Cristiana)* über 40 Jahre lang zur bestimmenden politischen Kraft Italiens werden.

De Gasperi vereinigte die wichtigsten Ministerien in seiner Hand und gab damit dem Drängen der Alliierten nach, die den Einfluss der Kommunisten verringern wollten.

Bei der Volksabstimmung 1946 über die Beibehaltung oder **Abschaffung der Monarchie** stimmten die Italiener mit nur 54 % knapp für die Republik. Im Süden Italiens hatte der König immer noch große Sympathien.

Auch nach der Parlamentswahl 1946, aus der die *DC* als stärkste Partei hervorging, waren Sozialisten und Kommunisten im Sinne der antifaschistischen Befreiungsfront immer noch an der Regierung beteiligt. In den folgenden Jahren setzte allerdings unter der Leitung des Vatikans eine **Hetzkampagne gegen die Linke** ein. Unter der Bevölkerung sollte die Befürchtung geschürt werden, die Amerikaner würden Italien bei einem Wahlsieg der Linksparteien die wirtschaftliche Unterstützung versagen.

Bei den **Neuwahlen 1948 siegten die Christdemokraten** überwältigend mit 48 % der Stimmen, gegenüber nur 31 % für die Volksfront aus Sozialisten und Kommunisten. Krönender Höhepunkt der Pogromstimmung gegen die Kommunisten war 1949 der Entschluss von Papst *Pius XII.*, alle marxistisch orientierten Gläubigen aus der Kirche auszuschließen.

40 Jahre lang sollte die Herrschaft der *Democrazia Cristiana* dauern. Die Partei war sozusagen dazu verdammt, zu regieren. Eine kommunistische italienische Regierung hätten die Vereinigten Staaten niemals akzeptiert. Dadurch kam es zu einer paradoxen Situation: Auch wenn kaum eine Regierung Italiens länger als ein Jahr im Amt blieb, war das Land doch politisch stabil wie kaum ein anderes im Westen: Schließlich wurde es über 40 Jahre lang von den immergleichen politischen Köpfen und Kräften geführt.

In den 1950er-Jahren erlebte Italien ein **Wirtschaftswunder.** Die jährliche Zuwachsrate betrug zwischen 1949 und 1963 durchschnittlich 6 %. Ähnliche Werte wurden weltweit im gleichen Zeitraum nur von der BRD und Japan erreicht. Den größten Sprung nach vorne machte der industrielle Sektor. Zwischen 1949 und 1963 stieg die Industrieproduktion durchschnittlich um 8 % im Jahr. Trotz allem blieb Italien ein Agrarland, in den 1950er-Jahren waren immer noch 40 % der arbeitenden Bevölkerung in der Landwirtschaft beschäftigt, in der BRD waren es im gleichen Zeitraum nur 15 %.

Die **wirtschaftlichen Probleme des Südens** waren eine große Belastung für die junge italienische Demokratie. 1950 wurde die *Cassa per il Mezzogiorno* eingerichtet, die Südkasse, die als Wirtschaftshilfe für den Süden gedacht war und noch bis 1980 bestand. Ihr war kein Erfolg beschieden: Einerseits hatte die Mafia kein Interesse an der Ansiedlung norditalienischer Industriebetriebe im *mezzogiorno,* andererseits bereicherten sich die Investoren aus dem Norden gern an den Subventionen der *Cassa*. Der Nord-Süd-Konflikt wurde durch die Unterstützungen für den Süden verschärft. Viele Norditaliener hatten kein Interesse daran, den Süden mit ihren Steuergeldern zu subventionieren. Zudem wanderten immer mehr Süditaliener in die norditalienischen Metropolen ab. Die Hauptstadt Rom wurde bereits in den 1950er-Jahren von einer Einwanderungswelle aus den immer ärmer werdenden südlichen Gebieten geradezu überrollt.

Als die Sozialisten 1957 das Volksfrontbündnis mit den Kommunisten auflösten, war der erste Schritt zu einer **Annäherung zwischen Sozialisten und Christdemokraten** getan. Aber es sollte noch bis 1963 dauern, bis eine Regierung aus *DC,* Sozialdemokraten und Sozialisten zustande kam.

Terror von links und rechts: die bleiernen Jahre (1968–1980)

„Terror eignet sich mehr als irgendeine andere militärische Strategie dazu, die Bevölkerung zu manipulieren."

Daniele Ganser, Schweizer Historiker und Friedensforscher

In den 1960er- und 1970er-Jahren erlebte Italien, ähnlich wie andere Länder in Europa, eine **Phase des politischen Terrorismus.** *Anni di piombo* („Bleierne Jahre") wird diese Zeit in Italien genannt. Nirgendwo in Westeuropa forderten die Terroranschläge so viele Opfer wie auf der Apennin-Halbinsel, wo insgesamt mehr als fünfhundert Menschen ihr Leben verloren.

Grabmal des ersten christdemokratischen Ministerpräsidenten Alcide de Gasperi in Rom

Von Anfang an wurden Attentate sowohl von linken als auch von rechten Gruppen unternommen. Ein enges Beziehungsgeflecht der unterschiedlichsten Gruppierungen ist prägend für diese Phase des politischen Terrorismus. Neofaschisten, „Rote Brigaden", Geheimdienste, italienische Politiker, die Mafia, Amerikaner und Russen: Sie alle spielten eine Rolle bei den verschiedensten Terroranschlägen.

Vieles deutet darauf hin, dass einflussreiche politische Kreise gemeinsam mit neofaschistischen Gruppierungen **Bombenattentate inszeniert** haben, die den „Roten Brigaden" in die Schuhe geschoben werden sollten. Die Bürger sollten damit verunsichert werden, Notstandsgesetze konnten so gerechtfertigt werden. In Italien vermuten viele politische Beobachter, dass das Attentat von Bologna, bei dem 85 Menschen ums Leben kamen, als Vorstufe zu einer neofaschistischen Machtübernahme inszeniert worden war.

Italien befand sich in den 1970er-Jahren in einem **bürgerkriegsähnlichen Zustand.** Die Provinz Bozen wurde von den Bombenattentaten der Südtiroler erschüttert, die für eine umfassende Autonomie in Italien eintraten. (Siehe auch das Kap.: „Südtiroler".)

Natürlich ist das Thema des politischen Terrorismus in Italien ein dankbares Feld für **Verschwörungstheoretiker.** Aber: Viele Aussagen von an den Anschlägen beteiligten Protagonisten eröffnen erschreckende Einblicke in die Machenschaften des Staates. Die Enthüllungen der 1980er- und 1990er-Jahre haben dazu beigetragen, das ohnehin schon gestörte Verhältnis der Italiener zu ihrem Staat noch weiter zu beschädigen. Die Politikverdrossenheit griff immer weiter um sich und schuf die Voraussetzungen für einen skrupellosen Populisten vom Schlage *Silvio Berlusconis.*

Die Instrumentalisierung des Terrors: der „Historische Kompromiss" und die Rolle von „Gladio"

In den frühen 1970er-Jahren begannen Christdemokraten und Kommunisten, sich politisch anzunähern. Die *PCI (Partito Communista Italiano)* war damals die größte kommunistische Partei im demokratischen Westeuropa. Der Vorsitzende der Partei, der Sarde **Enrico Berlinguer,** formulierte 1973 die These des sogenannten *compromesso storico* (Historischer Kompromiss). *Berlinguer* forderte eine Koalition zwischen *PCI* und *DC,* um Italien in einer Zeit der wirtschaftlichen Krise und der politischen Umsturzversuche eine Periode politischer Stabilität zu ermöglichen. Nach dem sensationellen Erfolg bei den Parlamentswahlen 1976, bei denen der *PCI* 34,4 % der Stimmen erreichte, kam es aber trotz der starken Position der Kommunisten nicht zu einer Regierungsbeteiligung. Allerdings beteiligte sich die *PCI* nach dem Wahlerfolg an der Hälfte der Regionalregierungen und stellte die Mehrheit in allen Stadtparlamenten der italienischen Großstädte, von Mailand bis Neapel.

Die **NATO und die Vereinigten Staaten** sahen durch die neue politische Situation in Italien ihre strategischen Interessen bedroht. Das Land, in dem die Amerikaner viele Militärbasen unterhielten, durfte auf keinen Fall in die Hände der Kommunisten fallen, wenn diese sich auch noch so sozialdemokratisch gebärdeten. Heute ist bekannt, dass in Italien eine von den westlichen Geheimdiensten und der NATO finanzierte **Geheimarmee** aufgebaut wurde, die den Namen **Gladio** trug. Es handelte sich dabei um eine der sogenannten Stay-behind-Armeen, die überall in Westeuropa ein unsichtbares, geheimes Sicherheitsnetz bildeten. Wegen des drohenden kommunistischen Wahlsiegs in Italien kam *Gladio* in Italien eine besondere Bedeutung zu. Die militärische Befehlsgewalt hatte das NATO-Hauptquartier in Mons. Im Falle eines Wahlsiegs der Linken in Italien sollte die Geheimarmee durch eine Art Partisanenkrieg einen Bürgerkrieg gegen die Kommunisten entfachen.

Ein Mailänder Untersuchungsrichter deckte 1990 nach Recherchen in den Archiven des Militärgeheimdienstes *SISMI* die Existenz von *Gladio* auf. Die Organisation bestand größtenteils aus Mitarbeitern des Geheimdienstes, die oft gute Kontakte zu neofaschistischen Kreisen hatten. Vieles deutet darauf hin, dass auch Gladio-Mitarbeiter **an zahlreichen Terroranschlägen beteiligt waren.** Durch Fälschung von Beweisen sollte dafür gesorgt werden, dass die Verbrechen den „Roten Brigaden" untergeschoben werden konnten. Die Kommunistische Partei, die sowieso schon oft zu Unrecht als Unterstützerin der Terroristen in der Öffentlichkeit gebrandmarkt wurde, sollte diskreditiert werden.

Unter dem Druck der Öffentlichkeit gestand der damalige Ministerpräsident *Giulio Andreotti* die Existenz von *Gladio* ein, was einen europaweiten politischen Skandal auslöste.

Die Roten Brigaden

Die *Brigate Rosse* waren 1970 von einigen Soziologiestudenten im norditalienischen Trient geründet worden. Der Name der Gruppe lehnte sich einerseits an die deutsche „Rote Armee Fraktion" (RAF) an, andererseits verwies der Begriff „Brigaden" auf den Partisanenkampf gegen die Faschisten während des 2. Weltkriegs.

Anfangs unternahmen die „Roten Brigaden" Aktionen in den großen Industriebetrieben Norditaliens. Unter dem Stichwort **„bewaffnete Propaganda"** versuchten sie, Manager einzuschüchtern und die Forderungen

Der Mord an Aldo Moro

Am 16. März 1976 entführte ein bewaffnetes Kommando der „Brigate Rosse" den ***Parteichef der Democrazia Cristiana*** *(DC) in Rom. Nach 55-tägiger Geiselhaft wurde der Politiker tot im Kofferraum eines Autos in der römischen Via Caetani aufgefunden. Der Anführer der „Roten Brigaden", Mario Moretti, hatte Moro mit acht Schüssen ermordet, nachdem die Forderung der Terroristen, den Christdemokraten gegen inhaftierte linke Gesinnungsgenossen auszutauschen, nicht erfüllt worden war.*

Der Süditaliener Aldo Moro war ein entschiedener ***Befürworter des „Historischen Kompromisses".*** *Er sah in der Einigung von PCI und DC die einzige Möglichkeit, das Land aus der Krise zu führen. Moro hatte damit einen Tabubruch begangen. Mehrfach war er von den USA gewarnt worden, die Annäherung an die Kommunisten zu unterlassen.*

Viele ***Spekulationen*** *ranken sich demzufolge um die Ermordung des Christdemokraten. Es gibt Hinweise auf eine Beteiligung der Geheimloge P2 („Propaganda Due", siehe unten), der Mafia, des US-Geheimdienstes CIA und der Geheimarmee Gladio. Auch die Gerüchte um eine Mitwirkung innerparteilicher Gegner, wie des ehemaligen Ministerpräsidenten Giulio Andreotti, wollten nie verstummen. Selbst die Geheimdienste der Warschauer-Pakt-Staaten hatten kein Interesse an einer „Sozialdemokratisierung" der altehrwürdigen kommunistischen Partei Italiens.*

Vieles deutet darauf hin, dass Aldo Moro ***Opfer eines politischen Komplotts*** *wurde, in dem die „Roten Brigaden" instrumentalisiert wurden.*

der Belegschaften zu unterstützen. 1971 entführten die Terroristen den Direktor der Arbeitsorganisation bei der Reifenfirma Pirelli. Er war zuständig für die Geschwindigkeit der Fließbänder und deswegen bei den Arbeitern äußerst unbeliebt. Nach 20 Minuten Haft wurde der Direktor wieder freigelassen. Mit solchen Aktionen fanden die „Roten Brigaden" unter der italienischen Arbeiterschaft anfangs breite Unterstützung. In der Bundesrepublik Deutschland waren die Terroristen eine isolierte Minderheit – in Italien bejubelten viele Industriearbeiter die Aktionen der *Brigate Rosse.*

Mit *Mario Moretti* rückte Mitte der 1970er-Jahre ein absoluter Hardliner an die Spitze der Organisation. Gleichzeitig wurden die „Roten Brigaden" zunehmend vom Staat instrumentalisiert. Teile des Staatsapparats schleusten V-Leute in die Gruppe, mit dem Auftrag, die Mitglieder der „Roten Brigaden" zu radikalisieren.

Das Attentat von Bologna

Am 2. August 1980 explodierte im Hauptbahnhof von Bologna eine Bombe. 85 Menschen starben bei dem Attentat, 200 wurden verletzt. Die meisten Opfer waren **Urlauber auf dem Weg an die Adria.** Die Täter hatten diesen tragischen Effekt wohl kaltblütig eingeplant. Es war der schlimmste Anschlag in der italienischen Geschichte. Ganze Familien wurden ausgelöscht, unter den Opfern befanden sich auch deutsche Touristen.

Schon bald war klar: Das Attentat war von **Neofaschisten** begangen worden, die offenbar Verbindungen bis hin zu den höchsten Kreisen des Staatsapparates hatten. Die Ermittler kamen schon bald zu der Erkenntnis, dass der Tod der 85 Menschen Ergebnis eines lang vorbereiteten Plans war, die Demokratie in Italien abzuschaffen und durch ein autoritäres System zu ersetzen. Das Attentat folgte einer grausamen Logik: Durch das Verbrechen sollte Italien in ein politisches Chaos gestürzt werden. Als Ausweg aus der Krise wollte sich dann eine neofaschistische Elite, so der Plan, mit einem Staatsstreich an die Macht putschen.

Der **Drahtzieher hinter den Kulissen** war ein gewisser **Licio Gelli.** Schon in jungen Jahren war er Faschist und diente im Spanischen Bürgerkrieg bei *Francos* Truppen. Nach dem Krieg wurde *Gelli* Direktor einer Matratzenfabrik, bevor er mit großem Geschick begann, seinen politischen Einfluss zu vergrößern. In den 1970er-Jahren gründete er die Freimaurerloge *P2, Propaganda due.* Hauptziel der Vereinigung war es, im Falle eines Wahlsiegs der kommunistischen Partei Italiens durch einen Putsch die Macht zu übernehmen. Nur wenige Monate nach dem Anschlag von Bologna fanden die Ermittler eine Liste mit den Namen der Logenmitglieder. Nun erst war klar, welches Ausmaß die Verschwörung wirklich hatte. Es waren die Namen hochrangiger Militärs, die Chefs der Geheimdienste, einige Richter und Staatsanwälte und viele Politiker und Geschäftsleute aufgeführt. Vermutlich gab es auch Verbindungen zu der NATO-Untergrundarmee *Gladio. Gelli* und seine Geheimloge hatten sich systematisch in den Staatsapparat eingeschlichen. Viele italienische Führungspersönlichkeiten gehörten der *P2* an. Seit 1978 war auch der damalige Bauunternehmer *Silvio Berlusconi* Mitglied der *P2,* Mitgliedsnummer 1816.

Das **politische Programm Gellis** wurde erst Anfang der 1980er-Jahre von den Ermittlern gefunden. Es sah vor, die Linksparteien aufzulösen, ein privates Fernsehsystem aufzubauen und gleichzeitig das staatliche Fernsehen *RAI (Radiotelevisione Italiana)* kaltzustellen. Die Ähnlichkeit zu dem politischen Programm des derzeitigen Ministerpräsidenten *Silvio Berlusconi* ist verblüffend und erschreckend zugleich.

Trotz des Widerstands von Politikern und Militärs konnte fast sieben Jahre nach dem Anschlag von Bologna der **Prozess gegen 20 Angeklagte** eröffnet werden. In welcher Beziehung diese zur *P2* standen, konnte nie endgültig geklärt werden. Zwei von ihnen wurden zu lebenslanger Haft verurteilt – allerdings erst im November 1995. Inzwischen sind die beiden wieder auf freiem Fuß.

Licio Gelli, die graue Eminenz hinter dem Attentat, bekam die Justiz nicht zu fassen. Zwar wurde er wegen subversiver Tätigkeit zu zehn Jahren Gefängnis verurteilt, konnte aber rechtzeitig in die Schweiz fliehen, die ihn erst nach jahrelangen Verhandlungen an Italien auslieferte. Allerdings nur unter der Bedingung, dass er nicht mehr wegen seiner Mitschuld an dem Bombenattentat strafrechtlich verfolgt wird. Der mittlerweile fast 90-jährige *Gelli* lebt immer noch bei guter Gesundheit in seiner prächtigen toskanischen Villa.

Die Politik des Bettino Craxi und die Folgen (1982–1987)

Die 1980er-Jahre waren die Zeit des **„Craxianismus".** *Bettino Craxi* regierte das Land von 1982 bis 1987, länger als jeder andere Ministerpräsident. *Craxi* hämmerte den Italienern ein, dass es nicht um politische Überzeugungen gehe, sondern nur um zweierlei: Geld und Macht. Er selbst nannte das zwar Pragmatismus, aber jeder wusste, um was es in Wirklichkeit ging. Es war eine Zeit der schnellen Karrieren und des leichten Lebens, des Aufstiegs einer neuen bürgerlichen Klasse, die von den Wirtschaftsreformen des „Craxianismus" profitierte.

Schon mit 19 Jahren trat *Bettino Craxi* in die Sozialistische Partei *(PSI, Partito Socialista Italiano)* ein. Im Jahre 1976 stieg er zum Generalsekretär auf. In dieser Funktion baute er die traditionell linke Partei zu einer **reformistischen, linksliberalen Partei** um. Als Ministerpräsident erzwang er gegen den heftigen Widerstand der Linken die Abschaffung der *scala mobile,* der automatischen Lohnanpassung an die Inflationsrate. Außenpolitisch trat der Politiker entschieden für die NATO-Nachrüstung und die Aufstellung von US-Mittelstreckenraketen in Italien ein.

Einer der Anhänger *Craxis* war **Silvio Berlusconi.** Die Freundschaft der beiden Mailänder hielt bis zum Tode *Craxis* im Jahre 2000. Die Politik, die *Berlusconi* als Ministerpräsident betreibt, ist im Grunde eine Fortsetzung des „Craxianismus".

1993 kam es dann zum Zusammenbruch des „Systems *Craxi*". Der Staatsanwalt *Antonio di Pietro* hatte unter dem Schlagwort *Mani pulite* Ermittlungen gegen die **politische Korruption** eingeleitet. *Di Pietro* konnte *Craxi* unter anderem nachweisen, dass der Politiker ein Schmiergeldsystem beim Bau der Mailänder U-Bahn eingerichtet hatte. *Craxi* musste schließlich zugeben, dass seine Sozialistische Partei insgesamt 93 Millionen US-Dollar an Bestechungsgeldern eingenommen hatte. Der Skandal brachte das gesamte italienische Parteiensystem zum Zusammenbruch. Die Sozialisten stürzten bei den Parlamentswahlen von 14 % ins Nichts ab. Auch die *Democrazia Christiana* überlebte den Skandal nicht und zerfiel in verschiedene kleinere Parteien.

Craxi selbst fühlte sich bis zuletzt als zu Unrecht verfolgt. Im Mai 1994 flüchtete er ins tunesische Exil, während er in Italien in Abwesenheit zu einer Freiheitsstrafe von insgesamt 28 Jahren verurteilt wurde. *Bettino Craxi* starb im Jahr 2000 in Hammamet, Tunesien.

Die Ära Berlusconi

Seit *Silvio Berlusconi* in der italienischen Politik eine wichtige Rolle spielt, gibt es in ganz Europa **keine umstrittenere Führungspersönlichkeit.** Die Kritik zielte dabei vor allem auf die fragwürdige Vermischung von politischem Amt und privaten Ambitionen, wie sie *Berlusconi* als Eigentümer der wichtigsten Medienanstalten in Italien zwangsläufig verfolgt. Wer ist dieser Mann, der so viele Menschen gegen sich aufbrachte?

Vom Kleinbürger zum Millionär

Geboren wurde *Silvio Berlusconi* am 29. September 1936 in einem kleinbürgerlichen Viertel Mailands, als Sohn des Bankangestellten *Luigi Berlusconi* und der Hausfrau *Rosella*. Die Familie war ehrgeizig: Der Vater brachte es immerhin bis zum Generaldirektor einer Bank. Der Abiturient *Silvio* wurde von seinen Eltern auf die Universität geschickt, Jurist sollte er werden. Neben dem Studium arbeitete der smarte Jüngling als Staubsaugervertreter und singender Conférencier auf Kreuzfahrtschiffen. Bis hier hin handelt es sich um eine ganz normale Kleinbürgergeschichte, wie sie überall in Italien in der wirtschaftlichen Blüte der 1950er-Jahre hätte stattfinden können.

Schon in den 1960er-Jahren begann *Berlusconis* kometenhafter Aufstieg. Seine **Baufirma Edilnord** errichtete in Mailand ganze Stadtviertel. Die Finanzierung dieser Projekte, die den Grundstein zu *Berlusconis* späterem sagenhaften Vermögen legte, liegt weitgehend im Dunkeln. Denkbar ist, dass der inzwischen pensionierte Vater ihm bei der Kapitalbeschaffung geholfen hat. Von Schweizer Geldgebern war die Rede, doch wer diese waren ist bis heute nicht geklärt. Das Motiv der ungeklärten Geldquellen zieht sich wie ein roter Faden durch die weitere Karriere des Geschäftmanns. Mitte der 1970er-Jahre gründete der geschäftstüchtige Mailänder seine Finanzgesellschaft Fininvest, den Kern seines heutigen Imperiums. Auch hier ist die **Herkunft des Startkapitals** bis heute dubios. Insgesamt 25 Zahlungen wurden zwischen Februar 1977 und August 1978 zugunsten von Fininvest getätigt, eine Summe von 45 Millionen Mark – niemand weiß, von wem das Geld kam.

Mit dem neu erworbenen Reichtum gründete *Berlusconi* verschiedene **Fernsehsender.** Eigentlich war es verboten, Fernsehprogramme national auszustrahlen. Dieses Recht war der staatlichen *RAI* vorbehalten. *Berlusconi* fand schnell einen Weg, das Gesetz zu umgehen: Er ließ einfach in seinen verschiedenen Regionalsendern zu gewissen Uhrzeiten die gleichen amerikanischen Fernsehserien laufen. Vor allem der „Denver Clan" brachte dem Mailänder Unternehmen gute Einschaltquoten und damit satte Werbeeinnahmen, von denen die staatliche *RAI* nur träumen konnte. Heute liegt der Marktanteil der drei landesweiten Berlusconi-Sender *(Canale 5, Italia Uno, Retequatro)* weit vor dem des staatlichen Fernsehens. Wie groß die Meinungsmacht *Berlusconis* wirklich ist, kann man auch daran sehen, dass Italien im Verhältnis zu seiner Bevölkerungszahl eine der niedrigsten Zeitungsauflagen in Europa hat.

... weiter zum Politiker

Die Freundschaft zu dem früheren Ministerpräsidenten **Bettino Craxi** öffnete *Berlusconi* Tür und Tor. *Craxi* sorgte dafür, dass der Unternehmer freie Bahn für seine Projekte erhielt. Als der Politiker es vorzog, vor der Anti-Korruptionskampagne *„mani pulite"* (deutsch: „saubere Hände") ins tunesische Exil zu fliehen, stand *Berlusconi* allein da und fasste einen folgenschweren Entschluss: „Die Sozialisten sind zerfallen. Ich habe keine Protektion mehr, denn alle anderen Parteien sind gegen mich. Also muss ich selbst Politiker werden, um mich zu schützen." So wird *Berlusconi* von einem ehemaligen Weggefährten zitiert.

Er verstand es, den Zusammenbruch des italienischen Parteiensystems Anfang der 1990er-Jahre für seine **eigene politische Karriere** zu nutzen. (Siehe auch das Kap. „Das politische System".) Durch die Ermittlungen der Justiz waren zahlreiche Parteien und Persönlichkeiten in den Verdacht geraten, unsaubere Geschäfte gemacht zu haben. In das entstandene politische Vakuum stieß *Berlusconi* mit dem Nimbus des erfolgreichen Unternehmers und einer scheinbar unbelasteten Vergangenheit.

Politiker sind in Italien ausgesprochen unbeliebt. Der Mailänder Milliardär verkörperte für viele Italiener den **„Mann aus dem Volk"**, der den Bürokraten mal zeigt, wie man ein Land regiert. Einer, der kein Blatt vor den Mund nimmt, der auch mal einen unpassenden Witz erzählt, der eben so gar nicht in die üblichen Politikveranstaltungen hineinpasst.

Anfang 1993 ließ *Berlusconi* überall im Land von Freunden, Geschäftspartnern und Angestellten politische Klubs gründen. **„Forza Italia"** sollte die neue Partei heißen, was so viel heißt wie „Vorwärts Italien". Der Begriff *forza* kommt aus der Sprache der *tifosi,* der italienischen Fußballfans, und ist mit Bedacht gewählt: Volksnähe sollte demonstriert werden, indem auf das beliebteste Massenvergnügen der Italiener Bezug genommen wurde. Ein kluger Schachzug des Medienfachmanns *Berlusconi:* Bei jedem Fußballspiel in Italien wird die eigene Mannschaft von den Fans mit Forza-Rufen angefeuert. Der Name der neuen Partei wurde also an jedem Sonntag von Zehntausenden skandiert. Landesweit wurde in den Berlusconi-Sendern für die neue Partei getrommelt. Binnen drei Monaten waren über eine Million Menschen zwischen Mailand und Palermo in Forza-Klubs organisiert. Besonders im norditalienischen Kleinbürgertum und in Süditalien fand die Partei schnell ihre Anhänger. In einem Land, in dem der Staatsgedanke bis heute kaum Wurzeln geschlagen hat, kam *Berlusconis* antidemokratische Botschaft gut an. Sie lautete: „Ich könnte so viel für Italien tun, wenn es nur das Parlament nicht gäbe."

... und Wahlsieger

Zusammen mit seinen rechten Verbündeten gewann der Medienzar die **Parlamentswahlen von 1994** mit deutlichem Vorsprung. Die Regierungszeit währte allerdings nur kurz, die Streitigkeiten im rechten Lager führten bereits nach wenigen Monaten zum Rücktritt *Berlusconis.*

Zu der **Wahl 2001** trat *Berlusconi* wieder als Kandidat des Mitte-rechts-Bündnisses an. Er gewann gegen den ehemaligen Oberbürgermeister Roms, den smarten *Francesco Rutelli.* Die *Forza Italia* wurde stärkste Fraktion im neu gewählten Parlament. Gemeinsam mit der ehemals neofaschistischen *Alleanza Nazionale* und der rechtsregionalistischen *Lega Nord* bildete er eine neue Regierung. Es sollte die längste Regierungszeit eines Ministerpräsidenten im Italien der Nachkriegszeit werden. (Siehe auch das Kap.: „Parteien und politische Persönlichkeiten".)

Mit der politischen Macht übernahm *Berlusconi* auch die **Kontrolle über die drei staatlichen Fernsehsender** der *RAI.* Ein einziger Mann hatte nun die Macht über alle nationalen Fernsehsender, die er auch skrupellos ausnutzte. *Berlusconi* ordnete die Entlassung einiger unliebsamer Moderatoren der *RAI* an. Regierungskritische Sendungen wurden aus dem Programm genommen. Seit *Berlusconi* im Frühjahr 2008 zum dritten Mal zum Ministerpräsidenten gewählt wurde, gibt es in Italien eine breite Diskussion, ob die Politik der *Forza Italia* eine Vorstufe zu einer Diktatur darstellt.

In seiner bisherigen Regierungszeit hat *Berlusconi* die politischen Lager in Italien polarisiert. Von seinen Anhängern wird er geradezu verehrt, von seinen Gegnern dagegen gehasst. Seine Anhänger behaupteten: „Er hat sein Schicksal in die Hand genommen und etwas daraus gemacht. Wenn sich ein Vorteil bot, dann hat er ihn genutzt, dass hätten wir auch getan." Für seine Gegner repräsentiert er eine antidemokratische Verschwörung, die mit ihrer Medienmacht die Bürger manipuliert.

Im Juli 2003 schien es so, als sei *Berlusconi* auf dem Höhepunkt seiner Karriere angekommen. Turnusmäßig fiel die **Ratspräsidentschaft der EU** an Italien. Der Kleinbürger aus Mailand hatte es scheinbar geschafft. Gleich am ersten Tag seiner Präsidentschaft trat er aber gewaltig ins Fettnäpfchen – und ganz Europa schüttelte den Kopf über das Auftreten des italienischen Ministerpräsidenten. Bei seiner Antrittsrede im Europäischen Parlament bot *Berlusconi* dem deutschen Sozialdemokraten und Europaabgeordneten *Schulz,* der den Italiener zuvor heftig kritisiert hatte, eine Rolle in einem Fernsehspiel an: Als Kapo, also aufsichtsführender Häftling, in einem Konzentrationslager. Was *Berlusconi* als „Ironie" empfand, führte im Europaparlament zu tumultartigen Szenen.

Recht auf freie Meinungsäußerung

Im April 2004 veröffentlichte das Europäische Parlament einen Bericht „über **Gefahren der Verletzung des Rechts auf freie Meinungsäußerung** und Informationsfreiheit". In seinem Kern beanstandete der Bericht, „dass das italienische System aufgrund der einzigartigen Konzentration von wirtschaftlicher, politischer und medialer Macht in den Händen eines Mannes, nämlich des derzeitigen Ministerpräsidenten *Silvio Berlusconi,* sowie der Tatsache, dass die italienische Regierung direkt oder indirekt alle nationalen Fernsehsender kontrolliert, eine Besonderheit darstellt (...), dass die Rundfunk und Fernsehanstalten in Italien seit Jahren in einem rechtlichen Vakuum agieren (...) und dass die Bemühungen des Gesetzgebers und der zuständigen Einrichtungen im Hinblick auf die Wiederherstellung eines ordnungsgemäßen Systems gescheitert sind."

Nun war es amtlich: Die Verhältnisse in Italien entsprachen nicht den demokratischen Gepflogenheiten. Es passierte aber trotzdem nichts. Zwar

019it Foto: fs

wurde die Regierung *Berlusconi* 2006 nach einem aggressiven Wahlkampf voller persönlicher Beleidigungen von einer Mitte-links-Koalition unter *Romano Prodi* abgelöst, aber bereits zwei Jahre später wurde der Medienmogul von den Italienern mit einer deutlichen Mehrheit wiedergewählt.

Zur Verdeutlichung der einmaligen **Machtstellung,** über die der italienische Ministerpräsident verfügt, mag ein Beispiel dienen: Ein Buch erscheint bei Mondadori, einem Verlag des Berlusconi-Konzerns. Auszüge daraus sowie begeisterte Besprechungen werden daraufhin in allen Tageszeitungen und Zeitschriften des Unternehmens publiziert. Verfilmt wird das Buch von Reteitalia, einer Firma, die ebenfalls *Berlusconi* gehört. Der Film wird über den hauseigenen Penta-Verleih vertrieben. Nach der Kinoauswertung in den Filmtheatern, die natürlich auch in *Berlusconis* Besitz stehen, wird der Film in den Fernsehkanälen der Fininvest gezeigt.

Berlusconi und die Mafia

Nach wie vor unbewiesen sind die **Kontakte Berlusconis zur Mafia.** Allerdings gibt es erdrückend viele Hinweise und Zeugenaussagen, die eine solche Verbindung nahelegen. Die schwerwiegendste Anschuldigung er-

Berlusconis Medienmacht ist auch am Kiosk präsent

hob ein reuiger Mafioso vor dem Berufungsgericht des sizilianischen Städtchens Caltanisetta. Die spektakulären Anschläge gegen die Mafiajäger *Falcone* und *Borsellino* im Jahre 1992 seien Teil einer politischen Strategie der Mafia gewesen. Politiker, die „der Mafia den Rücken gekehrt hatten", sollten mit allen Mitteln aus ihren Ämtern vertrieben werden. Die Alternative, so der Zeuge, habe Mafiaboss *Toto Riina* selbst formuliert: „*Berlusconi* und seine Partei sind ein Gewinn für die gesamte *Cosa Nostra*." Wie glaubwürdig ein Mafia-Aussteiger ist, bleibt natürlich fragwürdig.

Mit seinen Äußerungen über die Mafia verstärkte *Berlusconi* allerdings selbst den Verdacht, mit der „ehrenwerten Gesellschaft" in Kontakt zu stehen. **Die Mafia sei Teil der italienischen Lebensart,** so verkündete der Ministerpräsident. Ein Schlag in das Gesicht all jener, die ihr Leben aufs Spiel gesetzt haben, um Italien von dem Gespenst der organisierten Kriminalität zu befreien: Richter und Staatsanwälte, Journalisten, Intellektuelle und einfache Bürger.

Die Immunität des Ministerpräsidenten

Schon bald nach dem Amtsantritt der Regierung *Berlusconi* im Frühjahr 2008 gelang es dem neuen Ministerpräsidenten gemeinsam mit seiner Mitte-rechts-Koalition, ein neues Gesetz durch Parlament und Senat zu pauken, das den Premier während seiner fünfjährigen Amtszeit vor Strafverfolgung schützt. Die laufenden Verfahren gegen *Berlusconi* wegen Zeugenbestechung, Steuerbetrug und politischer Korruption mussten eingestellt werden. Für den Ministerpräsidenten kam **das neue Immunitätsgesetz** in letzter Minute. Eigentlich wollte ein Mailänder Strafgericht in Kürze ein Urteil in einem Prozess fällen, in welchem dem Premier wegen einer Falschaussage eine lange Haftstrafe drohte.

Alle Proteste der Opposition gegen das neue Immunitätsgesetz nutzten nichts, im Gegenteil: Justizminister *Alfano* kündigte sogar an, das gesamte Justizsystem umkrempeln zu wollen. Konkret soll das Justizministerium in Zukunft die Möglichkeit erhalten, die Entscheidungen der Richter und Staatsanwälte besser kontrollieren zu können. Diese Absicht der neuen Regierung klingt sehr nach einem „Staatsstreich von oben" und scheint die schlimmsten Befürchtungen der Opposition zu bestätigen, Italien sei **auf dem Weg zu einer Diktatur.**

Für *Berlusconi* und seine Anhänger waren Staatsanwälte und Richter schon immer eingefleischte Linke, denen es nicht um Rechtsprechung ging, sondern um die Diskreditierung des politischen Gegners. Der Ministerpräsident selbst regte vor Kurzem an, Staatsanwälte und Richter auf ihren Geisteszustand hin untersuchen zu lassen. Der italienische Richterrat beklagte daraufhin, die Regierung versuche, „die gesamte Justiz zu delegitimieren."

018it Foto: ©de.wikipedia.org

Ein Mann mit Charisma

Zum Schluss noch ein Bericht von einer persönlichen Begegnung mit *Silvio Berlusconi:* Ende der 1990er-Jahre, Italien wurde noch von einer Mitte-Links-Koalition regiert, saß ich eines Abends mit meiner Frau in einem Restaurant in der römischen Innenstadt. Wir ließen uns gerade die Vorspeise schmecken, als plötzlich mehrere Männer mit Sprechfunkgeräten und ausgebeulten Jackentaschen in das Lokal stürmten. Ehe wir verstanden, was eigentlich los war, stand er auch schon an unserem Tisch, der Kandidat der Rechtsparteien, *Silvio Berlusconi* persönlich. Vier Zentimeter größer als Napoleon, schoss es mir durch den Kopf. Der kleine Mann, das Gesicht zu einem maskenhaften Lächeln verstellt, winkte uns zu und wünschte guten Appetit. Umgehend forderte er die mit ihm zusammen erschienen Honoratioren seiner Partei auf, mit ihm gemeinsam eine *tarrantella* zu tanzen. Sie fassten sich an den Schultern und bewegten sich tanzend durch das Lokal. Die zuvor noch reserviert wirkenden Gesichter der Restaurantgäste hellten sich auf: „Gar nicht so unsympathisch, dieser *Berlusconi*", raunte die attraktive Dame am Nebentisch ihrem Begleiter zu. „Ja, und er ist so erfolgreich. Der hat es nicht nötig, den Bürgern das Geld aus der Tasche zu ziehen. Der hat selbst genug", antwortete der elegant gekleidete Mann.

Umstrittener Ministerpräsident: Silvio Berlusconi vor dem amerikanischen Kongress

006it Foto: fs

DER INNERE RAHMEN: WAS ITALIEN ZUSAMMENHÄLT

„Durch das Fernsehen hat das Zentrum das ganze Land, das historisch so vielfältig und so reich an eigenständigen Kulturen war, seinem eigenen Bilde angeglichen."

Pier Paolo Pasolini, „Freibeuterschriften", 1978

Zuallererst sind die Italiener Piemontesen, Kalabresen, Sizilianer, Neapolitaner oder Römer. Noch steht die regionale Identifikation vor der nationalen. Trotzdem gibt es eine **italienische Identität,** sie musste nach der Gründung des Nationalstaats 1861 aber erst mühsam gestaltet werden. Der erste Ministerpräsident des jungen Königreichs Italien, der piemontesische Graf *Cavour,* formulierte es so: „Wir haben Italien geschaffen, jetzt geht es darum, die Italiener zu schaffen." Ein italienisches Nationalbewusstsein zeigte sich zum ersten Mal in den Schützengräben des 1. Weltkriegs. Danach sorgte die faschistische Regierung mit diktatorischen Maß-

Tanzende Menschen auf einem sardischen Volksfest

nahmen für die „Italienisierung" des Landes. Im 2. Weltkrieg war es vor allem der Widerstand *(resistenza)* gegen die deutsche Besetzung Italiens, der zur Entwicklung einer nationalen Identität beitrug.

Was eint die Italiener? Zuallererst einmal die Überzeugung, in einem wunderschönen Land zu leben. Zudem spielt bei allen regionalen Unterschieden überall in Italien die Familie eine wichtige Rolle, auch wenn sich diese Institution in einem großen Umbruch befindet. Ein weiterer Grundpfeiler der italienischen Identität ist die katholische Kirche, die immer noch eine Bedeutung besitzt, die sie in anderen europäischen Ländern schon lange verloren hat. Auch die Fußballbegeisterung ist ein einigendes Band, das sich durch ganz Italien zieht. Interessanterweise sind die nationalen Feiertage wenig geeignet, ein gemeinsames Bewusstsein zu schaffen.

Eine bedeutende Rolle bei der „Italienisierung" spielt seit fast 60 Jahren das Fernsehen. Im Schnitt verbringt ein Italiener täglich drei Stunden vor dem Bildschirm, während er sich ganze 14 Minuten der Lektüre einer Tageszeitung widmet.

Mentalität

Goethe berichtet Folgendes von einem Gespräch mit einem Italiener in Perugia:

„Und nach einigem Gespräch (sagte der Mann, d. A.): ‚Non deve fermarsi l'uomo in una sola cosa, perchè allora divien matto; bisogna aver mille cose, una confusione nella testa.' Auf Deutsch: Der Mensch muss sich nicht auf eine einzige Sache heften, denn da wird er toll, man muß tausend Sachen, eine Konfusion im Kopfe haben."

Johann Wolfgang von Goethe: Italienische Reise

Warum nehmen die Italiener das Leben so viel leichter als die nordeuropäischen Nationalitäten, warum sind sie (fast) immer fröhlich und gut gelaunt? Warum verstehen sie es so viel besser als beispielsweise wir Deutschen, die angenehmen Seiten des Lebens zu genießen? Schon *Johann Wolfgang von Goethe* hatte sich auf seiner italienischen Reise über die **Ursachen der italienischen Mentalität** Gedanken gemacht. Am 28. Mai 1787 notiert er in Neapel: „Dadurch, dass der Nordländer zur Vorsorge, zur Einrichtung von der Natur gezwungen wird, dass die Hausfrau einsalzen und räuchern muss, um die Küche das ganze Jahr zu versorgen, dass der Mann den Holz- und Fruchtvorrat, das Futter für das Vieh nicht aus der Acht lassen darf usw., dadurch werden die schönsten Tage und Stunden dem Genuss entzogen und der Arbeit gewidmet. (...) Denn es ist hier gar nicht die Frage, ob er entbehren wolle; er darf nicht entbehren wollen, (...) die Natur zwingt ihn, zu schaffen, vorzuarbeiten. Gewiss haben diese Naturwirkungen, welche sich Jahrtausende gleich blieben, den Charakter der in so manchem Betracht ehrwürdigen nordischen Nationen bestimmt. Dagegen beurteilen wir die südlichen Völker, mit welchen der Himmel so gelinde umgegangen ist, aus unserm Gesichtspunkt zu streng. (...) Wenn man nur bedenkt, was das fischreiche Meer, (...) für eine Masse von Nahrungsmitteln anbietet; wie allerlei Obst- und Gartenfrüchte zu jeder Jahreszeit im Überfluss zu haben sind; wie (...) die ganze Provinz den Ehrentitel der glücklichen Gegend (Campagna felice) schon Jahrhunderte trägt, so lässt sich wohl begreifen, wie leicht dort zu leben sein möge."

Goethes Beobachtung klingt auch bei näherer Betrachtung einleuchtend: Die Menschen, die seit der Steinzeit unter schwierigen Bedingungen den Boden im Norden Europas bewirtschafteten, konnten sich Lebensfreude kaum leisten. Überleben konnte nur ein ernsthafter, verantwortungsbewusster Menschenschlag, der sich mit Überlegung und Vorplanung auf die langen und kalten Winter einstellte, in denen die Nahrung knapp war. In den fruchtbaren Ebenen in Mittel- und Süditalien, wo jederzeit irgendetwas Essbares wuchs, konnte leichter ein **den Genüssen des Lebens zugeneigter Menschentypus** entstehen. Auch Kunst und Kultur konnten sich besser in Gesellschaften entwickeln, die von einem allzu harten Überlebenskampf verschont blieben. Die Germanen, die *Caesar* im „Gallischen Krieg" beschrieb, hausten um 50 v. Chr. noch mit dem Vieh unter einem Dach in Häusern aus Holz und Flechtwerk, die weder Fenster noch Kamine hatten. Unbekannt war die Töpferscheibe, Eisen und Edelmetalle waren selten, es gab weder eine Schrift noch eine funktionierende Geldwirtschaft. In Rom wurde zur gleichen Zeit das Pantheon errichtet, eines der bedeutendsten Bauwerke der Welt. Für die alten Römer waren alle Völker nördlich der Alpen schlichtweg Barbaren.

Goethe bezog seine Analyse der italienischen Mentalität auf Neapel und seine Umgebung, das damals noch eine der fruchtbarsten Regionen Europas war. Zum heutigen Italien gehören aber auch die unwirtlichen Bergregionen der Abruzzen sowie der Alpen im Friaul, der Lombardei und in Südtirol. Hier verhalten sich die Menschen deutlich zurückhaltender als in den fruchtbaren und sonnenverwöhnten Ebenen des Landes. In diesen abgelegenen Tälern und Dörfern, die jahrhundertelang wenig oder kaum Kontakt zur Außenwelt hatten und in denen sich eine ganz eigene Kultur und Lebensweise gehalten hat, sorgt seit über einem halben Jahrhundert **das italienische Fernsehen** für eine „Italienisierung" der Bewohner. Heute wird die Mentalität der Menschen nicht mehr von den äußeren Lebens-

020it Foto: fs

Italienische Handzeichen

- *Die Geste der zusammengelegten Fingerspitzen von Daumen, Zeige- und Mittelfinger einer Hand kann verschiedene Bedeutungen haben, die sich aus der jeweiligen Situation heraus ergeben. Das Zeichen kann als Frage verstanden werden und gleicht in der Bedeutung etwa „Was machst Du?" oder „Was willst Du?" Mit einem ernsten Blick verbunden, unterstreicht die Geste einen Sachverhalt und bedeutet etwa „Was für ein Ärger!" oder „Was für ein Idiot!"*
- *Die durch den ausgestreckten kleinen Finger und den Zeigefinger signalisierten Hörner („le corna") sind die schlimmste denkbare Beleidigung in Italien. Das Zeichen bedeutet, der Betroffene sei ein „Gehörnter", ein von seiner Frau oder Geliebten Betrogener. Wer keine Schlägerei anzetteln will, sollte dieses Zeichen nicht benutzen.*
- *Das Herunterziehen des unteren Augenlides bedeutet so viel wie: „Ich bin ja nicht blöd."*
- *Die wie zum Beten zusammengelegten Hände bezeichnen eine Bitte an den Himmel, die „Lieber Gott, womit habe ich das verdient?" oder „Das kann doch nicht wahr sein!" bedeuten soll.*
- *Der über die rechte Gesichtshälfte gezogene Daumen oder Zeigefinger steht für eine Person, die schlau oder durchtrieben ist.*
- *Allseits beliebt ist auch der Unterarmschlag, bei dem die rechte oder linke Unterarmbeuge gegen die Handfläche geschlagen wird und der allgemein als „Verzieh dich!" verstanden wird.*
- *Wenn das Essen gut schmeckt, wird der Zeigefinger in die Backe gebohrt wird und dabei gedreht.*

bedingungen (Klima, Bodenbeschaffenheit, soziale Strukturen) bestimmt, sondern zu einem großen Teil von diesem Medium, das einen Lebensstil zur Nachahmung empfiehlt, wie er in der Mitte Italiens vorherrscht. So ist zu befürchten, dass von der Vielfalt des Lebens auf der Apennin-Halbinsel noch einiges verloren gehen könnte.

Bühne frei: das Leben in der Stadt

„In Italien habe ich gelernt, Gebrauch von meinen Augen zu machen, habe schauen gelernt."

Ingeborg Bachmann, 1955

Italienische Plätze

In Italien gibt es nicht nur das Nord-Süd-Gefälle. Große Unterschiede in Mentalität und Lebensart bestehen auch zwischen **Stadt und Land.** Beginnen wir mit den Städten, in denen die *Piazza* seit den Zeiten der alten Römer den Lebensmittelpunkt bildet.

Die Piazza ist wie eine große Bühne, auf der die Einheimischen wie Schauspieler einem dankbaren Publikum ihre selbstdarstellerischen Fähigkeiten präsentieren. Jeder Platz in Italien hat seine besondere Geschichte und seine Zuschauer. Manche Plätze sind **Volksplätze,** auf denen politische Versammlungen stattfinden. Oftmals sind politische Richtungen an gewisse Plätze gebunden. In Rom beispielsweise gilt der *Campo de'Fiori* allgemein als Platz der Sozialisten und Kommunisten, während die Parteigänger der Rechten den *Piazza del Popolo* für Kundgebungen bevorzugen. Andere *campi* sind einfach nur Treffpunkte, wo die Italiener das Leben genießen.

Was *Heinrich Heine* vor fast 200 Jahren während seiner Reise nach Italien über die Piazza Bra in Verona schrieb, unterscheidet sich kaum von der heutigen Atmosphäre auf Italiens Plätzen: „Auf dem Platze La Bra spaziert, sobald es dunkel wird, die schöne Welt von Verona oder sitzt auf kleinen Stühlchen vor den Kaffeebuden und schlürft Sorbet und Abendkühle und Musik. Da lässt sich gut sitzen, das träumende Herz wiegt sich auf süßen Tönen."

Der Fremde setzt sich am besten in eine Bar auf einer belebten Piazza irgendwo in Italien, so wie es *Heine* damals getan hat, und lässt **das Schauspiel** auf sich wirken. Die Darsteller, die allesamt eine Hauptrolle spielen, drücken ihre Gefühle mit den Händen aus, manchmal sogar mit dem ganzen Körper. Mit großem Pathos werden lange Monologe gehalten, mit überschwänglichem Enthusiasmus werden Freunde begrüßt, Komplimente werden gemacht („Nein, wie schön dein neues Kleid ist, die Farbe passt ja genau zu deinen Augen!") und das Ganze ist so laut, dass auch die Zuschauer in der letzten Reihe alles gut verstehen können. In dieser Inszenierung kommt den Frauen eine besondere Bedeutung zu: Sie

Reichtum und Geiz

Bescheidenheit *gilt den meisten Italienern als Armut, materielle Schwäche und regelrecht Dummheit. Respektiert wird derjenige, der seinen Besitz zur Schau stellt. In Süditalien verschulden sich noch heute junge Ehepaare, um eine Hochzeit auszurichten, die ihre finanziellen Möglichkeiten bei Weitem überschreitet. Aber man will ja schließlich eine „gute Figur" machen.*

Die Ursachen solchen Verhaltens liegen in der ungebrochenen ***katholischen Tradition*** *Italiens. Während die mittel- und nordeuropäischen Staaten im 16. und 17. Jahrhundert stark vom Protestantismus lutherischer und calvinistischer Prägung beeinflusst wurden, blieb dies in Italien völlig aus. Im Gegenteil: Zur gleichen Zeit bildete sich durch die Gegenreformation ein überschäumender Barock aus, der nicht nur in der Kunst, sondern auch in der Lebensart einen Hedonismus emporbrachte, der das Land bis heute bestimmt. Der Publizist Joachim Fest fügt in seinem Reisebericht „Im Gegenlicht" noch einen anderen Aspekt hinzu: „Der Reichtum, sagte Canessa auch, habe in Italien eine magische Aura und wecke mehr Bewunderung als Neid. Ressentiments entstünden nur dort, wo der Reichtum sich mit Geiz verbinde. Die Vorstellung sei, dass der Reiche, der seine Schätze heimlich anhäuft, die Armen um ihren gerechten Anteil betrüge und nur der Verschwender ein Herz habe."*

Besonders Reisegruppen aus dem europäischen Norden werden von den Einheimischen gern belächelt. Dass sie ***sogar im Urlaub sparsam*** *sind und sich häufig über zu hohe Preise beschweren, wird von den meisten Italienern nicht verstanden. Gespart wird aber trotzdem – allerdings ohne dass es jemand merkt. Der Anteil der Eigenheimbesitzer ist in Italien wesentlich höher als in Deutschland.*

werden von den Männern umschwärmt, man rückt ihnen den Stuhl zurecht und hängt ihnen, wenn der Wind auffrischt, die eigene Jacke um die Schultern. Oben auf den Balkonen stehen alte Frauen in geblümten Kleidern oder rassige Schönheiten, die das bunte Treiben auf der Piazza von ihren Logenplätzen aus beobachten und manchmal auch kommentieren.

Der „Regisseur" hat die Piazza, den Mittelpunkt der italienischen Seele, in ein goldfarbenes Licht getaucht und warm ist es auf der Bühne, was die Schauspieler zu Höchstleistungen antreibt. Das „Bühnenbild" setzt sich aus allen Kunstrichtungen der letzten 2000 Jahre zusammen: Klassik, Romanik, Gotik, Renaissance und natürlich überschäumendem Barock. Hier wird gestritten und geliebt, Verstorbene werden beweint, Freundschaften werden besiegelt und Geschäfte gemacht.

Die Schauspieler begrüßen sich meist mit zwei Wangenküssen. Allerdings ist es unterschiedlich, wann es zu dieser Vertraulichkeit kommt: Spielt das Stück in Süditalien, genügt eine flüchtige Bekanntschaft, in Norditalien hingegen begrüßen sich nur gute Bekannte und Freunde mit einem *bacio*.

Alle auf der Bühne sind Freunde *(amici)*. Den Begriff „Bekannte" *(conoscenti)* gibt es im Italienischen zwar auch, er bezeichnet aber etwas völlig anderes als im Deutschen. Ein *conoscente* ist beispielsweise jemand, den man immer morgens in der Straßenbahn sieht, mit dem man aber nie über ein unverbindliches Gespräch hinausgekommen ist. Wer aber mit einem anderen Menschen essen geht und danach die Telefonnummern austauscht, hat einen neuen Freund gefunden.

Höflichkeitsrituale

In Italien herrscht ein **strenger Regelkodex,** der mit großen Gesten, überschwänglichen Komplimenten und viel Leidenschaft zelebriert wird. Es beginnt schon beim Betreten einer fremden Wohnung: Jeder Italiener, der eine Türschwelle überschreitet, wird ein vernehmliches *„permesso?"* („Ist es erlaubt?") von sich geben, um den Eintritt in eine jeweilige Privatsphäre zu entschuldigen.

Ein beliebtes Höflichkeitsritual spielt sich oft nach einem gemeinsamen Abendessen mit Freunden in einem **Restaurant** ab. Wenn die Rechnung kommt, setzt meist eine heftige Diskussion, für Außenstehende scheint es sich um einen lautstarken Streit zu handeln, darüber ein, wer denn nun bezahlt. Der erste Akt des Schauspiels sieht vor, dass sich einer der Akteure die Quittung schnappt und lautstark bekennt, dass er an der Reihe sei, zu bezahlen. Im zweiten Akt versuchen die anderen am Tisch, dem Mann die Rechnung zu entreißen. Frauen sind bei derartigen Auseinandersetzungen ausgeschlossen. Übrigens ist derjenige, der als erster nach der Rechnung gegriffen hat, meist nicht identisch mit der Person, die dann später tatsächlich zahlt. Es würde als absolut unhöflich gelten, schon im ersten Akt demjenigen, der bezahlen will, nachzugeben. In der Schlussszene resignieren alle am Tisch und natürlich schwören die Nichtzahler, das nächste Mal dranzusein.

Wer Geschenke erhält, bedankt sich überschwänglich. Auch wenn das Geschenk vielleicht nicht unbedingt den Geschmack des oder der Beschenkten getroffen hat, wird beteuert, dass es genau das sei, was man/frau sich ein Leben lang gewünscht hat.

Männer sind **Frauen gegenüber besonders aufmerksam.** Umgangsformen, die nördlich des Brenners schon längst nicht mehr üblich sind, werden mit großer Geste zelebriert. Einer Frau werden Türen aufgehalten, sie wird mit Komplimenten überhäuft und wenn es regnet, opfern die meisten italienischen Männer selbstverständlich die eigene Regenjacke für die Angebetete.

Die **typisch italienische Freundlichkeit** entfaltet sich nur, wenn eine irgendwie geartete Beziehung zu dem Gegenüber besteht. Wenn es sich „nur" um einen Fremden handelt, können die Italiener sogar sehr unfreundlich sein. Ein Beispiel: Auf einem Bürgersteig stehen zwei Menschen und unterhalten sich. Die Straße ist eng und die Fußgänger müssen alle einen Bogen um die beiden tief in ihr Gespräch Versunkenen machen. Die beiden würden nie auf die Idee kommen, einen Schritt zur Seite zu gehen, um den anderen Passanten Platz zu machen. Die Eigenschaft, sich auch Fremden gegenüber rücksichtsvoll zu verhalten, ist in Italien nur sehr schwach entwickelt.

Es gibt aber eine **Gastfreundschaft,** die in den anderen westeuropäischen Staaten nur noch sehr schwach ausgeprägt ist. Sie resultiert aus einer Überlebensstrategie, die sich in einem jahrhundertelang von Fremdherrschaft und staatlicher Willkür geprägten Land bis heute erhalten hat. Diese Art von Solidarität untereinander ist bei einfachen Menschen stärker ausgeprägt als in den sogenannten besseren Kreisen. Wer in Süditalien eine alte Frau auf der Straße fragt, ob es denn noch ein geöffnetes Restaurant gebe, dem kann es durchaus passieren, dass er kurzerhand von der alten Dame zum Mittagessen eingeladen wird.

Machen Frauen gerne den Hof: italienische Männer

021it Foto: fs

Bella figura

Wenn sie auf der Bühne sind, machen die Italiener gern eine „gute Figur". Wer gut gekleidet ist, macht eine gute Figur, wer souverän und schlagfertig auftritt ebenfalls und mit einer attraktiven Frau auszugehen, zählt auch dazu. Eine „schlechte Figur" zu machen, bedeutet entweder, den in Italien herrschenden Regelkodex verletzt zu haben oder vor einer oder mehreren anderen Personen das Gesicht verloren zu haben. Wer etwa vor Freunden vorgibt, einen gut bezahlten Job zu haben, macht eine *figuraccia,* eine „schlechte Figur", wenn sich herausstellt, dass er in Wirklichkeit arbeitslos ist. Eine *figuraccia* macht aber beispielsweise auch, wer auf einem Empfang in den „besseren Kreisen" kurze Socken trägt, die den männlichen Unterschenkel unverhüllt lassen. In Italien bedeutet das eine unglaubliche Geschmacklosigkeit. Die meisten Italiener, die einen Anzug tragen, ziehen Strümpfe an, die bis kurz unter das Knie reichen.

Auch **Betrunkene** machen in den Augen der meisten Italiener eine *figuraccia* und man trifft nur selten welche an. Das bedeutet nicht, dass wenig getrunken wird, im Gegenteil. Aber Alkohol wird in Italien vorwiegend in Maßen genossen und es gilt als ausgesprochen peinlich, nach dem Alkoholgenuss die Kontrolle über sich selbst zu verlieren. Trotzdem wird aber das Münchner Oktoberfest gern von Italienern besucht und deutschen Freunden wird voller Stolz von den Unmengen Alkohol berichtet, die man dort zu sich genommen habe. Natürlich verlieren auf der „Wiesn" selbst die Italiener zeitweise die Kontrolle ...

Der Ausdruck *„fare una bella figura"* bedeutet, **stets Haltung zu bewahren,** auch, wenn einem das Leben übel mitgespielt hat. Selbst im ärmsten Dorf in Süditalien trifft man auf Menschen, die eine Würde ausstrahlen, die sie sicher nicht ihren Lebensumständen verdanken.

Der Schriftsteller *Ennio Flaiano* beschreibt, ironisch zugespitzt, was passiert, wenn die „gute Figur" zum reinen Selbstzweck wird: Ein Autofahrer winkt an einer Stelle, an der Fußgänger eigentlich die Straße nicht überqueren dürfen, einen Passanten großzügig hinüber. Ein paar Hundert Meter weiter überfährt der gleiche Mann einen Fußgänger, der gerade über einen Zebrastreifen geht. Im ersten Fall konnte der Autofahrer eine *bella figura* machen, im zweiten Fall konnte er nur eine allgemeine Regel befolgen, völlig uninteressant für einen Italiener der nur an der „guten Figur" interessiert ist.

Auf dem Land, in der Provinz

Das Verhältnis der meisten Italiener zu den ländlichen Regionen ihres Landes ist ein ganz anderes als das romantische Naturgefühl der Deutschen. Die Städter fahren am Wochenende zwar in die Natur, aber nicht um sie, wie wir es gern tun, mittels einer Wanderung oder einer Fahrradtour physisch zu erleben. Die Italiener bevorzugen es, mit dem Auto in die *campagna* zu fahren, um in einer ausgesuchten *Trattoria* zu speisen. Danach wird dann auf dem Weg zum Auto etwas frische Luft geschnappt und die wundervolle Aussicht in die Natur gepriesen.

Zudem schauen viele Italiener herablassend auf die Provinz. Die Menschen dort gelten ihnen als roh und ungebildet, ihre Dialekte sind ihnen unverständlich. *Burrini* bedeutet wörtlich übersetzt „die Buttermacher". Mit diesem schlimmen, aus dem römischen Dialekt stammenden Schimpfwort werden einfache Menschen bäuerlicher Herkunft bezeichnet. Auch in dem in Norditalien weitverbreiteten Schimpfwort *terrone* (dt. „Erdfresser"), mit dem die Süditaliener gern bedacht werden, steckt eine tiefe **Verachtung für die bäuerliche Bevölkerung** des *mezzogiornos*. In den ländlichen Regionen des Landes sind die Menschen oft eher zurückhaltend und weit von dem allseits bekannten Klischee des immer gut aufgelegten Italieners entfernt.

Wer beispielsweise in Dogali auf der Insel Sardinien eine Piazza sucht, auf der die Menschen so agieren, wie ich es im vorangegangenen Kapitel beschrieben habe, wird feststellen, dass es einen derartigen Platz in der

Stadt gar nicht gibt. Auch das Klischee des stets gut gekleideten Italieners, der nur Markengarderobe trägt, trifft hier nicht zu, allein schon deshalb, weil sich nur wenige Bewohner der ärmeren Regionen Italiens solche Kleidung leisten können. Das gilt nicht nur für die Dörfer in Süditalien, sondern auch im Friaul in Nordostitalien oder in den mittelitalienischen Abruzzen.

022it Foto: fs

Auf Sizilien herrscht das Gesetz der *omertà,* der **Verschwiegenheit gegenüber Fremden.** Durch die jahrhundertelange Ausbeutung der Insel und aufgrund der Erfahrungen mit der Mafia hat sich die Mentalität der Sizilianer ganz anders entwickelt als die der in der Mitte und im Norden Italiens lebenden Menschen. In den Dörfern im Inneren der Insel trifft man oft auf eine melancholische Stimmung, die von Angst und Misstrauen geprägt ist.

Nach dem 2. Weltkrieg begann die **Entvölkerung des ländlichen Italiens.** Von den Alpen bis Sizilien gibt es etliche verlassene Dörfer, die heute gern als Touristenattraktionen präsentiert werden. Viele Italiener verließen seit dem Ende des 2. Weltkriegs die Provinz, wo ihr Auskommen mehr gesichert war, um in den großen Städten des Landes nach Arbeit zu suchen oder um zu emigrieren. Die aufgegebenen Bauernhäuser und Ansiedlungen wurden vor allem in den 1970er-Jahren oft von Deutschen, Österreichern oder Schweizern aufgekauft. In Ligurien, Umbrien, Latium und in der Toskana leben heute überdurchschnittlich viele Deutschsprachige. Die Einheimischen sind schon vor Jahren abgewandert. Für die Jungen bieten die ländlichen Gebiete Italiens kaum Arbeitsmöglichkeiten.

Seit einigen Jahren erlebt die italienische Provinz eine Renaissance. Immer häufiger bilden sich Initiativen und Vereinigungen, die **das ländliche Italien wieder beleben** wollen. Überall in Italien werden sogenannte *sa-*

Karges Leben: Dorfstraße auf Sardinien

gre veranstaltet, Stadtfeste, auf denen Folklore und regionale kulinarische Spezialitäten präsentiert werden. Vereine kümmern sich um die Pflege der Handwerkstraditionen und der alten Dialekte. In ganz Italien ist der Trend zum *agriturismo,* zu Ferien auf dem Bauernhof unübersehbar.

Vor allem in Mittelitalien wurden die historischen Stadtzentren in den vergangenen Jahren mit viel Liebe und Aufwand herausgeputzt.

Feste, Feiertage und kollektive Erlebnisse

„Es gefällt mir, dass er (der Italiener, d. A.) freundlich, sentimental, zynisch, verschwenderisch, unvorsichtig, frivol und prunkvoll in seinen Zeremonien ist. In all dem liegt eine Art, das Leben zu lieben, verstehen zu wollen, zu forcieren, zu verherrlichen."

Ennio Flaiano

Zu bestimmten Zeiten des Jahres wächst das regional so verschiedene Italien zu einer nationalen Einheit zusammen. In anderen Ländern geschieht das an nationalen Gedenktagen oder zu Weihnachten. In Italien sind es hauptsächlich die kollektiven Vergnügungen, die das Land vorübergehend zu einer Einheit zusammenschweißen.

Es gibt **zwei nationale Gedenktage** in Italien, die das Land jedoch mehr trennen als einen. Am 25. April wird mit Militärparaden und Gedenkveranstaltungen die **Befreiung vom Faschismus** gefeiert. Die verschiedenen

024it Foto: fs

politischen Lager in Italien interpretieren diesen Tag unterschiedlich: Für die Linken handelt es sich um den Sieg des demokratischen Italiens über eine brutale Diktatur, während die Rechten auf die angeblichen Verdienste des faschistischen Regimes hinweisen. Ähnlich schwierig ist es mit dem anderen Nationalfeiertag, dem 2. Juni, an dem jedes Jahr an die **Ausrufung der Republik** im Jahre 1946 erinnert wird. Immerhin stimmte bei der damaligen Volksbefragung nur eine äußerst knappe Mehrheit für die Republik und noch heute meinen viele Süditaliener, der *mezzogiorno* habe seine besten Zeiten während der Herrschaft der Bourbonen erlebt. (Siehe auch das Kap. „Das Zeitalter des Faschismus".)

In den heißen Sommermonaten Juli und August aber werden die Italiener zu einer Einheit, die kollektiv aus den italienischen Metropolen flieht, die dadurch in der **Ferienzeit** wie ausgestorben wirken. Die Wohlhabenden zieht es an die von Paparazzi belagerten Strände von Portofino oder Amalfi. Das norditalienische Volk verbringt die Ferien meistens in einer einfachen Pension in den italienischen Alpen oder an den hoffungslos überfüllten Adriastränden. In Süditalien besitzen viele Familien ein kleines Apartment in einer der vielen seelenlosen Hochhausanlagen am Meer.

Der **Strandurlaub** ist für viele Italiener ein „Muss". Dabei gehen die meisten von ihnen nicht einmal gern schwimmen. Am liebsten planschen sie in Ufernähe oder unterhalten sich gestenreich mit ihren neuen Urlaubsbekanntschaften. Ihr bevorzugter Aufenthaltsort ist aber der Liegestuhl, wo sie sich stundenlang bräunen lassen, manchmal auch mit Zuhilfenahme von Sonnenreflektoren, die am Hals befestigt werden, um die Sonne direkt ins Gesicht zu reflektieren. Wer aus dem Urlaub zurück nach Hause kommt und Freunde, Nachbarn und Verwandte wiedertrifft, nimmt an einem Ritual teil, das immer wieder nach dem gleichen Muster abläuft. Man mustert sich gegenseitig von Kopf bis Fuß, stemmt die Hände in die Hüften und sagt zu seinem Gegenüber: *„Che bella abbronzatura!"*, was etwa so viel bedeuten soll wie: „Was bist Du schön braun geworden!". Nur so weiß der Durchschnittsitaliener, dass das Geld für den Urlaub gut angelegt war und man eine *bella figura* gemacht hat.

Die Italiener lieben das kollektive Freizeitvergnügen. Ein uraltes Ritual ist der sommerliche **Wochenendausflug** mit Freunden oder der Familie. Autofahrer stellen sich samstagmorgens auf den großen Ausfallstraßen Neapels oder Mailands geduldig in den Stau. Die italienische Durchschnittsfamilie ärgert sich an jedem Wochenende aufs Neue darüber, dass sie in einem völlig überfüllten Restaurant erst nach 1,5 Stunden einen verkochten

Ohne Bräune kein Urlaub: Strand in der Nähe von Rom

Teller Nudeln bekommen hat und dass sie den Strand noch nicht einmal sehen konnte, weil die Straße völlig verstopft war. Trotzdem wiederholen sie das Ganze an jedem Wochenende ...

Chronisch **überfüllt ist es auch an den kirchlichen Feiertagen.** Jeder, der es sich einigermaßen leisten kann, geht beispielsweise an *Pasquetta,* dem Ostermontag, mit der Familie oder Freunden essen. Der Höhepunkt des Sommers wird an *Ferragosto* (Mariä Himmelfahrt), dem 15. August gefeiert. Nach Weihnachten und Ostern handelt es sich dabei um den wichtigsten kirchlichen und weltlichen Feiertag des Landes. Am Abend kann man dann in der italienischen Tagesschau die Bilder von schrecklichen Verkehrsunfällen, überfüllten Stränden und vollgestopften Restaurants sehen.

Aber trotz allem lieben die Italiener den Sommer und die Wärme. Der **Winter** ist für sie eine furchtbare Zeit. Alle träumen davon, dass es doch endlich wieder Sommer werden möge und machen Pläne, was sie dann alles unternehmen können. Seit über fünfzig Jahren findet zum Trost der melancholisch gewordenen Italiener im Winter das **wichtigste Schlagerfestival des Landes** in der kleinen Kurstadt San Remo statt, eine Veranstaltung, an der die ganze Nation teilnimmt. Der Ort an der ligurischen Küste hat schon bessere Zeiten erlebt: In den 1950er-Jahren war San Remo ein mondänes Seebad. Heute leuchtet nur noch einmal im Jahr, wenn die bekanntesten Schlagerstars Italiens sich hier versammeln, der Glanz längst vergangener Zeiten wieder auf. Eine Woche lang sitzt die Mehrzahl der Italiener von 20 Uhr bis spät in die Nacht vor dem Fernseher und wartet gespannt auf die Abstimmung des Publikums **in San Remo,** das nach einer Woche den Sieger des Gesangswettbewerbs kürt. Nach den Gesangsdarbietungen werden jeden Abend die Leistungen der aufgetretenen Künstler noch einmal in einer breiten Diskussionsrunde analysiert. Das Festival beschäftigt sogar seriöse Tageszeitungen, wie den Mailänder *Corriere della Sera.* In langen Artikeln wird darüber spekuliert, wer denn in diesem Jahr der Gewinner werden könnte. Die Einschaltquoten, die das Festival erreicht, sind vergleichbar mit denen während des Endspiels einer Fußballweltmeisterschaft. Fester Bestandteil des Ereignisses sind die bereits im Vorfeld monatelang in Fernsehen und Zeitungen ausgetragenen Diskussionen um den Moderator, der die Sendung dann eine Woche lang im Fernsehen präsentieren darf. Selbst die Auswahl seiner Assistentinnen, von denen nichts weiter erwartet wird, als dass sie gut aussehen, wird aufmerksam von einer breiten Öffentlichkeit verfolgt. Wenn das Festival dann live vom staatlichen Sender *RAI 1* ausgestrahlt wird, sitzt selbst der sonst nur Punkrock hörende Sohn auf dem Sofa neben den Eltern, die mehr auf *Lucio Dalla* und *Eros Ramazotti* stehen, die schon oft Gäste auf dem Festival waren.

Ostern und Weihnachten

Ostern ist für die gläubigen Katholiken das **wichtigste Fest des Jahres,** vor allem der Ostersonntag, wenn der Papst auf dem Petersplatz in Rom den Segen *Urbi et orbi* erteilt. Im katholischen Italien ist der Karfreitag übrigens kein Feiertag. Am **Ostersonntag** wird die *torta pasqualina* (Ostertorte) gegessen, ein salziger Kuchen aus Blätterteig, der mit Ricotta, Spinat und einem gekochten Ei gefüllt wird. Weit verbreitet ist auch die *colomba,* ein süßer Kuchen in Form einer Taube. Für die Italiener ist Ostern ein wichtiges Familienfest, bei dem sich die gesamte Verwandtschaft trifft. Vor allem an *Pasquetta* (Ostermontag) sind alle Restaurants des Landes wegen der vielen Familienfeiern chronisch überfüllt.

Eine geringere Bedeutung hat das **Weihnachtsfest.** Noch in der Mitte des vergangenen Jahrhunderts gab es in Mittel- und Süditalien Geschenke nur am 6. Januar, dem Dreikönigstag. Erst seit wenigen Jahrzehnten werden überall in Italien am 24. Dezember Weihnachtsgeschenke überreicht (in machen Regionen erst am Morgen des 25. Dezember).

Die Faschisten hatten die **Weihnachtsbäume** in Italien verboten, weil sie ihnen als unitalienisch erschienen. Heute erfreuen sich die Tannen bis hinunter nach Sizilien großer Beliebtheit. In der Sila, einem Gebirge in Kalabrien, werden fleißig Weihnachtsbäume produziert, die aber sehr teuer sind. In den wohlhabenden süditalienischen Familien ist ein echter Weihnachtsbaum mittlerweile zu einem Statussymbol geworden. Das einfache Volk begnügt sich meistens mit einem Plastikbaum.

In der Vorweihnachtszeit werden seit einigen Jahren nach deutschem Vorbild **Weihnachtsmärkte** ausgerichtet. Selbst in Rom gibt es mittlerweile auf der Piazza Navona einen Weihnachtsmarkt, der allerdings nur ein trauriger Abklatsch der traditionsreichen Märkte in Deutschland ist.

Beim Menü des Weihnachtsabends macht sich auch in kulinarischer Hinsicht das Nord-Süd-Gefälle bemerkbar. In Norditalien werden die *zamponi* gegessen, das sind mit Schweinefleisch gefüllte Schweinsfüßchen. Gern werden dazu Linsen serviert – die Hülsenfrüchte symbolisieren Geld und Wohlstand. Im Süden wird an Weihnachten gern Fisch oder Ziege aufgetischt. In ganz Italien ist der **Panettone** das Symbol für Weihnachten schlechthin. Es handelt sich dabei um einen leicht pappigen Kuchen, der meistens mit einer Schokoladen- oder Marmeladenfüllung serviert wird. Eigentlich stammt er aus der Lombardei in Norditalien, aber seit der Einigung Italiens hat er sich überall im Land schnell verbreitet.

Am 6. Januar, dem **Dreikönigstag,** wird die *Festa della befana* gefeiert, eine italienische Besonderheit. Die *befana* ist eine Hexe, in ihrer Funktion vergleichbar mit dem deutschen Nikolaus. Am Dreikönigstag kommt die *befana* auf ihrem Besen geritten und bringt den bösen Kindern Kohlestücke, während die guten mit Schokolade bedacht werden – so will es jedenfalls die Theorie. In Wirklichkeit werden an diesem Tag natürlich die vor die Fenster gehängten Strümpfe aller italienischen Kinder mit großen Mengen an Süßigkeiten gefüllt.

Karneval

Der Karneval spielt heute nur noch in einigen Regionen des Landes eine wichtige Rolle. *Goethe* erlebte noch den römischen Karneval, der heute nicht mehr existiert und den er in seinem Buch „Italienische Reise" ausführlich beschrieben hat. Anscheinend wies der **römische Karneval** große Ähnlichkeiten zum heute weltweit berühmten venezianischen Karneval auf: „Nun fangen die Masken an, sich zu vermehren. Junge Männer, geputzt in Festtagskleidern der Weiber aus der untersten Klasse, mit entblößtem Busen und frecher Selbstgenügsamkeit, lassen sich meist zuerst sehen. Sie liebkosen die ihnen begegnenden Männer, tun gemein und vertraut mit den Weibern als mit ihresgleichen, treiben sonst, was ihnen Laune, Witz oder Unart eingeben."

In **Venedig** spielt der Karneval heute wieder eine bedeutende Rolle. Die traumhafte Kulisse der Stadt und die fantasievollen Masken versetzen jeden Besucher in eine Märchenwelt. Das erste Dokument, das den Gebrauch von Masken erwähnt, stammt aus dem 13. Jahrhundert. Kaiser *Napoleon* verbot während der französischen Herrschaft über Venedig den Karneval, eine Regelung, die auch die Österreicher beibehalten sollten. Erst in den 1980er-Jahren wurde das traditionsreiche Fest wiederbelebt. Heute ist der Karneval mit seinen Umzügen und stilvollen Festen in den alten Palästen eine der touristischen Attraktionen der Lagunenstadt.

Eine weiteres Zentrum des italienischen Karnevals befindet sich in **Viareggio.** Ähnlich wie in den deutschen Karnevalshochburgen Köln, Düsseldorf oder Mainz werden hier auf Motivwagen politische Ereignisse aufs Korn genommen.

In der Kleinstadt **Ivrea** unweit von Turin gibt es eine besondere Variante des Karnevals. Neun Mannschaften bewerfen sich hier während der tollen Tage mit Orangen. Irgendwann im 19. Jahrhundert hatten einzelne Zuschauer damit begonnen, die Motivwagen während des Umzugs mit Orangen zu bombardieren. Die Karnevalisten warfen die Früchte kurzerhand zurück. Seitdem werden regelrechte Wettkämpfe auf den verschiedenen Plätzen der Stadt ausgetragen, bei denen es sehr derb und laut zugeht.

023it Foto: fs

Regionale Volksfeste

Überall in Italien werden das ganze Jahr über regionale Volksfeste gefeiert. Meistens handelt es sich um schwungvolle und bunte Veranstaltungen, auf denen vor allem gern und viel gegessen wird.

Typisch italienisch sind die *infiorate*. Eine *infiorata* ist eine Art **Blumenfest,** bei dem Plätze, Brunnen, Straßen und Häuser mit ausgefallenen Blumenarrangements geschmückt werden. Am bekanntesten sind die Blumenkünstler aus Genzano in der Region Latium, wo die *infiorata* schon seit Jahrhunderten gefeiert wird. Die Künstler sind meistens Frauen und Kinder. Den Kindern fällt die Aufgabe zu, die vielfarbigen Blütenblätter zu sammeln. Die Frauen sortieren die Blütenblätter in mühevoller Kleinarbeit nach Farben. Anschließend werden nach einer zeichnerischen Vorlage die Ornamente gebildet, die meistens religiöse Motive darstellen. Am Ende einer *infiorata* tanzen die Kinder gern auf den Blumen in einer Wolke von Blüten.

Der **Palio di Siena** (manchmal auch: das *Palio,* ital. *Il Palio*) ist eines der berühmtesten Volksfeste Italiens und gleichzeitig eines der härtesten **Pfer-**

Sardisches Mädchen in Tracht

derennen der Welt. *Palio* bezeichnet im Allgemeinen einen Wettkampf zwischen benachbarten Gebieten, der mit Pferden oder anderen Tieren ausgetragen wird. Beim *Palio di Siena* kämpfen die verschiedenen Stadtteile *(contrade)* gegeneinander. Das Rennen wird seit dem Mittelalter im toskanischen Siena abgehalten und verweist auf eine Zeit, in der die Feindschaften zwischen den verschiedenen Stadtteilen in den größeren Städten Italiens noch sehr ausgeprägt waren.

Der *Palio* wird zweimal jährlich im Sommer, immer am 2. Juli und am 16. August, auf dem dann völlig überfüllten muschelförmigen Hauptplatz Sienas, der Piazza del Campo, abgehalten. Im Rennen treten die heute 17 *contraden*, die Stadtteile Sienas, gegeneinander an. Die Rennbahn ist ein ca. 300 m langer Rundkurs auf dem äußeren Ring der Piazza del Campo. Dreimal laufen die Pferde um den Platz. Meist brauchen sie dafür nur 1,5 Minuten. Erlaubt ist vieles, was bei anderen Pferdrennen verboten ist. Ross und Reiter der gegnerischen Stadtteile dürfen behindert und sogar mit dem Ochsenziemer bedrängt werden. Nicht selten kommt ein Pferd ohne Reiter im Ziel an. Nach dem Rennen feiert die siegreiche *contrada* oft wochenlang ihren Triumph.

Fußball: tifosi – die „Typhuskranken"

Ich habe ein Dutzend Mussolini-Biografien zu Hause. Ich denke, dass er eine zutiefst unverstandene Persönlichkeit war. Ich bin fasziniert von Mussolini."

Paolo di Canio, bis 2006 Kapitän des Fußballvereins „Lazio Rom" in einem Zeitungsinterview

Die Italiener sind fußballverrückt. Überall da, wo Italiener leben, werden auch relativ unbedeutende Klubspiele mit einer ausgelassenen Begeisterung gefeiert, die anderen Nationen oft fremd ist. Wenn die **Nationalmannschaft** spielt, die *azzurri* (die „Blauen"), sind alle regionalen Konflikte vergessen. Süditalienische Fußballspieler, die während der Ligaspiele von den Fans in den norditalienischen Stadien gnadenlos als *terroni* (Erdfresser, pl., beliebtes Schimpfwort für Süditaliener) beleidigt werden, steigen zu Helden der Nation auf, wenn sie während einer Welt- oder Europameisterschaft gut spielen.

Auch die **Skandale im Jahre 2006,** als der bezahlte Fußball in Italien in einem *calciopoli* genannten Bestechungsskandal versank, taten der Begeisterung keinen Abbruch. Die Mäzene bedeutender Fußballvereine landeten im Gefängnis, zahlreiche Traditionsklubs wurden mit Punkteabzug und daraus resultierendem Abstieg in eine niedrigere Spielklasse bestraft. Im norditalienischen Turin war der Sumpf aus Doping und gekauften Schiedsrichtern unter dem Manager *Luciano Moggi* so tief, dass selbst der Traditionsklub und mehrmalige italienische Meister *Juventus* vom italienischen Fußballverband in die zweite Liga zurückversetzt wurde.

Die Ereignisse des Jahres 2007, des schwärzesten in der Geschichte des italienischen Fußballs, versetzten das ganze Land in einen Schockzustand. Im Februar wurde auf Sizilien während des Inselduells Catania gegen Palermo **der 38-jährige Polizist Filipo Raciti** durch einen Steinwurf aus einer Fangruppe so schwer verletzt, dass er wenig später an inneren Blutungen starb. Eine Woche später griff Innenminister *Giuliano Amato* hart durch: Ausschluss des Publikums für alle Stadien, die nicht mehr den Sicherheitsregeln genügten, Kontrolle der Radiosender der Fans und keine Spiele mehr am späten Abend. Eine Überprüfung ergab, dass nur sechs der insgesamt 37 Stadien in den beiden höchsten Ligen den erforderlichen Sicherheitsbestimmungen entsprachen. Ein paar neue Drehkreuze wurden errichtet und mehr Sicherheitsordner am Eingang postiert, im Grunde blieb aber alles wie vorher – bis zum **November 2007.** Da gab es auf der Seite der Fans einen Toten zu verzeichnen. Auf dem Weg zum Auswärtsspiel seines Klubs *Lazio Rom* wurde ein 28-Jähriger von einem Polizisten erschossen. Danach wurden tagelange Auseinandersetzungen zwischen der Polizei und den Fans ausgetragen, die in Italien *tifosi* genannt werden, was so viel bedeutet wie „die Typhuskranken", also die von einer schlimmen Krankheit befallenen. Die sonst nicht zu reißerischen Formulierungen neigende, seriöse Tageszeitung *Corriere della Sera* titelte: **„Straßenkampf von Mailand bis Taranto".** Die römische Staatsanwaltschaft erhob Anklage wegen „terroristischer Umtriebe." Es handele sich um organisierte Angriffe von Fangruppen mit politischem Hintergrund. Was ist los in dem Land, in dem Fußball eigentlich eine lange friedliche Tradition hat?

In Italien wird dieser Sport immer mehr zur Geisel krimineller Randalierer, und das liegt am System des italienischen Fußballs. Nirgendwo sind **Sport, Politik und Kommerz** so eng miteinander verbunden wie hier. *Juventus Turin* beispielsweise gehört dem Autokonzern Fiat und *La Stampa,* der größten Tageszeitung Turins. Den *AC Milan* zählt der derzeitige Ministerpräsident und Medienmogul *Silvio Berlusconi* zu seinem Eigentum und *Inter Mailand* gehört der Öldynastie *Moratti.* Gemeinsam mit den römischen Vereinen *AS* und *Lazio* teilen sich diese Vereine den Löwenanteil der Fernsehgelder und machen fast immer die Meisterschaft unter sich aus. Die anderen Klubs müssen sich verschulden, um im Wettbewerb mithalten zu können. Genau wie die Spielergehälter

(Spitzenverdiener kassieren rund zehn Millionen Euro im Jahr) sind in den letzten Jahren auch die **Eintrittspreise in die Stadien** ins Unermessliche gestiegen. Die Familien bleiben am Sonntag lieber zu Hause vor dem Fernseher oder gehen mit dem Radiogerät am Ohr spazieren. Allein in der Saison 2005/2006 sanken die Zuschauerzahlen in den Stadien um 15 %, mittlerweile liegen sie damit unter dem Zweitliganiveau in Deutschland.

Ohne die **„Ultras"** mit ihren kurz geschorenen Haaren und den Mussolini-Tätowierungen auf den Oberarmen hätten die Vereine noch weniger Zuschauer. Die meisten Klubs verhätscheln sogar die Hooligans: Da werden Treffen mit den Spielern organisiert und Busreisen zu Auswärtsspielen verschenkt. Die Vereine gerieten zunehmend in Abhängigkeit von den durch faschistische Organisationen wie „Forza Nuova" oder „Ordine Nuovo" systematisch unterlaufenen Fangruppen. In Verona verhinderten vor einigen Jahren rechtsextreme „Ultras" die Verpflichtung des farbigen Holländers *Michel Ferrier.* Im Stadion hängten sie eine überlebensgroße schwarze Stoffpuppe auf, an der ein Schild befestigt war mit den Worten: „Negro go away."

Fußball ist zu einer **Unterschichtsveranstaltung** geworden. Die Jugendlichen, die ihr letztes Geld für eine Eintrittskarte ausgeben, leben in Stadtvierteln, in die sich die Polizei schon seit Jahren nicht mehr hinein traut. Sie halten die Demokratie und den Rechtsstaat für lächerliche Einrichtungen, die nur den Mächtigen dienen. In jeder Großstadt Italiens gibt es solche „rechtsfreien" Räume, in Rom heißen sie *Ostia destra* oder *Pietralta.* In Catania, wo der Mord an dem Polizisten *Raciti* geschah, heißt das Viertel, aus dem der Mörder kam, *San Cristofero.* Solche Wohngebiete sind der ideale Nährboden für **rechtsradikale Parolen.** Weniger aus wirklicher politischer Überzeugung denn aus Lust an der Provokation bedienen sich die meisten italienischen Hooligans der Sprache der extremen Rechten. Nur im toskanischen Livorno, wo vor fast neunzig Jahren die einst mächtige Kommunistische Partei Italiens gegründet wurde, hält sich eine linke Fankultur.

Die Anführer der Fangruppen entstammen allerdings eher dem gehobenen Mittelstand, so wie mittlerweile in den meisten europäischen Ländern. Das sind dann diejenigen, die per Internet und Mobiltelefon die Fanaktionen organisieren. In der **Fankurve** ist der *capo curva* der wichtigste Mann. Er gibt den Ton an für eine unendlich wirkende Choreografie aus Sprechchören, Feuerwerkskörpern und rhythmischen Bewegungen. Alkohol spielt übrigens in den italienischen Stadien keine Rolle. Dafür stehen Designerdrogen, Aufputschmittel, Kokain und Marihuana bei den *tifosi* hoch im Kurs.

Der **Staat steht dem „System Fußball" hilflos gegenüber.** Die Forderungen italienischer Bischöfe, die Saison 2007/2008 abzubrechen, damit die Hooligans endlich zur Besinnung kommen, schienen von Anfang an unrealistisch angesichts der wirtschaftlichen Interessen am Geschäft mit dem Fußball. Dem Staat blieb gar nicht anderes übrig, als für die völlig verschuldeten Vereine in die Bresche zu springen und die geforderten Sicherheitsstandards zu gewährleisten.

Die Geschichte des italienischen Fußballs ist eng mit dem Aufstieg der **faschistischen Staatsform** verbunden. Schnell erkannten die Faschisten, dass die Idee der alten Römer, mit „Brot und Spielen" die Menschen zufriedenzustellen, auch im 20. Jahrhundert noch funktioniert. Ursprünglich war die Fußballsprache von Anglizismen geprägt, ab 1921 sorgten die Faschisten für die „Italienisierung" der Begriffe. Findige Journalisten erhoben sogar ein im 17. Jahrhundert populäres Florentiner Ballspiel, den *calcio,* zum legitimen Vorläufer des Fußballspiels und gaben dem bis dahin mit dem englischen Begriff *futbol* bezeichneten Spiel einen italienischen Namen, den es bis heute trägt. *Mussolini* und seine Söhne waren Mitglieder von *Lazio Rom,* einem Verein, der bis heute gelassen mit seiner rechten Vergangenheit umgeht.

Zu zweifelhafter Berühmtheit gelangte der frühere Kapitän von Lazio Rom, *Paolo di Canio,* der im Januar 2005 nach einem Sieg seines Vereins mit dem erhobenen rechten Arm seine Fans grüßte. *Irriducibili* (die „Unbeugsamen") nennen sich die **Fans von Lazio Rom,** die mit Spruchbändern, auf denen Sätze stehen wie „Auschwitz ist eure Heimat, die Öfen sind eure Häuser", von sich reden machten. Als Jugendlicher war *di Canio* selbst ein „Unbeugsamer". Das Hauptquartier der Fangruppe liegt nahe dem Bahnhof *Ostiense* in Rom. Unter dem Vereinspräsidenten *Sergio Cragnotti* entwickelten sich die Lazio-Ultras in den 1990er-Jahren zur aggressivsten Fangruppe Italiens. *Cragnotti* hatte den *Irriducibili* den Kartenvorverkauf überlassen. Sie bauten sich ein Netzwerk von vierzehn Geschäften auf, investierten in Zeitschriften und Radiospots und gewannen immer mehr Macht und finanzielle Mittel. Ihr faschistischer Anführer legte sich Leibwächter zu und griff zur Gewalt, sobald ihm eine Gruppierung zu aufmüpfig wurde.

Eine italienische Besonderheit macht das Aggressionspotenzial in den Stadien noch gefährlicher: Die **Rivalität zwischen den Städten,** die noch aus der Zeit der Stadtrepubliken im Mittelalter stammt. Der Schriftsteller und Kenner des italienischen Fußballs, *Tim Parks,* schreibt dazu: „Die Rivalität zwischen den Städten und die ebenfalls geschichtliche Rivalität zwischen Faschisten und Kommunisten wurden in den Fußball absorbiert, das Spiel wurde ein Platz, wo diese Szenarien wiederaufgeführt werden. Da ist eine Menge fingierter Politik dabei."

Dem deutschen Nationaltrainer *Joachim Löw* schlug während der **Fußballeuropameisterschaft 2008** eine Welle der Sympathie in Italien entgegen. Die renommierte Mailänder Tageszeitung *Corriere della Sera* lobte den deutschen Trainer für seine tadellose Kleidung: „Er ist ein Mann," so das Blatt, „der das Leben liebt, deswegen kleidet er sich gut. Somit hat er viel von einem Italiener."

Die Familie – zwischen Tradition und Moderne

„Italien hingegen ist typisch für eine Organisationsform mit Pyramidenstrukturen, in denen die Bande des Blutes und der Freundschaft mehr zählen als Rechtsansprüche."
Luciano de Crescenzo, Schriftsteller

025it Foto: fs

Die altrömische Familie – Vorbild für Staat und Gemeinwesen

Die traditionellen **Strukturen der italienischen Großfamilie** lassen sich bis auf die römische Zeit zurückführen. Großeltern, Vater und Mutter, Söhne und Töchter, Hof und Wohnung, Knechte und Arbeitsgeräte, das waren die Elemente, aus denen sich die altrömische Familie zusammensetzte. Der Tod war für die Römer selbstverständlich, aber das Aussterben der Familie galt ihnen als das größte vorstellbare Übel. Um diesem Verhängnis auszuweichen, eröffnete die römische Gesetzgebung schon früh die Möglichkeit, Kinder zu adoptieren.

Rechtlich wurde die **altrömische Familie** von dem Familienoberhaupt *(pater familias)* geleitet. Das Familienoberhaupt übte die bedingungslose richterliche Gewalt über alle Angehörigen des Clans *(gens)* aus. Zu diesem Netzwerk gehörten auch die vom Patron abhängigen Bürger *(clientes)*. Von diesem lateinischen Begriff leitet sich der Begriff des **„Klientelismus"** ab, der noch heute in Italien eine bedeutende Rolle spielt. Zu den Klienten gehörten beispielsweise Arbeiter, die von der Familie als Arbeitskräfte aufgenommen wurden, oder Knechte, denen das Familienoberhaupt die Freiheit geschenkt hatte und die dadurch dem *pater familias* verpflichtet waren. **Frauen** waren nach altrömischer Ansicht weder in der Lage, Gewalt im Sinne von Herrschaft über andere noch über sich selbst auszuüben. Wenn der Hausherr verstarb, hatten die Söhne für die Mutter zu sorgen und die Brüder für die Schwestern.

Die Gemeinde, die sich im Rom des achten vorchristlichen Jahrhunderts herausbildete, entstand aus dem Zusammenschluss dieser Geschlechter, der *Romilier, Voltiner, Fabier* und wie sie alle hießen. Römischer Bürger war automatisch, wer diesen Geschlechtern angehörte.

Das neu entstandene **Staatswesen** wurde kurzerhand der Familie nachgebildet. Der Familie stand der natürliche Vater vor, der nach seinem Tod von seinem erstgeborenen Sohn als Oberhaupt abgelöst wurde. In der neu entstandenen Gemeinde, die aus freien und gleichen Bauern bestand, wählten die Väter *(patres)* einen aus ihrer Mitte zum König *(rex)*, der damit Herr im Hause der römischen Gemeinde wurde. Ihm stand, wie dem Familienvater, das Züchtigungsrecht und die Gerichtsbarkeit zu. Wie der Hausherr nicht der Mächtigste unter anderen Mächtigen war, sondern überhaupt der einzige, der über Macht verfügte, so war auch der König der einzige Machthaber im Staat.

Familiäre Strukturen im Wandel der Zeiten

Die Institution der Familie erfuhr zwar schon in römischer Zeit etliche Veränderungen, aber vieles ist doch gleich geblieben: Noch heute fühlen sich italienische Männer etwa für ihre Schwestern verantwortlich, noch heute gehört zu jeder Familie ein Kreis Personen, die ihr verpflichtet oder für sie tätig sind, und immer noch, wenn auch mit Einschränkungen, funktioniert die Familie als soziales Netz.

Nach dem Untergang des Römischen Reichs wurde Italien von Fremdherrschaft und Verwüstung heimgesucht. (Siehe auch das Kap. „Die Gründung Roms und seine Entwicklung".) Von nun an galt die Regel: **Die Familie ist immer dann am stärksten, wenn der Staat am schwächsten ist.** Das, was von den alten Römern *gens* genannt wurde, war in der mittelalterlichen Toskana der *casato,* ein Familienverband, der ziemlich genau nach dem römischen Vorbild funktionierte. Der Aufruf eines toskanischen Predigers aus dem Mittelalter an die Familienväter zeigt, wie jede Individualität in der Familie unterdrückt wurde: „Lass nicht zu, dass sie eine Sparbüchse besitzen oder behaupten: ‚Das gehört mir!', solange du lebst."

In **Süditalien** verzichteten die Spanier, nachdem sie das Land okkupiert hatten, nahezu völlig darauf, den gerade erworbenen Besitzungen eine staatliche Struktur zu geben. Im Landesinneren organisierten sich die Großgrundbesitzer, deren Clans ebenfalls dem Vorbild der römischen *gens* entsprachen, nahezu völlig autonom. Der „Klientelismus", der daraus entstand, war die Keimzelle der späteren Mafia. (Siehe auch: „Parallelwelten - Mafia, Camorra und *'ndrangheta"*.)

Für **Heranwachsende** war die traditionelle Form der Familie oft ein Alptraum. Entscheidungen wurden immer vom Vater *(padrone)* getroffen und die Kinder wurden von den Eltern verheiratet. In Süditalien musste die junge Ehefrau gar ihre Jungfräulichkeit auf einem weißen Bettlaken beweisen, das nach der Hochzeitsnacht vor dem Fenster für jeden sichtbar aufgehängt wurde - die Familie des Bräutigams forderte dieses Zeichen.

Trotz allem: Noch ist die Familie **eine funktionierende Institution,** die dazu beiträgt, die italienische Gesellschaft zusammenzuhalten. Italien wäre auch heute undenkbar ohne die Familie, die oft dem Staat gegenüber aushelfen muss. Wie sonst könnte man die Unzulänglichkeiten des hiesigen Gesundheitswesens erträglich gestalten, wenn nicht Heerscharen von Angehörigen ihre im Krankenhaus liegenden Verwandten verpflegen und den Ärzten und Krankenschwestern ordentliche Trinkgelder zustecken würden: eine in Italien durchaus übliche Gewohnheit. Wer würde sich um die Einzelkinder in den herausgeputzten norditalienischen Villenvororten kümmern, wenn nicht die Großeltern?

Welche Art von Gesellschaft in der Zukunft auf einer entvölkerten Apennin-Halbinsel bei sinkenden Einnahmen aus dem Tourismus und zunehmender Konkurrenz europäischer und asiatischer Billiglohnländer entstehen wird, vermag heute noch niemand zu sagen. Sie wird aber wohl nicht mehr allzu viel mit dem liebenswert-chaotischen, katholischen Italien der Nachkriegsepoche zu tun haben.

Die moderne Familie im Umbruch

Der Traum eines jeden Italienreisenden: Eine ländliche Kulisse, der Besuch einer heimeligen Altstadt ist geplant. In den Trattorien stehen lange Tische, an denen sich von einer lärmenden Kinderschar umgebene Familien niedergelassen haben. Die *bambini* fliegen wie die Spatzen zwischen den Erwachsenen hin und her und sorgen für die von den Touristen geschätzte Bella-Italia-Stimmung.

Aber: Das Kinderschreien ist verstummt. Im 21. Jahrhundert sitzen in den Trattorien immer öfter verzogene Einzelkinder missgelaunt neben ihren ebenso griesgrämigen Eltern am Tisch.

Die italienische **Familie befindet sich im Umbruch,** daran kann kein Zweifel bestehen. Strukturen, die sich über Jahrhunderte gehalten hatten, lösen sich innerhalb weniger Jahrzehnte auf. Die Entwicklung breitet sich von Norden nach Süden aus. Zwischen Mailand und Rom ist die „Pulverisierung" der Familie schon weit fortgeschritten: Mit einer **Geburtenrate von 1,2 Kindern** liegt Italien am Ende der europäischen Statistik, einen Platz hinter Deutschland mit 1,31 Kindern. Aufsehen erregte der Tiefstand von 1995, wo in der Toskana die Geburtenrate auf den historischen Tiefstwert von 0,9 Kindern pro Frau absackte. In den norditalienischen Kindergärten bilden die Einzelkinder mittlerweile die stärkste Gruppe.

Im Süden liegt die Geburtenrate zwar höher, aber sie sinkt ständig. Und das in einem Land, in dem traditionell die Bande des Blutes mehr zählen als demokratisch begründete Strukturen. Jeder Abgeordnete in Rom hat einen Karteikasten auf dem Tisch, der die Namen und Adressen von einem Heer von Bittstellern enthält, die meist zum Umkreis seiner Familie gehören. Seit den Zeiten des Römischen Reichs wird Italien von mächtigen Familienverbänden regiert. Was soll an deren Stelle treten, wenn sich die Familien auflösen?! Und was sind die Gründe für den Niedergang der Familie?

Das erst 1975 verabschiedete **Ehescheidungsrecht** (vorher konnte nur die Kirche eine Ehe auflösen) löste eine Welle der Frauenemanzipation aus. Die Italienerinnen rebellierten gegen ihre patriarchalischen Männer, die ihre Partnerinnen als Sexobjekte und Putzfrauen missbrauchten. Die

Frauen entdeckten die Berufstätigkeit für sich und damit auch ihre ökonomische und persönliche Unabhängigkeit. Die Zahl der Ehescheidungen steigt seit Jahren deutlich an, und zwar erstaunlicherweise im Süden mehr als im Norden. Und es sind mehrheitlich Frauen, die eine Scheidung einreichen. Die Fesseln der jahrhundertealten Bindungen an uralte Traditionen sind plötzlich gelöst und alles scheint möglich.

Immer weniger Kinder werden geboren und die zahlreicher werdenden Einzelkinder werden von ihren Müttern verwöhnt, bis hin zur Aufgabe jeder Selbstständigkeit. In Italien heißen die Muttersöhnchen, die gern noch als Mittdreißiger bei ihren Eltern leben, *mammoni.* (Siehe auch das Kap.: „Ragazzi italiani: Kinder und Jugendliche".)

Letztendlich ist es aber die **Familienpolitik,** die versagt hat: Es fehlt an allem: an Geld, Kindergartenplätzen, Unterstützung für alleinerziehende Mütter usw. In Skandinavien und Frankreich beispielsweise, wo die Geburtenraten deutlich höher liegen, fließen 12 Prozent der gesamten Sozialausgaben den Familien und Kindern zu – in Italien sind es gerade einmal 3,8 Prozent.

Ein Beispiel: *Sabrina* und *Paolo* leben mit ihrem Sohn *Leonardo* am Stadtrand von Rom. Beide müssen arbeiten, schließlich muss das mit einem gewaltigen Kredit mühsam finanzierte Eigenheim noch abbezahlt werden. Im nächstgelegenen staatlichen Kindergarten war kein Platz mehr zu bekommen, also muss der kleine *Leonardo* in einen privaten Kindergarten gehen und der kostet 800 Euro im Monat. Kindergeld gibt es nur bei einem Familieneinkommen unter 12.000 Euro im Jahr und auch dann beträgt es gerade mal 130 Euro monatlich für das erste Kind. Drei Monate lang war *Sabrina* im **Mutterschutz** *(maternità).* Immerhin bekam sie in dieser Zeit 80 Prozent ihres Gehalts. Angestellte im öffentlichen Dienst beziehen sogar 100 Prozent. Aber in der folgenden Elternzeit wird es deutlich weniger. Der freiwillige *congedo parentale* umfasst insgesamt zehn Monate für beide Eltern. Zwar bleibt der Arbeitsplatz den Eltern in dieser Zeit erhalten, aber nur bei 30 Prozent des Gehalts. Immerhin kann man in Italien unbezahlt freinehmen, wenn das Kind krank ist. So hat ein Freund von *Sabrina* und *Paolo,* der Arzt ist, das Kind noch zwei Jahre lang krankgeschrieben. Schließlich musste *Sabrina* sich ja um den Kleinen kümmern, denn Krippenplätze für Kinder unter drei Jahren gibt es so gut wie gar nicht.

Was wären die italienischen Kinder ohne ihre Großeltern?

026it Foto: fs

Die einzige nennenswerte **Unterstützung für die jungen Eltern** bilden die Großeltern, die noch ein anderes, ein solidarischeres Italien kennengelernt haben. Wer einmal in einem italienischen Urlaubsort am Strand spazieren geht, wird feststellen, dass fast keine junge italienische Familie ohne die als Babysitter fungierenden **Großeltern** in Urlaub fährt. Da funktioniert er noch, der italienische Familiensinn. Allerdings bedingt die *nonnokratie* (von *nonno* = Opa), die Herrschaft der Großeltern über die Erziehung der Kinder, auch jede Menge Konflikte. Statistiken zufolge stellt der Streit mit der Oma den häufigsten Scheidungsgrund in Italien dar. Höchstens das Bürgertum macht Gebrauch von - meist halblegal beschäftigten - Kindermädchen von den Philippinen oder aus Rumänien, den im Alltag unübersehbaren und als Statussymbol wichtigen *colf.*

Don Camillo und Peppone: Katholizismus, Laizismus und Aberglaube

In den 1950er-Jahren schrieb *Giovanni Guareschi* seinen berühmten Roman über den täglichen Kleinkrieg zwischen einem katholischen Priester *(Don Camillo)* und einem kommunistischen Bürgermeister *(Peppone)* in einem italienischen Dorf. „Il mondo piccolo di Don Camillo e

Peppone" wurde zum Bestseller in 27 Ländern. Der Roman war ursprünglich als Streitschrift eines konservativen Intellektuellen gegen den Einfluss des Kommunismus in Italien gedacht. Darüber hinaus beschreibt *Guareschi* sehr treffend die Gegensätze zweier Milieus, die für Italien schon immer prägend waren: einerseits eine zu einem radikalen Atheismus neigende bürgerlich-proletarische Gesellschaftsschicht, andererseits das Heer der gläubigen Katholiken, die meist einem bäuerlichen Umfeld entstammen.

Kirche und Staat

Die Vereinigung Italiens (1870) fand gegen den erbitterten Widerstand der katholischen Kirche statt. Noch hundert Jahre zuvor hatte der Papst über den Kirchenstaat geherrscht, der damals ganz Mittelitalien umfasste. Diese weltliche Macht wollte die katholische Kirche nicht aufgeben. Nachdem Rom 1871 von den Truppen des italienischen Königs *Viktor Emmanuel II.* besetzt wurde, erklärte sich Papst *Pius IX.* zum „freiwilligen Gefangenen" und zog sich hinter die sicheren Mauern des Vatikans zurück. Die katholische Kirche hatte es dem jungen Königreich nie verziehen, dass es Rom im Handstreich genommen und in der Ewigen Stadt seine Hauptstadt errichtet hatte. Papst *Pius IX.* forderte alle Gläubigen auf, nicht an den Parlamentswahlen teilzunehmen und beschwor den Unfehlbarkeitsanspruch des Heiligen Stuhls. Die italienische Gesellschaft war gespalten: in die bürgerlich-liberalen Anhänger der Nationalstaatsidee und die Gläubigen, die sich oft in einem schweren Gewissenskonflikt befanden, weil auch unter ihnen viele Anhänger des geeinten Königreichs waren. Die Ende des 19. Jahrhunderts entstandene *Sozialistische Partei Italiens* predigte einen radikalen Antiklerikalismus, der noch heute in den Linksparteien Italiens lebendig ist.

Ein wichtiges **Symbol des Laizismus** (strikte Trennung von Staat und Kirche) ist der römische Platz *Campo de'Fiori,* auf dem das Denkmal des Mönchs *Giordano Bruno* steht, der an dieser Stelle im Jahre 1600 von den Schergen des Vatikans verbrannt wurde. Der Mönch hatte sich geweigert, seine Überzeugungen, die dem Unfehlbarkeitsanspruch der Kirche widersprachen, öffentlich zu widerrufen.

Zu Beginn des 20. Jahrhunderts gründeten einige einflussreiche Katholiken eine politische Partei, die *Partito Popolare.* Sie erlangten schon bald eine beträchtliche Bedeutung. Für die Liberalen war die neu gegründete Partei neben den Sozialisten die größte denkbare politische Bedrohung. Lieber schlossen die Laizisten (der italienische Laizismus ist identisch mit dem politischen Liberalismus) ein Bündnis mit der faschistischen Partei, was zum Wahlsieg der Faschisten und einer 20 Jahre lang andauernden Diktatur führte.

Die **Faschisten** gebärdeten sich anfangs antiklerikal. Schon bald änderte sich diese Haltung: Sie wussten, dass sie nicht gegen die Masse der Gläubigen regieren konnten. Mit dem Abschluss der **Lateranverträge** (1929) sicherten sie sich die Sympathie der katholischen Kirche und ihrer Anhänger. (Siehe auch das Kap. „Das Zeitalter des Faschismus".)

Nach dem Untergang des faschistischen Regimes wurde eine **neue katholische Partei** gegründet, die *Democrazia Cristiana (DC)*. Die Partei sollte zur stärksten politischen Kraft der Nachkriegszeit werden. Bis zu dem Jahr 1990 gab es keine Regierung, an der die *DC* nicht beteiligt war. Erst durch den Zusammenbruch des italienischen Parteiensystems Anfang der 90er-Jahre des vergangenen Jahrhunderts verlor die *DC* ihre Machtstellung. Die neue katholische Partei zersplitterte in verschiedene kleinere Parteien, die sich politisch entweder auf der linken oder auf der rechten Seite ansiedelten. Für den politisch organisierten Katholizismus war das, was anfangs als Nachteil erschien, langfristig von Vorteil: Nun hatten die Katholiken Einfluss in allen politischen Lagern.

Glaube und Aberglaube

Wer in Italien unterwegs ist, dem wird häufig **das Bild eines bärtigen Kapuzinermönchs** begegnen, der in Tabakläden, Restaurants und Zeitungskiosken freundlich von einer Postkarte grüßt. Auch Taxifahrer haben *Padre Pio* gern als Talisman am Innenspiegel baumeln. *Francesco Forgione,* besser bekannt als **Padre Pio** gehört zu den bekanntesten und umstrittensten Persönlichkeiten Italiens.

Bei dem 1887 in Apulien geborenen Sohn armer Bauern traten bereits 1910 zum ersten Mal **Stigmata** auf, das sind Wundmale, die nach christlicher Überzeugung bei besonders frommen Menschen wie durch ein Wunder auftreten können. Diese Male zeigen sich an den Stellen, wo Jesus während seines Leidensweges von den Römern Wunden zugefügt wurden.

So soll es auch, nach der Meinung vieler gläubiger Italiener, bei *Padre Pio* gewesen sein, trotz großer – auch kirchlicher – Zweifel an der Echtheit der Wundmale. Seit 1920 reisten immer mehr Pilger nach San Giovanni Rotondo in der Provinz Apulien zu den Gottesdiensten *Padre Pios* und suchten ihn als Beichtvater auf. Seit 1940 betätigte sich der Kapuzinermönch als **Wunderheiler** und sprach Prophezeiungen aus. Als *Padre Pio* 1968 im Alter von 81 Jahren starb, nahmen über 100.000 Menschen an seinem Begräbnis teil.

Zu Lebzeiten hatte **Padre Pio** immer Handschuhe über seinen angeblichen Stigmata getragen. Ärztliche Gutachten attestierten dem Mann zwar eine pathologische Hysterie, trotzdem ließ Papst *Johannes Paul II.* den 1968 verstorbenen volkstümlichen Prediger vor einigen Jahren heiligsprechen. In seiner Wirkungsstätte San Giovanni Rotondo bei Foggia ist *Padre Pio* begraben. Der Stararchitekt *Renzo Piano* hat über seinem Grabmal eine Kirche errichtet, in der 7000 Menschen Platz finden. Jährlich besuchen sieben Millionen Pilger den Wallfahrtsort – mehr als zur Grotte bei Lourdes pilgern. Von Anfang an war das Erbe des *Padre Pio* nicht nur ein geistiges, sondern auch ein materielles gewesen: In der 270.000 Einwohner zählenden Stadt gibt es 194 Hotels, 132 Bar und 110 Restaurants – die Bewohner von San Giovanni Rotondo verdienen gut an dem Geschäft mit dem Heiligen.

Die Geschichte des *Padre Pio* ist das prominenteste Beispiel für eine vor allem in Süditalien ausgeprägte **Neigung zum Aberglauben.** Die meisten „Wunder" geschehen in **Neapel,** das wiederum verwundert nicht, schließlich ist die Stadt am Vesuv auch die Hauptstadt der sozialen Unsicherheit, und das schon seit Jahrhunderten. Goldene Halsketten mit dem Bildnis der Madonna, die den Eigentümer vor Unheil beschützen sollen, sind in ganz Italien verbreitet. Im Süden gesellt sich gern ein rotes Horn *(corno)* dazu, ein vom Phallus abgeleitetes Symbol, das auch als Schutzgeste eingesetzt wird (siehe unten). Es soll vor dem bösen Blick, dem *malocchio,* schützen, eine vorchristliche Vorstellung, die noch heute weitverbreitet ist. Der böse Blick kann Liebschaften zerstören und Krankheiten bringen. Wer einmal Urlaub in Neapel gemacht hat, kennt die unzähligen Andenkenläden, die Glücksbringer und Amulette für alle nur erdenklichen Gelegenheiten verkaufen. Weitverbreitet ist in Neapel der Beruf der *fattuchiera,* einer Magierin, die den bösen Blick vertreibt. Auch unter gebildeten Menschen wagt es kaum jemand, an Stigmata und dem bösen Blick zu zweifeln. „Es gibt den bösen

009it Foto: fs

Blick nicht – aber ich glaube daran", lautet der bekannte Ausspruch eines Philosophen.

Unvergessen ist in Italien eine Anekdote aus der Amtszeit des früheren Staatspräsidenten *Giovanni Leone.* Er besuchte in den 1970er-Jahren ein Krankenhaus in seiner Heimatstadt Neapel. Das Ereignis wurde von Fotografen festgehalten. Auf den Bildern, die dann in der Presse erschienen, war zu sehen, wie der Präsident freundlich die Kranken begrüßte. Die Fotos zeigten aber auch, dass der Präsident hinter seinem Rücken den kleinen Finger und den Zeigefinger ausstreckte, die „Teufelshörner" *(corne)* die vor Unglück schützen sollen.

Zu jeder Gelegenheit gibt es in Italien **Heilige,** die im Notfall angerufen werden können. Der heilige *Antonius von Padua* hilft, wenn man etwas verloren hat. Der heilige *Laurentius,* ein christlicher Märtyrer, der von den Schergen des Kaisers *Valerian* auf dem Rost getötet wurde, lässt Brandwunden schneller heilen. Selbst Motorräder und Autos werden in der Kirche gesegnet, um sie vor eventuellen Unfällen zu schützen.

Auch bei der **Heiligenverehrung** gibt es eine klare Trennung zwischen Nord- und Süditalien. Im Norden hält man sich überwiegend an karitative Nothelfer, Verteiler von Armenspeisungen und Vorbilder menschlicher Hingabe *(Franz von Assisi, Don Bosco).* Im Süden dagegen werden häufig die Wundertäter verehrt. Dort sind es die guten Werke, die zum Heil führen, hier sind es die Zaubermittel.

Wer sich durch die vielen Kleinstsender im italienischen Privatfernsehen zappt, wird erstaunt sein über die vielen Sendungen, in denen ein Magier oder eine Magierin auftritt, die aus Karten liest, Anrufern Ratschläge erteilt oder Nadeln in eine Puppe sticht, um beispielsweise den „bösen Blick" zu bannen.

Als **Unglückszahl** gilt nicht die Dreizehn, sondern die Siebzehn. Vermutlich hat das etwas mit der römischen Schreibweise XVII zu tun, die anders zusammengesetzt das lateinische Wort *VIXI* ergibt, das heißt „ich lebte".

Erwähnt sei noch, dass die **Neigung zum Aberglauben** kein auf den Süden beschränktes Phänomen ist. Das norditalienische Turin ist eine Hochburg des Mystizismus. Zahlreiche esoterische Zirkel haben in der Hauptstadt des Piemonts ihren Sitz und unter der Kirche Gran Madre soll gar das Geheimnis des Heiligen Grals verborgen sein ...

Padre Pio – Italiens berühmtester Heiliger

Rund um den Petersdom schmiegt sich der kleinste autonome Staat der Welt, der Botschaften in fast allen Staaten rund um den Globus unterhält. Ebenso sind auch ausländische Staaten mit einer Botschaft beim Vatikan vertreten. Daher unterhalten die meisten Nationen in der italienischen Hauptstadt zwei Botschaften, eine für Italien, die andere für den Heiligen Stuhl.

Der **Name „Vatikan"** stammt übrigens aus der Urzeit Roms. Die Historiker nehmen an, dass das heutige Gelände des Kirchenstaats in frührömischer Zeit ein latinisches Dorf war. Die Römer nannten seine Einwohner

Die Schweizergarde

Sie ist die kleinste, bekannteste, meistfotografierte und wahrscheinlich älteste Armee der Welt. Seit 500 Jahren sind die Soldaten aus dem Alpenstaat die ***Wächter des Papstes*** *und der Einrichtungen des Vatikans. Im Februar 2006 wurde der Geburtstag der Truppe gefeiert. Gegründet wurde die Schweizergarde von Papst Julius II., der kein Söldnerheer mehr im Kirchenstaat wollte, das als unzuverlässig galt und oft nur widerwillig kämpfte. Der Papst wollte ein eigenes Berufsheer haben. Zudem hatte er familiäre Beziehungen in die Schweiz, deren Soldaten einen guten Ruf als Landsknechte genossen. Bis zum Jahr 1825 blieb die Garde eine kämpfende Truppe. Ihre prächtigen Uniformen mit der gelbblau gestreiften Kniehose sollen angeblich von Michelangelo entworfen worden sein.*

Der Deutsch-Schweizer Elmar Mäder ist seit 2002 der Kommandeur der päpstlichen Soldaten. Er sieht die Garde als ein „Schweizer Qualitätsprodukt, das wir exportieren". In den Jahren zuvor gab es etliche ***Skandale um die Schutztruppe.*** *Aufsehen erregte im Frühjahr 1998 ein dreifacher Mord hinter den Mauern des Vatikans. Die Opfer waren Mäders Vorgänger Alois Estermann, seine Ehefrau und der Gardist Cedric Tornay, der schnell als Täter identifiziert wurde. Anscheinend hatte er zuerst das Ehepaar und dann sich selbst erschossen, weil er sich von Estermann schlecht behandelt fühlte.*

Durch das Verbrechen geriet die Truppe in eine Diskussion über ihren ***Sinn und Zweck.*** *Von Glanz und Tradition vergangener Zeiten ist nicht mehr viel übrig geblieben. Teilweise tut sich die Schweizergarde sogar schwer, ihr Plansoll von 110 Mann zu erfüllen, weil sich in der Schweiz*

Vaticani. Der Name blieb an der Gegend hängen, auch als das jenseits des Tibers gelegene Gebiet längst eingemeindet war.

Der Staat hat eine Fläche von knapp einem halben Quadratkilometer und zählt 800 Einwohner. Dazu kommen noch rund 3000 Angestellte, die in Rom leben. Zum **Vatikanstaat** zählt das Gebiet rund um den Petersdom, einige Kirchen und Paläste in der Stadt sowie die Sommerresidenz des Papstes, Castel Gandolfo. Im Mittelalter umfasste der Kirchenstaat ganz Mittelitalien, seine heutige geografische Begrenzung wurde 1929 vom Papst und dem damaligen faschistischen Staat in den Lateranverträgen festgelegt. (Siehe auch das Kap. „Das Zeitalter des Faschismus".)

kaum noch Rekruten zum Dienst melden. Auch die Tatsache, dass laut Ausbildungsplan der Gardisten einmal im Jahr ein Feuerstoß aus einem Maschinengewehr abzugeben ist, verweist auf den doch etwas anachronistischen Charakter der Garde. Zudem hat die Schweizergarde ihr Sicherheitsmonopol im Vatikanstaat längst verloren. Auch ***Gendarmerie und Polizei*** *kümmern sich um die Sicherheitsbelange des Kleinstaats. Aber natürlich sind noch mehr unsichtbare italienische und vatikanische Sicherheits- und Geheimdienstkräfte im Einsatz, seit sich das „Bedrohungsbild", so Kommandeur Mäder, geändert habe. Das sei aber nicht erst seit den Terroranschlägen vom 11. September 2001 so, schon das Attentat auf Johannes Paul II. im Mai 1981 war eine Zäsur.*

Wer Schweizergardist werden will, *muss jünger als 30 Jahre sein, katholisch, ledig und unbescholten und er muss den Dienst in der Schweizer Armee abgeleistet haben.*

Über Details der Arbeit spricht Manager Mäder nicht gern. Aber Geistliche sind schwierige Kunden, so viel gesteht er ein, die nicht immer Verständnis für die Sicherheitsmaßnahmen aufbrächten. Natürlich sind die Männer in den Renaissance-Uniformen auch als unauffällige Herren im italienischen Maßanzug mit Knopf im Ohr unterwegs.

Der volkstümliche Johannes Paul II. hatte oft das Bad in der Menge gesucht. Für die 110 „Sicherheitsmitarbeiter" der Garde ist die Arbeit mittlerweile etwas einfacher geworden, weil der scheue Benedikt XVI. nicht viel reist und weniger Besucher empfängt. Zudem kann sich Sicherheitschef Mäder in seiner Muttersprache mit dem Papst unterhalten, ein Privileg, das er durchaus zu schätzen weiß.

Die Richtlinien der katholischen Kirchenpolitik werden in zehn **Ministerien** (Kongregationen) festgelegt, die über so unterschiedliche und seltsame Dinge entscheiden, wie die Tabuisierung von Büchern, die Annullierung einer kirchlich geschlossenen Ehe oder die Besetzung eines erzbischöflichen Stuhls. Der dem Rang eines Ministers entsprechende Chef der Kongregation für Glaubenslehre war fast 20 Jahre lang der Freisinger *Joseph Kardinal Ratzinger,* der heutige Papst *Benedikt XVI.*

Der Vatikan unterhält einen selten benutzten Personen- und einen Güterbahnhof mit zehn Beamten. Das Schienennetz des Kirchenstaats umfasst ganze 862 Meter. Außerdem gehören zu dem Staatswesen einige Dienstleistungsbetriebe, wie die Müllabfuhr, eine Apotheke und der Supermarkt. Die Fahrzeuge der Bewohner des Kirchenstaats tragen die Initialen *SCV (Stato della Città del Vaticano).*

Radio Vatikan sendet in alle Welt und sorgt als Zuschussbetrieb (es gibt keine Werbeeinnahmen) für ein Loch in der Vatikankasse, genauso wie die Tageszeitung *L'Osservatore Romano,* deren Auflage bei knapp 8000 Stück liegt, samt der Wochenausgaben in Englisch, Französisch, Spanisch, Portugiesisch, Polnisch und Deutsch.

An **Einnahmen** fließen in die Kirchenkasse die Spenden der Gläubigen aus aller Welt. Am Namenstag des *Petrus* wird in allen katholischen Kirchen der *„Peterspfennig"* eingesammelt und an den Vatikan überwiesen. Außerdem bestehen verschiedene Unternehmensbeteiligungen und auch in der Immobilienbranche hat der Vatikan sein Geld gewinnbringend angelegt.

Der alte und der neue Papst

Ende März 2005 herrschte in Rom **Trauerstimmung.** Auf dem *Campo de'Fiori* war die Miene der sonst immer zu einem Spaß aufgelegten Marktfrau verdüstert, die Autos, so schien es, fuhren langsamer durch die sonst immer hektische Innenstadt und selbst der Zeitungshändler, im Übrigen ein erklärter Gegner der katholischen Kirche, war brummiger als üblich.

Anlass für die gedrückte Stimmung war das langsame Sterben des Papstes. Seit Jahren schon war *Johannes Paul II.* gesundheitlich schwer angeschlagen. In den letzten Wochen hatte sich die Lage aber **dramatisch verschlechtert:** Vielen ist noch das Bild im Gedächtnis, das den Papst am Fenster seines Arbeitszimmers bei dem Versuch zeigte, ein paar Worte an die Menge draußen auf dem Petersplatz zu richten. Nur ein unverständliches, über Lautsprecher verstärktes Krächzen war zu vernehmen. Viele Menschen auf der ganzen Welt, ob Gläubige oder Nichtgläubige, waren bewegt.

Vor allem die Römer hatten den polnischen Papst **in ihr Herz geschlossen.** Er war ihnen sympathisch mit seiner offenen Art. Nicht zuletzt rief seine Ablehnung des Irakkriegs auch in nichtkirchlichen Kreisen des antikriegsgestimmten Italiens Sympathien für *Johannes Paul II.* hervor.

027it Foto: fs

Als er schließlich und endlich von seinem Leiden erlöst wurde, war die Trauer in Rom groß. Sofort wurde natürlich die Frage diskutiert, wer der Nachfolger werden könnte. Natürlich hätte man es in Rom gern gesehen, wenn wieder einmal ein Italiener Papst geworden wäre. **Kardinal Ratzinger** wurden zwar durchaus Chancen eingeräumt, aber die Spekulationen um *Ratzinger* als Nachfolger verdichteten sich erst, als er am 8. April 2005 die Begräbnisfeierlichkeiten für Papst *Johannes Paul II.* leitete.

Das **Begräbnis** des alten Papstes und die **Papstwahl** wurden zu **medialen Großereignissen.** Teilweise waren schon Jahre zuvor von den Fernsehsendern Terrassen und Plätze angemietet worden, von denen aus man das Aufsteigen des weißen Rauchs, das traditionell den erfolgreichen Ausgang der Papstwahl signalisiert, besonders gut sehen konnte. Ganz Rom war für die Dauer des Begräbnisses für den Autoverkehr gesperrt. Pilgerscharen aus aller Welt verstopften die Via della Conciliazione, jene Prachtstraße, die zum Petersdom führt. *Johannes Paul II.* hatte sie schließlich alle zusammengebracht an jenem 8. April 2005, selbst diejenigen, die sich sonst lieber aus dem Weg gehen: den iranischen Staatspräsidenten und drei amerikanische (Ex-)Präsidenten (*Bush* senior, *Bush* junior und *Bill Clinton*).

Zehn Tage später, am 18. April 2005, hielt Kardinal *Ratzinger* eine viel beachtete Rede gegen Materialismus und Relativismus, eines seiner beliebtesten Themen, die von vielen als „Regierungserklärung" verstanden wurde. Schon am Nachmittag des folgenden Tages wurde er im vierten

Geliebter Papst: Denkmal für Johannes Paul II.

Wahlgang zum 265. Papst in der Geschichte der römisch-katholischen Kirche gewählt. Das **Konklave,** die Kardinalsversammlung in der Sixtinischen Kapelle, in der der Papst gewählt wird, dauerte nur 26 Stunden. *Ratzinger* gab sich den Papstnamen *Benedikt XVI.* Es wird vermutet, dass er mit dieser Namenswahl auf den Gründer des Benediktinerordens, *Benedikt von Nursia,* aber auch auf seinen Namensvorgänger *Benedikt XV.* (1914–1922) anspielt, der als „Friedenspapst" bezeichnet wurde.

Der neue Papst wurde als *Josef Alois Ratzinger* am 16. April 1927 im oberbayrischen Marktl am Inn (Bistum Passau) als Sohn des Gendarmeriemeisters *Joseph* und der Köchin *Maria* geboren. Das Umfeld, in dem *Ratzinger* aufwuchs, war von **Armut und Religiosität** geprägt. Trotz der finanziellen Belastung schickten die Eltern den kleinen *Josef* auf das Studienseminar St. Michael, wo der Schüler durch seine Intelligenz und seinen Ehrgeiz auffiel.

Mit 16 Jahren wurde *Ratzinger* als **Flakhelfer** eingezogen. Auf die Frage eines Vorgesetzten nach seinem Berufsziel gab er schon damals das Priesteramt an. In den letzten Kriegstagen desertierte er, geriet aber dennoch für einige Monate in amerikanische Kriegsgefangenschaft.

Nach dem Krieg studierte *Ratzinger* Katholische Theologie und Philosophie in Freising, München und Freiburg. Die Priesterweihe empfing er 1951 durch den damaligen Erzbischof von München und Freising, *Michael Kardinal Faulhuber.* Bereits mit 31 Jahren trat *Ratzinger* 1958 eine Professur für Dogmatik und Fundamentaltheologie an der Hochschule in Freising an.

Ratzinger erwarb sich schnell den **Ruf eines Reformers,** also das Gegenteil seiner heutigen konservativen Position. Nicht wenige witzeln darüber, dass der neue Papst seine eigenen Schriften aus den 1960er-Jahren eigentlich auf den Index setzen lassen müsste. Unter dem Schlagwort *aggiornamento* (in das Heute bringen) war er Anhänger einer Öffnung der Kirche. Diese Grundhaltung änderte sich unter dem **Einfluss der Studentenproteste** von 1968. Zeitzeugen berichten, den sensiblen *Ratzinger* hätten die persönlichen Angriffe, die damals gegen ihn geführt worden wären, derartig getroffen, dass er sich von nun an als konservativen Hardliner definierte.

Als solcher wird er 1981 zum **Präfekt der Glaubenskongregation,** einer Art Ministerpräsident des Vatikanstaats, ernannt. Er zeichnete verantwortlich für die Ablehnung des Vatikans von Priesterehen, künstlichen Methoden der Empfängnisverhütung und gleichgeschlechtlichen Lebensgemeinschaften sowie für die Konflikte mit den südamerikanischen Befreiungstheologen. Innerkirchliche Kritiker wurden mit Ämterverlust oder Exkommunikation bestraft.

In Deutschland trieb der Kardinal den Ausstieg der Katholischen Kirche aus dem staatlichen System der Schwangerschaftskonfliktberatung voran, da er allein in der Teilnahme eine Form der Mitwirkung an Abtreibungen sah. Dies führte zu einer Dauerfehde mit dem liberalen Limburger Bischof *Kamphaus*.

Seine konservative Grundhaltung führte zu einer eher verhaltenen Begeisterung über den ersten deutschen Papst seit 482 Jahren. In der im Vergleich zu anderen europäischen Ländern liberal gestimmten katholischen Kirche in Deutschland war **Enttäuschung** über die konservative Ausrichtung des neuen Papstes zu spüren.

Eine Umfrage der römischen Tageszeitung „La Repubblica" ergab unmittelbar nach dem Amtsantritt *Ratzingers* eine positive Stimmung für den deutschen Papst: Fast 80 % der Italiener erklärten ihre Sympathie für *Ratzinger*. Aber schon drei Jahre später hat sich das Blatt gegen *Benedikt XVI.* gewendet. Den meisten Italienern ist er **zu intellektuell,** seine Ansprachen gehen an der emotionalen Gläubigkeit der Einheimischen vorbei. Während der Diskussion über ein neues Partnerschaftsgesetz, das es auch homosexuellen Paaren ermöglichen sollte, eine eheähnliche Beziehung zu führen, stellte sich Papst *Benedikt XVI.* auf die Seite der entschiedenen Gegner des neuen Gesetzes und trug mit dazu bei, dass die neue Regelung verhindert wurde. Auch die Wiederzulassung des tridentinischen Ritus, bei dem die Messe auf Latein gehalten wird, stieß bei vielen Gläubigen auf Ablehnung.

Im Januar 2008 kam es dann zu einem **Eklat:** Der Rektor der römischen Universität „La Sapienza", die mit 135.000 Studenten und 4500 Professoren die größte Universität in Europa ist, hatte den Papst eingeladen, beim Festakt zur Eröffnung des Akademischen Jahres zum Thema „Todesstrafe" zu sprechen. Doch 67 Professoren protestierten so heftig gegen das Vorhaben, dass *Benedikt XVI.* darauf verzichtete, die Rede zu halten. Der Verzicht führte zu einer großen Solidaritätswelle in Italien für den Papst. Die meisten Politiker und Kommentatoren empfanden den Vorgang als „Niederlage der liberalen Kultur" in Italien, so der römische Bürgermeister *Veltroni*. Grund für den Protest der Professoren war eine Rede des damaligen Kardinals *Ratzinger* vor 17 Jahren: Darin hatte er erkärt, *Galilieo Galilei* sei zu Recht von der Kirche verurteilt worden.

Man mag über *Benedikt XVI.* denken, was man will, auf jeden Fall hat seine extrem konservative Haltung in vielen Fragen die Stimmung zwischen den Laizisten und dem Vatikanstaat deutlich verschlechtert. *Johannes Paul II.* war durch seine volkstümliche Art auch bei Menschen beliebt, die nie in einer Kirche waren. Denen fällt es heute schwer, sich mit dem neuen Papst anzufreunden.

Kirche heute

Neunzig Prozent der Italiener sind getauft. Die **Zahl der Kirchgänger** ist allerdings in den letzten Jahrzehnten deutlich geschrumpft: Nur noch ein Drittel aller Gläubigen besucht einmal in der Woche eine Messe. Der Zusammenbruch der altitalienischen Gesellschaft, das Auseinanderbrechen der Familien und die allgemeine Konsumorientierung haben dazu beigetragen, die Zahl der aktiv am Gemeindeleben Beteiligten sinken zu lassen. Die sehr konservativen Regeln der katholischen Kirche in Italien stehen in krassem Widerspruch zur gesellschaftlichen Wirklichkeit. Vorehelicher Sex und Seitensprünge werden von der katholischen Morallehre nicht geduldet, finden aber jeden Tag statt. Schon seit ewigen Zeiten wird dem italienischen Ehemann eine Geliebte zugestanden. Niemand spricht darüber, aber jeder weiß es. Viele Jugendliche reagieren auf diese alltägliche **Doppelmoral** mit Gleichgültigkeit und Verweigerung gegenüber der Kirche.

Wie rigide die Moralvorstellungen der katholischen Kirche heute noch sind, zeigt sich an den Diskussionen um das neue **Partnerschaftsgesetz.** Die Regierung *Prodi* hatte 2007 ein Gesetz beschlossen, das es gleichgeschlechtlichen Paaren ermöglichen sollte, ihre Lebensgemeinschaft registrieren zu lassen. Der Krankenversicherungsschutz und die Aufenthaltsgenehmigung sollten mit dem neuen Gesetz auf den Partner ausgedehnt werden können. Ein Adoptionsrecht für homosexuelle Paare wurde nicht eingeführt. Damit geht die angestrebte Regelung deutlich weniger weit als vergleichbare Partnerschaftsgesetze in Spanien, Frankreich oder Deutschland. Trotzdem bezeichnete Papst *Benedikt XVI.* sie als „gefährlich für die Zukunft der Gesellschaft", weil sie „das Naturgesetz der Schöpfung verletzt." Der mittlerweile im Ruhestand weilende Präsident der Bischofskonferenz, Kardinal *Camillo Ruini,* kündigte gar die Absicht an, gläubige Politiker „bindend zu verpflichten, im Parlament gegen das Gesetz zu stimmen." Die alten Gräben zwischen Laizisten und Vatikan waren plötzlich wieder aufgerissen. Natürlich verbat sich das italienische Parlament einen solchen Übergriff auf seine Entscheidungen und verwies auf die Lateranverträge, die eine Einmischung des Vatikans in innenpolitische Angelegenheiten ausdrücklich untersagten. 2007 demonstrierten gar eine Million Menschen in Rom gegen die Intervention der Kirche unter dem Motto „Gleichheit, Würde, Laizismus". Das neue Partnerschaftsgesetz, kurz *Dico* genannt, hat bis heute **keine parlamentarische Zustimmung** gefunden.

In Italien leben rund eine Million offiziell registrierter **Muslime,** wahrscheinlich sind es aber wesentlich mehr. In Rom wurde vor einigen Jahren die größte Moschee Europas gebaut. Und es gibt natürlich auch einige Ita-

028it Foto: © gnubier, www.pixelio.de

liener, die damit ein Problem haben. Seit dem 11. September 2001 gilt der Vatikan als eines der potenziellen Ziele muslimischer Fanatiker. Die Sicherheitsvorkehrungen wurden in den vergangenen Jahren drastisch verschärft. Vor dem Petersdom in Rom bilden sich endlose Schlangen, weil jeder, der die Hauptkirche der Christenheit besuchen möchte, nach Waffen durchsucht wird.

Treffpunkt von Gläubigen aus der ganzen Welt:
Palmsonntag 2008 auf dem Petersplatz in Rom

007it Foto: fs

DER ÄUßERE RAHMEN: POLITIK UND GESELLSCHAFT

Mit vielen Worten nichts zu sagen, ist immer die wichtigste Eigenschaft der Politiker gewesen, und wenn sie zum Nichtssagen die blumige Sprache hinzufügen, haben sie die Vollkommenheit erreicht.

Giuseppe Prezzolini: Die Regeln des italienischen Lebens

Wer in der Politik tätig ist, gilt bei den meisten Italienern grundsätzlich als korrupt. Leider gibt gerade die jüngere Vergangenheit den misstrauischen Italienern recht. Etliche **Bestechungsskandale** beschäftigen die italienische Justiz immer wieder und selbst *Giulio Andreotti,* eine der wichtigsten Politikerpersönlichkeiten im Nachkriegsitalien, wurde verdächtigt, mit der Mafia kollaboriert zu haben.

Die Zahl der Zeitungsleser wird immer kleiner

Anfang der 1990er-Jahre brach das seit 1945 bestehende **Parteiensystem** Italiens unter verschiedenen Bestechungsskandalen zusammen. Die führenden Parteien des Landes (Christdemokraten, Sozialisten und Liberale) hatten sich von einflussreichen Kreisen finanzieren lassen. Der Fall ging als **tangentopoli** in die italienische Geschichte ein. Die christdemokratische Partei *(Democrazia Cristiana),* die über 40 Jahre lang die italienische Politik dominiert hatte, löste sich auf und die einst mächtigen Kommunisten *(PCI)* reformierten sich zu einer sozialdemokratischen Partei und nannten sich fortan *PDS (Partito della Sinistra).* Heute heißt die Partei *Partito Democratico (PD).* Sie hat nur noch wenig mit der noch vor zwanzig Jahren größten kommunistischen Partei Westeuropas zu tun.

In der Umbruchsstimmung der frühen 1990er-Jahre gab es einige Italiener, die an einen Neubeginn der italienischen Innenpolitik glaubten, aber sie sollten bald enttäuscht werden. Unter der Regierung *Berlusconi* (2001–2006) erlebte die Vermischung wirtschaftlicher und politischer Interessen einen neuen Höhepunkt.

Das politische System

Seit dem 1. 1. 1948 ist Italien eine **demokratische Republik.** Damals entschied eine Volksabstimmung über die Zukunft des Landes. Die Bürger konnten sich zwischen dem Königreich und der Republik entscheiden. Die Abstimmung fiel denkbar knapp aus: Nur 57 % der Italiener wünschten sich die Republik, vor allem die süditalienischen Wähler hatten immer noch viel Sympathie für die Monarchie.

Staatsoberhaupt ist der Präsident der Republik, der auf sieben Jahre von einer Versammlung gewählt wird, die aus den beiden Kammern des Parlaments und je drei Vertretern der Regionen besteht. Er ernennt den Ministerpräsidenten und auf dessen Vorschlag die Minister.

Das **Parlament** besteht aus zwei Kammern: dem Abgeordnetenhaus und dem Senat. Die 630 Mitglieder des Abgeordnetenhauses werden für fünf Jahre gewählt. Im Senat sitzen insgesamt 945 Vertreter der Regionen, ein Überfluss an Abgeordneten, den sich sonst kein Staat in Westeuropa leistet.

Die **Bedeutung eines italienischen Abgeordneten** ist nicht zu vergleichen mit der eines Bundestagsabgeordneten. Ein *onorevole,* ein „Ehrenvoller", ist vor allem auch verantwortlich für das Heer von Bittstellern, das sich an ihn wendet. Im kleinen Rahmen geht es dabei um die Beschaffung eines Arbeitsplatzes oder eines Gewerbescheines, im großen Rahmen setzt sich der *onorevole* zum Beispiel für die staatliche Subventionierung der Firma eines entfernten Verwandten in seiner Heimatprovinz ein. In Italien gibt es so gut wie niemanden, der nicht irgendeinen illegalen Vorteil genießt. Jeder verfügt über weitschweifige verwandtschaftliche Beziehungen, die im Bedarfsfall genutzt werden, um eine Lösung für das eine oder andere persönliche Problem zu finden. Die Italiener lamentieren gern über dieses **System des Klientelismus.** Dabei ist jeder gezwungen, sich mit den bestehenden Kräfteverhältnissen zu arrangieren. Wer sich nicht fügt, riskiert den Verlust seiner Privilegien. Aus der Klasse der Wohlhabenden auszuscheiden, bedeutet beispielsweise, keine angemessene medizinische Versorgung mehr zu bekommen. Schließlich übernimmt die staatliche Krankenkasse nahezu keine Kosten. Es kann aber auch dazu führen, dass man plötzlich in einem Rechtsstreit unterliegt, obwohl man eigentlich im Recht war.

Italien ist **ein zentralistisch organisierter Staat,** in dem die einzelnen Regionen relativ wenige Befugnisse haben. Viele Bürger wünschen sich einen föderalistischen Staat nach dem Vorbild der Bundesrepublik Deutschland. Eine Ausnahme bilden **die Autonomen Regionen,** von denen es in Italien fünf gibt: Friaul-Julisch-Venetien, Sardinien, Sizilien, Trentino-Alto Adige (Trentino-Südtirol) und das Aostatal. In diesen Gebieten können die Regionalregierungen über die Steuereinnahmen verfügen und haben in einem gewissen Rahmen gesetzgeberische Kompetenz.

Auch auf der politischen Landkarte Italiens gibt es eine große **Kluft zwischen dem Norden und dem Süden** des Landes. Die konservative Bevölkerung aus dem *mezzogiorno* wählte traditionell christdemokratisch. Seit es die *Democrazia Cristiana* nicht mehr gibt, feiert *Silvio Berlusconi* mit seiner *Forza Italia* vor allem im Süden Italiens Wahlerfolge. Die Rechtsparteien waren hier schon immer erfolgreich. Vor einigen Jahren scheiterte die Enkelin des *Duce, Alessandra Mussolini,* mit ihrem neofaschistischen Programm nur knapp bei den Bürgermeisterwahlen in Neapel. Der Norden Italiens neigte stets mehr zu den Linksparteien. Die kommunistische Partei Italiens wurde in den 1920er-Jahren im toskanischen Livorno gegründet, Turin ist berühmt für sein linksliberales Bürgertum und die Emilia Romagna und die Stadt Bologna waren in den 1970er-Jahren die Hochburgen des italienischen Eurokommunismus.

Parteien und politische Persönlichkeiten

Im italienischen Parteiensystem lassen sich zwei Lager unterscheiden, zu denen viele verschiedene Parteien gehören: einerseits **das Mitte-links-Bündnis L'Ulivo** (Der Olivenbaum), das sich in der Opposition befindet, sowie das **Mitte-rechts-Bündnis Casa della Libertà** (Haus der Freiheit), das mit einer deutlichen Mehrheit seit dem Frühjahr 2008 die Regierung stellt. Zum *L'Ulivo* gehören die Linksdemokraten *(Partito Democratico, PD)*, die aus der ehemaligen kommunistischen Partei hervorgegangen sind; die *Margherita*, eine Partei, in der sich überwiegend liberale Katholiken gesammelt haben, und die orthodoxe kommunistische Partei *(Rifon-*

Antonella und die Lega Nord

Antonella lebt in Verona. Ihre Eltern sind vor 40 Jahren in die Stadt an der Etsch gezogen. Hier gab es Arbeit, die der Vater in Neapel jahrelang vergeblich gesucht hatte. Die Familie fand in Verona eine neue Heimat. Von Neapel kennt Antonella nur die heruntergekommenen Vorstadtsiedlungen, wo sie mit ihren Eltern immer die Sommerferien verbracht hatte, um die zahlreiche Verwandtschaft der Familie zu besuchen. Als Kind war sie immer froh gewesen, wenn der blaue Alfasud, der ganze Stolz ihres Vaters und Symbol seines sozialen Aufstiegs in Norditalien, in die kleine Straße einbog, wo die fünfköpfige Familie in einer bescheidenen Dreizimmerwohnung in den Außenbezirken Veronas lebte.

Sicher: Sie hat immer gewusst, dass es auch unter ihren Bekannten und Freunden einige gibt, die abfällig auf die Menschen aus dem Süden herabblicken. Ausgegrenzt gefühlt hat sie sich aber nie. Seit aber ihr Briefkasten von Unbekannten mit dem Begriff „terroni" (Erdfresser) beschmiert wurde, ein von Norditalienern gern gebrauchtes ***Schimpfwort für die Leute aus dem Süden,*** *fühlt sie sich nicht mehr recht wohl in ihrer Haut. „Wahrscheinlich haben sie an dem Nachnamen gesehen, dass ich aus Süditalien stamme", erzählt die lebhafte junge Frau. Der Name „Citro" am Briefkasten verrät ihre neapolitanischen Wurzeln. „Seit die Lega Nord hier in Norditalien immer größere Wahlerfolge feiert, hat sich die Stimmung gegen die Süditaliener sehr verschlechtert. Wir sind auf dem Weg zu einer intoleranten Gesellschaft", sagt Antonella.*

Die ***Lega Nord*** *strebt langfristig die Abspaltung des Nordens vom Süden Italiens an. Seit den frühen 1990er-Jahren verfügt die rechtsregionalistische Partei über erhebliche Macht im italienischen Parlament. Mit einem Stimmenanteil von konstant um die zehn Prozent ist die Partei seit einigen Jahren schon die drittstärkste politische Kraft im Land. Der Vorsitzende der Lega,* ***Umberto Bossi,*** *ist eine der schillerndsten Figuren im italienischen Politikgeschäft. In Süditalien wird er verständlicherweise gehasst, in Norditalien wird er von seinen Anhängern geradezu verehrt. Zielstrebig nutzte Bossi die Stimmung in Norditalien gegen den Zentralstaat, der das Geld der braven norditalienischen Bürger verprasse. Zug um Zug schürte* *dazione Comunista)* unter ihrem kämpferischen Chef *Fausto Bertinotti*. Die stärkste Partei im Mitte-rechts-Bündnis ist die von *Silvio Berlusconi* gegründete *Forza Italia*, gefolgt von der rechtskonservativen *Alleanza Nazionale* unter *Gianfranco Fini*. Eine wichtige Rolle in diesem Bündnis spielt

er die Ängste der Kleinbürger, organisierte die anti-römische Bewegung, einigte sie - und setzte sich an ihre Spitze.

Mit ***ausländerfeindlichen Sprüchen*** *erregten die Parlamentarier der Lega immer wieder Aufsehen. Bossi selbst forderte die italienische Marine dazu auf, die Boote mit Flüchtlingen unter Beschuss zu nehmen, die täglich verzweifelt versuchen, nach Italien zu gelangen.*

In einem Fernsehinterview präsentierte der Abgeordnete Calderoli stolz in seinem Auftrag hergestellte T-Shirts, auf denen die umstrittenen Mohammed-Karikaturen abgebildet waren. Am Tag darauf kam es in Libyen zu gewaltsamen Protestdemonstrationen vor dem italienischen Konsulat - bei den Auseinandersetzungen starben elf Menschen.

Auch ***gegen Homosexuelle*** *wird gern Stimmung gemacht. Das umstrittene, von der Regierung Prodi vorgelegte Partnerschaftsgesetz, das es Homosexuellen ermöglichen soll, eine eheähnliche Gemeinschaft zu führen, wurde von Calderoli mit den Worten kommentiert: „Diejenigen, die in einer Sexualität gegen die Natur leben, sollen bereuen!"*

Unter dem Ministerpräsidenten Silvio Berlusconi ist die Lega einer der wichtigsten Koalitionspartner der Regierungspartei „Forza Italia". Bei den letzten ***Parlamentswahlen im April 2008*** *legte die Partei in der Gunst der norditalienischen Wähler ordentlich zu und erreichte 8,4 % der Stimmen in Italien. Wenn man bedenkt, dass die Partei natürlich nur in Norditalien gewählt wird, bedeutet dies einen gewaltigen Zugewinn.*

Die ***Legisten fordern einen Staat,*** *den sie selbst „Padania" genannt haben. Er soll den äußersten Norden Italiens umfassen, vom Piemont bis nach Venedig. Für Süditaliener soll darin kein Platz mehr sein. Schluss mit den Einzahlungen in Unterstützungskassen für den Süden, keine Staatsgelder mehr für die marode Infrastruktur im „mezzogiorno", radikale Begrenzung der Zuwanderung - mit solchen Parolen spricht die Lega Nord viele Norditaliener an.*

Wie absurd das Gebaren der Lega in einem vereinten Europa eigentlich ist, wird in einer Anekdote deutlich, die Antonella zum Schluss unseres Gesprächs erzählt: „Stell Dir vor, bei den Parteiveranstaltungen der Lega darf keine Pizza mehr serviert werden, weil die neapolitanisch ist. Dafür gibt es jetzt Mailänder Risotto."

auch die *Lega Nord,* die große regionalistische Partei Norditaliens, die seit Jahren eine Abspaltung des Nordens vom Süden fordert. (Siehe auch den Exkurs: „Antonella und die Lega Nord".)

Walter **Veltroni, der Gegenspieler Berlusconis** und Führer des Mitte-links-Bündnisses zählt zu seinen Vorbildern so unterschiedliche politische Persönlichkeiten wie *John F. Kennedy, Nikolas Sarkozy* und *Tony Blair.* Verwirrung löste die Bemerkung *Veltronis* aus, er sei nie Kommunist gewesen. Schließlich war der Parteigenosse *Veltroni* in der früheren KP Italiens jahrelang zuständig für Propaganda und Agitation.

Auf der rechten Seite des Parteienspektrums hat sich die **Alleanza Nazionale** etabliert. Die Partei ist aus der neofaschistischen *MSI* hervorgegangen. Heute präsentiert sich die *Alleanza Nazionale* als moderne konservativ-nationale Partei. Viele Italiener trauen dem hochintelligenten, charismatischen Parteiführer *Gianfranco Fini* zu, dass er irgendwann die Nachfolge des alternden derzeitigen Ministerpräsidenten *Silvio Berlusconi* übernimmt. Unter der Bevölkerung des Landes herrscht aber auch große Angst vor einem ehemaligen Neofaschisten im Amt des Ministerpräsidenten. Immerhin hat *Fini* noch vor einigen Jahren *Benito Mussolini* als eine der bedeutendsten Persönlichkeiten des 20. Jahrhunderts bezeichnet.

Die neue Mitte-rechts-Regierung

Im Februar 2008 musste die seit ihrem Regierungsantritt im April 2006 wacklige Mitte-links-Regierung *Romano Prodis* zurücktreten. Auslöser war ein **Korruptionsskandal,** in den der Justizminister verwickelt war, dem vorgeworfen wurde, Mitglied einer kriminellen Vereinigung zu sein. Dass ausgerechnet der für Recht und Gesetz zuständige Minister in den Skandal involviert war, markierte einen neuen moralischen Tiefpunkt der italienischen Politik. Viele Italiener schämen sich für die „schlechte Figur", die Italien damit in der ganzen Welt macht.

Ganz Europa war erstaunt, als *Silvio Berlusconi* im Frühjahr 2008 **bereits das dritte Mal zum italienischen Ministerpräsidenten gewählt** wurde. Aber das Wahlergebnis, dass der italienischen Rechten eine deutliche Mehrheit in Parlament und Senat sicherte, war im Grunde nicht deswegen eine Sensation, weil *Silvio Berlusconi* wiedergewählt wurde. Für viele seiner Landsleute ist der Mailänder Medienmogul nun mal ein Macher, der sich auskennt in dem Gewirr von Bürokratie und Politik und der schlau genug ist, das System zu seinem Vorteil zu nutzen. Viele Italiener bewundern, dass er sich aus kleinbürgerlichen Verhältnissen zum reichsten Mann des Landes hochgearbeitet hat.

Nein, wirklich überraschend war die **völlige Veränderung der politischen Landschaft.** Die ehemals mächtige Linke Italiens, die einst die mitgliederstärkste kommunistische Partei Westeuropas war, existiert praktisch nicht mehr. Selbst der sonst so kämpferische Kommunistenführer *Fausto Bertinotti* resignierte an dem denkwürdigen Wahlabend im April 2008, als klar wurde, dass seine Partei an der Vier-Prozent-Hürde gescheitert war. Die neugegründete Demokratische Partei, die sich als linke Kraft bezeichnet, ist ein Zusammenschluss aus Liberalen, Sozialdemokraten und einigen linken Christdemokraten – nicht mehr und nicht weniger.

Aber auch **auf der rechten Seite des politischen Spektrums** ist seit der letzten Parlamentswahl nichts mehr, wie es einmal war. Die regionalistische Lega Nord, die gern mit ausländerfeindlichen Parolen von sich reden macht, konnte ihren Stimmenanteil nahezu verdoppeln. Den Rest der politischen Rechten kontrolliert *Silvio Berlusconi.* Dem derzeitigen Ministerpräsidenten ist es gelungen in seiner Bewegung „Volk der Freiheit" die ehemalige neofaschistische Partei mit den rechten Christdemokraten zu vereinigen. Damit verfügt er über eine breite Basis in der italienischen Bevölkerung.

Sofort nach ihrem Amtsantritt erklärte die neue Regierung, die **wichtigsten innenpolitischen Aufgaben** seien: das Müllproblem in Neapel, der anstehende Verkauf der maroden staatlichen Fluglinie Alitalia und die Problematik der illegalen Einwanderung nach Italien. Viel Kritik trug der neugewählten Regierung *Berlusconi* die Bekämpfung der illegalen Einwanderung ein. Ausweisungen wurden verfügt und die Polizei veranstaltete Razzien gegen unrechtmäßig im Land lebende Ausländer. Aber: Jahrelang hatte sich keine italienische Regierung mit dem Problem der illegalen Ausländer in Italien beschäftigt. Für die Einwanderer hatte das einen Status der absoluten Rechtlosigkeit zur Folge. (Siehe auch das Kap.: „Ausländer in Italien".)

Was wird die neue Regierung *Berlusconi* dem Land bringen? Zuerst sicherlich **eine stabile Regierung,** die aller Voraussicht nach die Legislaturperiode überstehen wird. Wirtschaftlich wird eine **neoliberale Politik** umgesetzt werden, die den Unternehmern das Leben erleichtern und es den Gewerkschaften erschweren wird. Außenpolitisch wird Italien versuchen, seine Stellung innerhalb der internationalen Staatengemeinschaft zu stärken.

Vielen Italienern scheint der starke Mann *Berlusconi* der einzige Ausweg aus der allgemeinen Krise des Landes zu sein und selbst ehemalige Anhänger der Linken haben erklärt, die Regierung *Berlusconi* in diesen schwierigen Zeiten unterstützen zu wollen.

Sex, Drugs and Politics

Italien ist politische Skandale gewohnt. Aber was Ende 2007 in einem römischen Hotelzimmer passierte, rief selbst bei den abgehärteten Italienern einen lauten Aufschrei hervor. Der verheiratete konservative Abgeordnete Cosimo Mele war in Rom in einem Hotelzimmer ertappt worden, als er sich gerade mit einigen Prostituierten eine gehörige Portion Kokain einverleibte. Der Politiker aus Süditalien zeigte sich beim Verhör uneinsichtig: „Natürlich erkenne ich mich in den christlichen Werten wieder. Aber was haben diese damit zu tun, wenn man zu Prostituierten geht?" Und der Vorsitzende seiner Partei, der UDC, setzte noch eins drauf: Das Leben eines römischen Parlamentariers sei „hart und seine Einsamkeit eine ernste Angelegenheit." Der Politiker forderte deshalb, man müsse den (ohnehin im europäischen Vergleich überdurchschnittlich gut bezahlten) italienischen Parlamentariern mehr Geld geben, damit diese ihre Familien nach Rom holen könnten.

Das war ein Schlag ins Gesicht aller italienischen Bürger, am stärksten aber traf es die Armen, die weit entfernt von Frau und Kindern arbeiten müssen, weil es zu Hause keine Arbeit gibt, und die nicht einmal davon träumen können, ihre Familien nachzuholen.

Wirtschaft

Vor einigen Jahren bezeichnete das englische Wirtschaftsblatt „The Economist" Italien als „Europas wirklich kranken Mann." Seitdem wird der Satz immer wieder zitiert, wenn über die ökonomische Lage des Landes berichtet wird.

Aber es gibt auch einige **Regionen in Norditalien,** in denen die wirtschaftliche Entwicklung seit Jahren positiv verläuft. In Friaul-Julisch-Venetien im Nordosten Italiens beispielsweise herrscht Vollbeschäftigung. Viele kleine und mittelständische Betriebe sowie die Propagierung eines „sanften Tourismus" sorgen für den Wohlstand in diesem Gebiet.

Vom Ende des 19. Jahrhunderts bis zur zweiten Hälfte des 20. Jahrhunderts war der gesamte Nordosten Italiens noch eines der Armenhäuser des Landes. Vor mehr als 30 Jahren wurde das Gebiet rund um die Stadt Udine von einem Erdbeben verwüstet, das 6000 Tote forderte. Der Staat war dadurch gezwungen, die ohnehin schon verrottete Infrastruktur zu modernisieren. Durch die Subventionen kam es zu einem Wirtschaftswunder in der Provinz.

Zu den **wohlhabenden Provinzen Italiens** zählt auch die Region Südtirol-Trentino. Vor allem die mehrheitlich deutschsprachige Provinz Bozen profitiert von ihrer politischen Autonomie und von der günstigen geografischen Lage.

Ein Blick auf die **Arbeitslosenquote** zeigt ein deutliches Nord-Süd-Gefälle. Während der Norden mit 3,8 % nahezu Vollbeschäftigung erreicht und Mittelitalien (Toskana, Umbrien, Latium, Marken) vergleichsweise erträgliche 6,9 % Arbeitslose aufweist, beläuft sich die Quote im Süden des Landes auf dramatische 18 %. Am schlimmsten trifft es die jungen Menschen: Die Arbeitslosenquote liegt bei den unter 25-jährigen Süditalienern bei 45 Prozent. Das **Jahresdurchschnittseinkommen** liegt beispielsweise in der Provinz Caserta, in der Nähe von Neapel, bei nur 10.000 Euro und belegt damit einen der hinteren Plätze in der europäischen Statistik. Die großen norditalienischen Industriebetriebe, die sich angelockt von den Zuschüssen der Südkasse (eine Art Solidaritätszuschlag für Süditalien) im *mezzogiorno* niedergelassen hatten, sind auf der Suche nach günstigeren Produktionsstätten abgewandert - geblieben sind die „Unternehmen" von Mafia, Camorra und *'ndrangheta*. Viele Menschen aus dem Süden Italiens werfen den norditalienischen Unternehmern vor, dass sie nur die Subventionen kassiert haben, ohne die Absicht, sich dauerhaft in Süditalien niederzulassen. Letztendlich ist die Kluft zwischen Norden und Süden heute noch genauso groß wie vor fünfzig Jahren. 1954 betrug das Pro-Kopf-Bruttosozialprodukt im *mezzogiorno* 54 % von dem im Norden, im Jahre 2008 hat es sich gerade einmal auf 60 % verbessert. Die Emigrantenzüge nach Norditalien sind wieder voll: Allein im Jahr 2007 machten sich 121.000 Menschen auf den Weg in den Norden auf der Suche nach Arbeit.

Dabei darf nicht vergessen werden, dass der Süden keineswegs immer arm war. **„Campagna felice"** wurde die Gegend rund um Neapel im Mittelalter genannt, glückliches Kampanien. Der äußerst fruchtbare Boden ermöglichte den meisten Bewohnern der Provinz ein sorgenfreies Leben. Auch *Goethe* hat das noch auf seiner Reise nach Neapel sehr genau beobachtet. (Siehe auch das Kapitel „Chaotische Schönheit: Neapel".)

Der **Niedergang des Südens** begann erst mit der Einigung Italiens im Jahre 1861.

Heute macht die italienische Wirtschaft **gute Geschäfte mit Luxusartikeln.** Um fast 20 Prozent ist der Umsatz von Designerkleidung, teuren Schuhen und Feinkost in den vergangenen zwei Jahren gestiegen. Auch Süditalien profitiert von der Leidenschaft der Wohlhabenden für italienische Produkte. Der *Mozzarella di Buffala* (Büffelmozzarella) zählt zu den Exportschlagern der Region Kampanien. Fast 25.000 Menschen sind an der Produktion der Frischkäsespezialität beteiligt. Deutschland ist übrigens nach Frankreich der zweitgrößte Mozzarella-Importeur.

Auch im scheinbar so wohlhabenden Norditalien gibt es immer mehr Menschen, die ihren Lebensunterhalt nur noch aufgrund der traditionellen Familiensolidarität bestreiten können. Seit Jahren stagniert in ganz Italien der private Konsum.

Gewerkschaften

Die italienischen Arbeitnehmerverbände sind von jeher wesentlich kompromissloser als deutsche Gewerkschaften. Jeder, der schon einmal für längere Zeit in Italien war, hat erlebt, wie das gesamte öffentliche Leben während eines Streiks zum Erliegen kommt. Diese radikale Linie wurde 1993 zum ersten Mal aufgebrochen, als sich die drei großen italienischen Gewerkschaftsverbände auf einen **nationalen Sozialpakt** einließen, der es ermöglichte, die Maastrichter Beschlüsse zu einer EU-Währungsunion zu erfüllen. Ohne diese grundsätzliche Richtungsänderung der Arbeitnehmervertreter würde man heute in Italien wahrscheinlich immer noch mit der Lira bezahlen.

In Italien gibt es **drei große Gewerkschaftsverbände:** Die linke, den Postkommunisten nahestehende *CGIL (Confederazione Generale Italiana del Lavoro),* die christlich-soziale *CISL (Conferderazione Italiana Sindacati Lavoratori)* und die sozialliberale *UIL (Unione Italiana del Lavoro).* Der größte Verband, die *CGIL,* zählt rund 5,5 Millionen Mitglieder, die *CISL* kommt auf 4,2 Millionen Mitglieder und in der *UIL* sind rund 2 Millionen Italiener organisiert. Am stärksten vertreten sind die Arbeitnehmervertretungen in den „roten" mittelitalienischen Regionen Emilia Romagna, Toskana und Umbrien, wo jeder vierte Arbeitnehmer auch Gewerkschaftsmitglied ist. In Italien fielen in den vergangenen zehn Jahren pro 1000 Beschäftigte 86,8 Arbeitsstunden jährlich durch Streik aus, das sind statistisch vierzigmal so viele wie in Deutschland. Von einem Großteil der Bevölkerung wird der **Streik als normales Kampfmittel** gegen eine ungerechte Behandlung angesehen. Vor einigen Jahren streikten sogar die Pendler, weil sie es satt hatten, ständig auf verspätete Züge zu warten. Tagelang blockierten sie Gleisanlagen in ganz Italien. Gebracht hat es zwar nichts, die Züge kommen immer noch verspätet an, aber den Pendlern hat es, so einer ihrer Streikführer, „eine tiefe Befriedigung verschafft".

029it Foto: fs

Tourismus

Seit der Mitte des vergangenen Jahrhunderts ist der Tourismus **eines der wichtigsten Standbeine der italienischen Wirtschaft.** Die Branche setzt jährlich ca. 156 Milliarden Euro um und beschäftigt jeden neunten Arbeitnehmer des Landes.

Bei den deutschen Urlaubern ist Italien nach wie vor das Reiseziel Nummer eins. Einer repräsentativen Studie der „BAT-Stiftung für Zukunftsfragen" in Hamburg zufolge erreichte Italien im Jahr 2008 den ersten Platz unter den beliebtesten Reiseländern der Bundesdeutschen – zum ersten Mal wieder seit Anfang der 1980er-Jahre.

Im internationalen Vergleich dagegen kämpft die italienische Tourismusbranche seit Jahren mit **Schwierigkeiten.** Seit 1995 ist der Weltmarktanteil am Tourismus von 6,8 Prozent auf 4,9 Prozent gesunken. Einerseits hat das mit der starken Konkurrenz auf dem Markt zu tun, andererseits hat die italienische Tourismusbranche einige **Entwicklungen verschlafen.** Im Onlinetourismus liegt Italien weit hinten und die viel gerühmte Kinderfreundlichkeit scheint den meisten Hotelbesitzern unbekannt zu sein: Günstige Angebote für Familien sind Mangelware, im internationalen Vergleich ist ein Urlaub in Italien schlicht zu teuer.

Alltägliches Bild: Handtuchverkäufer am Strand

Geschadet haben der italienischen Tourismusbranche sicherlich auch die Meldungen über die Müllberge in Neapel, die wiedererstarkte Camorra und die Skandale um gepanschte Wein- oder Olivenölsorten. In Süditalien ist zudem die Infrastruktur mehr als mangelhaft. Teilweise sind die Reiseziele recht schwer zu erreichen.

Die lange Tradition des Tourismus hat aus den Italienern **perfekte Dienstleister** gemacht. In den meisten Restaurants und Hotels Italiens wird der Reisende ausgesprochen zuvorkommend behandelt. Probleme zwischen Einheimischen und ausländischen Touristen gibt es so gut wie nie. Nur während des Heiligen Jahres im Jahre 2000 kam es unter dem Ansturm der Pilger nach Rom zu Konflikten mit Restaurant- und Barbesitzern. Weil es in der römischen Innenstadt viel zu wenige öffentliche Toiletten gibt, nutzten die Pilger notgedrungen die Lokalitäten rund um den Vatikan. Die Wirte protestierten und verweigerten den Pilgern den Zugang zu den Toiletten.

Parallelwelten: Mafia, Camorra und 'ndrangheta

„Ich habe oft mit irritierender Bewunderung und Neid feststellen müssen, wie ungemein funktional und effizient die Ehrenwerte Gesellschaft im Vergleich zu unserem Staat funktioniert."

Giovanni Falcone, Interview in „La Repubblica", im Januar 1992 kurz vor seiner Ermordung durch die Mafia

Jeder Italiener ärgert sich darüber, wenn er von einem flüchtigen ausländischen Bekannten gleich nach der Mafia ausgefragt wird, vor allem dann, wenn ihm die Formulierung der Frage ein irgendwie geartetes Verhältnis zur Mafia unterstellt. Die meisten Italiener werden niemals in ihrem Leben Kontakt zur Mafia haben. Wenn in den Abendnachrichten Bilder von Morden und Schießereien in Neapel oder Palermo zu sehen sind, ist die Mehrzahl der Einheimischen genauso fassungslos wie andere Europäer.

Das organisierte Verbrechen in Italien stellt eine Art Parallelgesellschaft dar: In dieser Welt leben die Menschen nach ihren eigenen Gesetzen und moralischen Vorstellungen, die meist wenig mit den demokratischen Gepflogenheiten des italienischen Staats zu tun haben. Ein dichtes regionales Beziehungsgeflecht bestimmt diese Parallelgesellschaften, in denen Blutsbande mehr zählen als rational begründete Beziehungen.

Ein Aufschrei ging durch Italien, als in den 1980er-Jahren ein großes deutsches Nachrichtenmagazin auf seiner Titelseite einen Teller Spaghetti mit einer daraufgelegten Pistole zeigte. Das Heft enthielt einen Bericht über die Mafia. Groß war denn auch die Genugtuung, als Deutschland Ende des 20. Jahrhunderts von Parteienspendenskandalen erschüttert wurde. Wer hochnäsig auf die italienischen Verhältnisse herabschaut, sollte bedenken, dass es überall in Europa Korruption, Schutzgelderpressung und Geschäfte mit illegalen Drogen gibt.

Im Ausland wird gern die gesamte organisierte Kriminalität in Italien mit dem Begriff Mafia bezeichnet, der sich tatsächlich aber nur auf die sizilianischen Gangstersyndikate bezieht. Es gibt ganz unterschiedliche Organisationen, die sich in verschiedenen Regionen des Südens seit etwa 200 Jahren zu den gefürchtetsten international operierenden Verbrechergesellschaften entwickelt haben.

Mafia, Camorra und *'ndrangheta* pflegen seit dem Ende des 2. Weltkriegs Beziehungen vor allem zur christdemokratischen Partei. So wurde dem früheren Ministerpräsidenten *Giulio Andreotti* vorgeworfen, die Mafia geschützt zu haben. Nachgewiesen werden konnte ihm dies zwar nicht, aber es blieben erhebliche Zweifel. Unbestritten ist jedoch, dass viele christdemokratische Politiker die Machenschaften von Mafia, Camorra und *'ndrangheta* gedeckt haben. Heute unterhält die organisierte Kriminalität Kontakte zu den verschiedensten Parteien.

Mafia

Die Existenz der Mafia ist in Sizilien kaum noch zu spüren, heute arbeitet sie meistens im Verborgenen. Die Piazza als Treffpunkt der Mafiosi hat ausgedient. Heute treffen sich die Mitglieder der „Ehrenwerten Gesellschaft" virtuell, im Internet. Der eine Konferenzteilnehmer sitzt in einem verglasten Büropalast in Frankfurt, die anderen in München oder Zürich.

Jahrhundertelang war **Sizilien** von fremden Mächten beherrscht. Araber, Normannen und Spanier besetzten die Insel, ohne das gesellschaftliche Gefüge ihrer Einwohner zu verändern. Die ausländischen Machthaber richteten ihr Interesse ausschließlich auf die Küstenregionen. Das unwirtliche und als gefährlich geltende Hinterland überließen sie sich selbst. So konnte sich im Inneren Siziliens, vor allem im Westen der Insel, ein Gemeinschaftsgefüge halten, das auf uralten Regeln basierend **von jeder modernen Staatsidee unbeleckt** geblieben war. Adlige Grundbesitzer unterhielten Privatarmeen, die das Heer der armen Bauern unter Kontrolle hielten. Außerdem war es seit der Besiedlung durch die Normannen üblich, dass die Feudalherren in ihren Herrschaftsgebieten eigenständig die Ge-

030it Foto: fs

richtsbarkeit ausübten. Der Begriff des Staats erscheint den meisten Sizilianern heute noch als etwas völlig Abstraktes.

Hier liegt die Keimzelle für das Erscheinungsbild der Mafia, wie es sich im 19. Jahrhundert manifestierte. Bereits seit dem 18. Jahrhundert zogen sich die Barone immer häufiger in ihre prächtigen Stadtvillen in Palermo zurück. Ihre Güter überließen sie einem Verwalter (siz.: *gabelloto*), der wiederum auf eine Privatpolizei angewiesen war, die aus den sogenannten *campieri* bestand. Anders ausgedrückt: Durch den Rückzug der Adligen aus ihren angestammten Rechten, wie etwa der Ausübung der Gerichtsbarkeit, entstand ein **Machtvakuum**, das von den *gabelloti* ausgefüllt wurde. Diese Gutsverwalter verstanden es hervorragend, ihre traditionellen Beziehungen auszunutzen. Ein Beziehungsgeflecht entstand, das von hoher Gewaltbereitschaft und der *omertà,* einem zentralen Bestandteil der mafiosen Psychologie, geprägt war. Bereits im frühen 19. Jahrhundert bildeten die Gutsverwalter somit die ersten mafiosen Strukturen aus.

Der **Begriff der omertà,** abgeleitet vom italienischen Wort *uomo* (Mann), beschreibt die Einstellung, es sei ein Zeichen von Schwäche, wenn man bei den Behörden Zuflucht vor privaten Feinden sucht, wie

Einst die Kornkammer Roms: verfallenes Landgut auf Sizilien

z. B. dem Nachbarn, mit dem man sich über den Besitz von Land oder Vieh streitet. Die *omertà* bedeutet eine absolute Schweigepflicht gegenüber Dritten und dient den Mafiaclans als Bindemittel untereinander.

Der Bericht eines bourbonischen Beamten aus dem Jahre 1838 demonstriert, wie stark kriminelle Vereinigungen bereits damals das öffentliche Leben in Sizilien bestimmten: „In vielen Kleinstädten und Dörfern gibt es Bruderschaften, gewissermaßen Sekten, die man Parteien nennt; sie haben weder Versammlungen noch irgendeinen anderen Zusammenhalt untereinander als den der Abhängigkeit von einem Anführer: einem Grundbesitzer. Kommen Diebstähle vor, so tauchen Vermittler auf und bieten ihre Dienste an, um das gestohlene Gut beizubringen." Der 1870 gegründete italienische Staat war nicht in der Lage, sein Gewaltmonopol auf der Insel durchzusetzen.

Seit dem späten 19. Jahrhundert wanderten viele Sizilianer nach **Nordamerika** aus. Wenn sie zu Geld gekommen waren, kehrten sie oft wieder in ihre Heimat zurück. Allmählich entwickelten sich Verbindungen zwischen den kriminellen Organisationen Italiens und der USA.

Seit dem Beginn des 20. Jahrhunderts drang die **Mafia zunehmend in die Politik** vor. Bereits damals sorgte die „Ehrenwerte Gesellschaft" in enger Absprache mir dem sizilianischen Adel dafür, dass konservative Parlamentarier gewählt wurden und keine sozialistischen. Die Mafiosi versprachen der Landbevölkerung ihren Schutz, wenn sie bei der Stimmabgabe ihr Kreuz an der richtigen Stelle machten. Im Gegenzug verhinderten die so gewählten Abgeordneten eventuelle Anti-Mafia-Gesetze. Noch heute werden die Wähler bei Parlamentswahlen unter Druck gesetzt, bestimmten mafiafreundlichen Abgeordneten ihre Stimme zu geben. Durch die Beziehungen zur Politik entwickelte sich die Mafia schnell von einer bäuerlich-feudalen zu einer überregionalen und städtischen Organisation.

Mit der **Machtübernahme der Faschisten** in Italien begann der Staat, gegen die Mafia vorzugehen. Zwischen 1926 und 1928 wurden Hunderte von Mafiosi verhaftet. Ihre Auftraggeber allerdings, die Großgrundbesitzer, blieben unbehelligt. Die herrschende Klasse Siziliens hatte sich mit den neuen Machthabern in Rom arrangiert. Die faschistische Ordnung schien ihnen ein tauglicheres und weniger lästiges Mittel zur Verteidigung ihres Besitzes als die Mafia.

Auch wenn die Mafia während der faschistischen Herschaftszeit kaum durch blutige Verbrechen in Erscheinung trat, so vermehrte sie doch ihren Reichtum deutlich, indem sie dem sizilianischen Adel viele Ländereien abkaufte.

Für den amerikanischen Auslandsgeheimdienst war die Organisation der erste Ansprechpartner, um 1943 die **Landung der alliierten Truppen** auf Sizilien vorzubereiten. Die Verbindung wurde über italo-amerikanische Verbrechersyndikate hergestellt. Damit schrieb die Mafia zum ersten Mal Weltgeschichte.

Nach dem Krieg besetzten halbverhungerte Bauern, die am meisten unter der Not jener Jahre zu leiden hatten, ganze Landstriche. Bewaffnete Kompanien bildeten sich, denen sich auch der berühmte Bandit *Giuliano* anschloss. Einige Grundbesitzer verständigten sich mit diesen Banden und stellten sie als private Wachen auf ihren Gütern ein. Damit wurde der Aufstand der landlosen Bauern wieder in das mafiose Gefüge integriert. Nach der Besetzung der Insel durch die Alliierten übernahmen Mafiosi den Auf-

Von den Mafiamassakern zu einer Kultur der Legalität

von Leoluca Orlando, Präsident des Instituts für sizilianische Wiedergeburt („The Sizilian Renaissance Institute") und ehemaliger Bürgermeister von Palermo

„Kultur der Legalität" - das sieht aus wie ein Wortspiel, ein Spiel mit Worten, die unterschiedliche Realitäten bezeichnen, wobei das erste dieser Worte rund und warm, das zweite kalt und kantig erscheint. Ein Wortspiel, das zum Nachdenken anregt. Dieses Wortspiel wurde 2002 von den Vereinten Nationen gewählt und bezeichnet das Programm zur weltweiten ***Verbrechensprophylaxe*** *in den nächsten vier Jahren. Aber damit noch nicht genug: Die UNO bezeichnet die Wiedergeburt Palermos als Vorbild und Symbol für die Förderung der Kultur der Legalität in allen fünf Kontinenten. Jahrelang hat Sizilien eine Krankheit exportiert (es braucht kaum erwähnt zu werden, dass unsere Krankheit Mafia heißt) und nun exportiert Palermo die Therapie für diese Krankheit.*

Was ist geschehen in diesen letzten Jahren des Jahrtausends in Palermo und auf Sizilien im Allgemeinen? Die Bürger haben begonnen, sich einer von Gewalt und Kulturlosigkeit geprägten Erscheinung wie ***der Mafia entgegenzustellen,*** *ohne dabei selbst gewalttätig und unzivilisiert zu werden. (...)*

Zu Beginn meiner Zeit als Bürgermeister (in der zweiten Hälfte der 1980er-Jahre) schien ich - und mit mir viele Bürgermeister sizilianischer Städte - ein Polizist oder ein Staatsanwalt zu sein, denn ich sprach fast ausschließlich von Verbrechen und Prozessen ... Der Karren stand still, beide Räder standen still, steckten tief im Sumpf der Angst und der Komplizenschaft. Trotzdem musste man anfangen, man musste den Karren in Bewegung setzen.

bau der kommunalen Verwaltung. Innerhalb weniger Wochen war das Gespenst der Mafia wieder allgegenwärtig.

Die junge italienische Republik gewährte Sizilien 1946 die **Autonomie.** Damit war die Mafia am Ziel angekommen. Letztendlich bedeutete die Eigenständigkeit von Italiens größter Insel die Anerkennung der Macht der Mafia, die schnell das sizilianische Geld- und Kreditwesen unter ihre Fittiche nahm, das nun keiner nationalen Kontrolle mehr unterworfen war. Von dort aus war es nur ein kurzer Weg bis **in die Kreise der europäischen Hochfinanz.** Die Geschäfte der Organisation weiteten sich schnell auf den ganzen Erdball aus, vor allem mit dem Drogenhandel („French

Dank des Einsatzes mutiger Polizisten und Richter kam das ***Rad der Legalität*** *schließlich in Bewegung, und ich konnte mich dem anderen Rad, dem der Kultur, zuwenden, wobei ich ständig darum besorgt war, dass beide Räder sich mit derselben Geschwindigkeit drehten.*

Und das taten sie auch. ***Palermo*** *entwickelte sich von einer Behinderung zu einer Ressource, von einem Schandfleck zu einem Vorbild. Mitte der 1980er-Jahre gab es allein in der Stadt Palermo jährlich 240–250 Mafiamorde. Im Jahr 2000 zählte man in Palermo acht Morde, von denen keiner mit der Mafia in Zusammenhang stand. Mitte der 1980er-Jahre wurde behauptet, in Palermo gäbe es Demokratie und einen freien Markt. Aber was war das für eine Demokratie, was für ein freier Markt, wo die gesamte Wirtschaft von Mafiosi kontrolliert wurde und jeder Palermitaner einen Verwandten oder Freund nennen konnte, der von der Mafia umgebracht worden war, entweder weil er zur Mafia gehörte oder eben nicht?!*

Im Jahr 2000 kann man zu Recht von Demokratie und freiem Markt sprechen: Palermo hat Teil sowohl an den Hoffnungen als auch an den Übeln (deren es leider nicht wenige sind) der gesamtitalienischen Politik, und man kann in Palermo heute leben, arbeiten und Geschäfte machen, ohne der Mafia in die Fänge zu fallen.

Heißt das nun, dass es keine Mafia in Palermo mehr gibt? Nein, keineswegs! Die Mafia gibt es, auch in Palermo. Aber sie kontrolliert nicht mehr wie früher die Köpfe und die Geldbeutel der Palermitaner. Die neue Mafia, die auf der Gewinnerseite steht, versucht nach wie vor, Köpfe und Geldbeutel zu kontrollieren, wobei sie allerdings nicht mehr auf traditionelle

Werte wie Ehre und Familie zurückgreift und diese verdreht, sondern auf die neuen **Werte der italienischen Kultur,** *Freiheit und Erfolg, und diese ebenfalls verdreht.*

Zu Beginn meiner Tätigkeit als Bürgermeister, Mitte der 1980er-Jahre, hatte die Stadtverwaltung weder eine reguläre Jahresbilanz noch ein Inventar der der öffentlichen Hand gehörenden Güter vorzuweisen; bei einer Schätzung der Agentur Moody's im Jahr 2000 fiel die Stadtverwaltung Palermo unter die Kategorie Aa3, was ihre Vertrauenswürdigkeit auf den internationalen Finanzmärkten anging - zusammen mit den Verwaltungen Stockholms, Bostons und San Franciscos und rangierte damit vor New York und Chicago, von Städten wie Rom, Mailand und Turin ganz zu schweigen. Diese Erfahrung ist heute zum Vorbild geworden und geht weit über die Grenzen einer von der Mafia konditionierten Wirklichkeit hinaus.

In der Vergangenheit war die Mafia eine eigenständige Gattung, und diese Gattung war identisch mit der sizilianischen Mafia. Mafia gleich sizilianische Mafia - die Mafia war Sizilien, Sizilien war die Mafia. Mit der Zeit merkte man dann, dass die sizilianische Mafia nur **eine Spielart der Gattung Mafia** *war, neben der russischen, der chinesischen, der kolumbianischen ... (...)*

Angesichts des Gespenstes der Illegalität, bestehend aus Mafia und Korruption im Süden und aus Korruption und Mafia im Norden, hat sich Italien ein Regelsystem zu eigen gemacht, das dem im restlichen Europa entspricht. Wir haben die vielfältigen Ausdrucksmöglichkeiten der bürgerlichen Gesellschaft gesehen, welche sich in den vielen Protestmärschen,

Connection") verdiente die Mafia Milliarden. (Die meisten Leser werden den berühmten gleichnamigen amerikanischen Kinofilm kennen. Die „French Connection" gab es aber wirklich. Sie war nach dem 2. Weltkrieg das größte international operierende Drogenkartell.)

In den 1980er-Jahren gingen die italienischen Strafverfolgungsbehörden gegen das organisierte Verbrechen auf Sizilien in die Offensive. Vor allem das **Anti-Mafia-Gesetz,** das die bloße Zugehörigkeit zur Organisation als Straftatbestand wertete, erlaubte eine effektivere Verfolgung als zuvor.

Auch in der **Bevölkerung** Siziliens gab es immer mehr Widerstand gegen die Mafia. Viele Menschen waren die blutigen Auseinandersetzungen zwischen den Clans leid. Überall bildeten sich Anti-Mafia-Bewegungen, die oft von Frauen organisiert wurden, wie beispielsweise die *Associazio-*

Fackelzügen und Menschenketten manifestieren, die von deutschen, französischen, spanischen und dänischen Bürgern organisiert werden, um die **Achtung vor den Menschenrechten** *gegen die Angriffe von den verschiedensten Seiten durchzusetzen.*

In letzter Zeit wird in Italien immer deutlicher, dass sich die Institutionen der Regierung zunehmend abschotten, so als wolle man den positiven Widerhall verleugnen, den die eben erwähnten Einstellungen zu Gesetzgebung und Rechtsprechung überall in Europa in verstärktem Maße finden.

Der Widerstand gegen den sogenannten europäischen Haftbefehl (der von allen 14 Partnern mit Ausnahme Italiens unterstützt wurde) und die Weigerung, ein wichtiges Abkommen mit der Schweiz (die immer mehr zum Symbol eines von ethischen Grundsätzen bestimmten Kapitalismus wird) über die internationale Zusammenarbeit der Gerichte zu unterzeichnen, die Sanierungsbestimmungen betreffs der Rückführung von illegal im Ausland deponierten Kapitals und der besorgniserregende Vorschlag zur Justizreform, mit dem Unabhängigkeit und Handlungsfreiheit der Magistratur beschnitten werden sollen - all diese negativen Aspekte sind Anzeichen für einen beginnenden kulturellen Niedergang, einen Verlust an Führungskraft und eine **zunehmende internationale Isolierung.**

Während also die auf Sizilien aus Schmerz und Angst, aus Wut und Hoffnung geborene Kultur der Legalität sich als die zur Verbrechensbekämpfung in der Welt gewählte Strategie durchsetzt, sind die italienischen Regierungsinstitutionen auf dem besten Wege, dieses Erbe an Werten und Glaubwürdigkeit zu verleugnen und zu schmälern, auf das Italien doch mit Fug und Recht stolz sein könnte."

ne Donne Siciliane contro la Mafia. Viele Sizilianer führen bis heute einen heldenhaften Kampf gegen das organisierte Verbrechen auf ihrer Insel.

Die „Ehrenwerte Gesellschaft" reagierte mit **Erpressung und Gewalt.** Mit einer gewaltigen Ladung Sprengstoff wurden die Richter *Giovanni Falcone* und *Paolo Borsellino,* die der Mafia den Kampf angesagt hatten, im Jahre 1992 ermordet.

Der Staat schlug zurück. Mit *Salvatore Riina* wurde 1993 einer der mächtigsten Mafiabosse verhaftet. 2005 nahm die Polizei *Bernardo Provenzano,* angeblich der Kopf des organisierten Verbrechens, in einem Schuppen in der sizilianischen Provinz fest. Fast 30 Jahre lang waren die Strafverfolger auf der Suche nach *Provenzano* gewesen. Nach der spektakulären Verhaftung kamen in der italienischen Öffentlichkeit Zweifel auf, ob der alte und gebrechliche Mann, der da festgenommen worden war, tatsächlich ein mächtiger Mafiaboss gewesen sei.

Die Mafia geht heute neue Wege. Ihr Geld hat sie gewinnbringend in Osteuropa und Russland investiert. Die Kinder der alten Mafiaelite haben heute einen Universitätsabschluss und werden in Schlüsselpositionen der italienischen Wirtschaft untergebracht. Die Zeit der brutalen Verbrechen scheint in Sizilien vorbei zu sein. In einem Untersuchungsbericht der italienischen Anti-Mafia-Behörde *DIA* heißt es: „Die Mafia setzt seit geraumer Zeit auf eine neue Strategie. Ziel ist es, die totale Unsichtbarkeit der Organisation zu erreichen. Keine Gewaltakte, die Aufsehen erregen. Kein Verhalten, das Verdacht schöpfen lässt."

Camorra

Erste Strukturen der organisierten Kriminalität in der **Provinz Kampanien und deren Hauptstadt Neapel** bildeten sich im 19. Jahrhundert. Die Camorra entstand aus einer bewaffneten Truppe, die von den Königen Neapels bezahlt wurde, um Aufstände der verarmten Landbevölkerung zu verhindern.

Im Gegensatz zur Mafia auf Sizilien, die derzeit versucht, sich unsichtbar zu machen, ist die Camorra seit einigen Jahren auf den Straßen Neapels wieder allgegenwärtig: Zwischen den *camorristi* tobt ein **blutiger Bandenkrieg,** in den meist blutjunge Kleinkriminelle verwickelt sind. In einem Klima zunehmender Hoffnungslosigkeit, bedingt durch eine Jugendarbeitslosigkeit von rund 30 %, macht sich eine Aggression breit, die sich unter Drogeneinfluss gegen jeden richtet: den Zeitungshändler an der Ecke, der wegen seiner – spärlichen – Tageseinnahmen umgebracht wird, den Gleichaltrigen, der dem Täter ein Mädchen ausgespannt hat und deswegen sterben muss.

Seit gut zehn Jahren verdient die neapolitanische Camorra viel Geld mit **gefälschten Designerartikeln.** In zahlreichen Fabriken rund um Neapel stellen eigens eingeschmuggelte Chinesen unter der Anleitung einheimischer Schneidermeister perfekt imitierte Damen- und Herrenmode her. Teilweise lassen die Bosse auch in China produzieren. Nachgemachte Sony-Handycams und Bohrmaschinen der Marke Bosch werden dann mithilfe eines weltweiten Verteilernetzes überall als authentische Markenware verkauft.

Überfüllte Mülleimer sind den Neapolitanern ein vertrautes Bild

Dreh- und Angelpunkt des Milliardengeschäfts ist der Hafen von Neapel, in dem fast ausschließlich Waren aus China gelöscht werden. Offiziell sind es 1,6 Millionen Tonnen, inoffiziell dürfte es mehr als die doppelte Menge sein. Selbst die neapolitanische Zollbehörde räumt ein, dass ca. 60 Prozent der Güter **an der Zollkontrolle vorbeigeschleust** werden.

031it Foto: fs

Mit den Gewinnen kauft die Camorra im großen Stil Wohn- und Bürohäuser in Spanien. Auch in Kroatien und Deutschland investieren die Neapolitaner gern ihr Geld. Der Sonderermittler *Giovanni Corona* sagt dazu: „Wir wissen, dass mindestens 30 Milliarden Euro, die im Ausland durch Fälscherware erworben wurden, von Camorra-Filialen in Deutschland gewaschen und über die Konten von Strohmännern oder mithilfe bestochener Banker nach Italien zurückgeleitet wurden."

Eine weitere Einnahmequelle der Camorra ist **der Müll.** Die Mafiabosse entsorgen schon seit Jahren hochgiftige Industrieabfälle aus ganz Italien zu Schleuderpreisen. Die Abfälle werden natürlich nicht ordnungsgemäß in Sondermülldeponien gebracht, sondern einfach im Erdreich vergraben. Ganz Kampanien ist so in den letzten Jahren zu einer flächendeckend verseuchten Region geworden. Experten rechnen den Bürgern vor, dass sie als Bewohner Kampaniens bei Leber- und Lungenkrebs ebenso wie bei Missbildungen Neugeborener einem weit über Italiens Durchschnitt liegenden Risiko ausgesetzt sind.

Schlagzeilen machte **das neapolitanische Müllproblem** in den Jahren 2007 und 2008. Die Müllmänner mussten mehrmals eine Zwangspause einlegen, weil sämtliche Deponien der Region hoffnungslos überfüllt waren. Über Jahre hinweg wurde der Müll nur gesammelt und nicht verbrannt, einfach deswegen, weil es **in ganz Kampanien keine einzige Müllverbrennungsanlage** gibt. Seit geraumer Zeit verhindert die Bevölkerung der Region deren Bau, weil sie befürchtet von den Abgasen vergiftet zu werden. Wenn gar nichts mehr geht, also alle Mülldeponien voll sind, wird der Abfall auf einen Zug geladen und in deutschen Müllverbrennungsanlagen entsorgt. **Deutsche Firmen** verdienen gut daran, aber auch die Camorra profitiert, weil sie das Fuhrgeschäft in Neapel kontrolliert. Anfang des Jahres 2008 schickte der damalige italienische Ministerpräsident *Romano Prodi* Soldaten nach Neapel, um den Müll zu entsorgen.

'Ndrangheta

Der eigentümliche Name soll auf die altgriechische Bezeichnung für mutige und tüchtige Männer zurückgehen. Die kalabresische Verbrecherorganisation hat ihr geografisches Zentrum **zwischen Catanzarro und Reggio Calabria.** Hier unten, in der Spitze des italienischen Stiefels, gibt es das niedrigste Pro-Kopf-Einkommen in ganz Italien.

Nach einer Schätzung der kalabresischen Behörden zählt die *'ndrangheta* **rund 8000 Mitglieder.** Als Erkennungszeichen tragen diese ein tätowiertes Kreuz auf dem rechten Daumen. Es gibt eine strenge Rangordnung: vom *picciotto* (dem Lehrling) über den *sgarrista* (der schon eine wichtige Aktion ausgeführt hat) bis zum *capo società* (dem Chef der Gesellschaft) oder dem *mastro di giornata,* dem Boss, der mehrere Gesellschaften kontrolliert.

Zwar ist die kalabresische *'ndrangheta* nicht so bekannt wie die sizilianische Mafia oder die neapolitanische Camorra, dafür sind die Kalabresen aber **wirtschaftlich erfolgreicher.** Außerdem operieren letztere in vielen verschiedenen Ländern, während die Camorra fast ausschließlich in der Region Kampanien aktiv ist. Die *'ndrangheta* stützt sich auf Blutsbande. Alle Mitglieder der Verbrecherorganisation sind irgendwie miteinander verwandt oder verschwägert. Das macht es für die Behörden umso schwieriger, an Kronzeugen heranzukommen.

Im Gegensatz zu anderen Verbrecherorganisationen gibt es für die *'ndrangheta* schriftlich aufgezeichnete Regeln. Daher wissen die Strafverfolgungsbehörden, dass die Treffpunkte der örtlichen Organisationen, die *locali,* mit feierlichen Riten geweiht werden. Das Gleiche gilt auch für die Aufnahme von neuen Mitgliedern. Dabei wird ein Heiligenbild verbrannt und die Asche über eine Wunde des neuen Angehörigen gestreut.

Australien und Deutschland gelten als Länder, in denen die *'ndrangheta* besonders stark vertreten ist, weil dorthin sehr viele Kalabresen ausgewandert sind. In Ostdeutschland kauft die Organisation bereits seit Jahren ganze Häuserblocks auf. Die Gelder, die von der *'ndrangheta* bewegt werden, entsprechen dem Haushaltsvolumen ganzer Staaten. Das **Grundkapital** für ihre kriminellen Unternehmungen hatte die Verbrecherorganisation mit spektakulären Entführungen erworben. Das erpresste Geld wur-

Ein Eierwurf und seine Folgen – die Morde von Duisburg

Die Pizzeria „da Bruno" in Duisburg war der typische „Italiener um die Ecke". Die meist deutschen Gäste konnten hier ihrer Leidenschaft für Italien frönen. Sebastiano, der Chef des Restaurants, war bei der Kundschaft beliebt und galt als perfekter Gastgeber. Niemand hätte vermutet, dass die unscheinbare Pizzeria ein beliebter Treffpunkt der „'ndrangehta" war.

Als die Polizei in einer warmen Sommernacht im August 2007 zu dem Tatort vor der Pizzeria in der Duisburger Innenstadt gerufen wurde, bot sich den Beamten ein Bild des Grauens: In zwei Autos lagen sechs tote Italiener. Die Fahrzeuge waren von mehr als 20 Schüssen durchsiebt worden. Außerdem hatten die Täter den Opfern aus nächster Nähe in den Kopf geschossen. Offenbar wollten sie sichergehen, dass niemand überlebt. Unter den Toten war auch der beliebte Chef des Lokals.

Schon bald stellte sich heraus, dass die Bluttat von Duisburg der furchtbare Höhepunkt einer bereits seit vielen Jahren bestehenden Fehde zwischen zwei verfeindeten Mafiaclans war.

Wie so oft, war der Anlass nichtig. Bei einem Karnevalsfest im Jahre 1991 hatten sich die Angehörigen zweier Familien in dem Städtchen San Luca in Kalabrien mit Eiern beworfen. Aus der spaßhaften Auseinandersetzung entwickelte sich eine blutige Schlägerei. Wenige Tage später wurden zwei Menschen in einen Hinterhalt gelockt und ermordet. Das war der Beginn der langjährigen Fehde.

Einen neuen Höhepunkt erreichte die Auseinandersetzung zwischen den Familien Strangio-Nirta und Pelle-Vottari als an Weihnachten 2006 die Ehefrau des mutmaßlichen Clan-Chefs Giovanni Nirta, die 37-jährige Maria Strangio erschossen wurde. Der Clan der Strangio-Nirta schwor Rache. Bei dem Verbrechen in Duisburg wurde auch der 25-jährige Marco Marmo erschossen. Er gilt als der mutmaßliche Mörder von Maria Strangio.

Im Mai 2008 nahm die Polizei in Italien sieben Mitglieder der beiden verfeindeten Clans fest. Wer die Mörder von Duisburg waren, ist aber nach wie vor ungeklärt.

de in Drogengeschäften investiert. Nach der Meinung vieler italienischer Staatsanwälte verfügt die *'ndrangheta* mittlerweile über eine Monopolstellung für den Import von Kokain nach Europa.

032it Foto: fs

MINDERHEITEN IN ITALIEN

Knapp 6 Prozent der Italiener gehören einer Minderheit an. Sie sind über ganz Italien verteilt, von den deutschsprachigen Südtirolern bis hin zu den Albanern auf Sizilien.

In den letzten Jahren ist bei allen Minderheitensprachen Italiens ein Rückgang des umgangssprachlichen Gebrauchs zu beobachten. Vor allem die Jugendlichen wenden sich von der Sprache und damit auch den Traditionen ihrer Väter ab und identifizieren sich lieber mir dem Bild des aufgeschlossenen Italieners, das überall in den Medien verbreitet wird.

Auf der anderen Seite gibt es unter allen Minderheiten Intellektuelle und Politiker, die sich für die Rechte ihrer Volksgruppe stark machen. Zahlreiche Kulturvereine und Initiativen sind in den letzten Jahren entstanden, die sich mit der Traditionspflege beschäftigen. Auch politisch haben die Minderheiten an Einfluss gewonnen. Die autonomen Regionen verfügen

Südtiroler Ziehharmonikaspieler auf einem Dorffest im Pustertal über politische Selbstbestimmung und die Franzosen im Aostatal und die deutschsprachigen Südtiroler kann man getrost als „gut geschützte Minderheiten“ bezeichnen.

Bis dahin war es allerdings ein langer Weg: Nach der Einigung Italiens 1861 hatten es die nationalen Minderheiten nicht leicht. Im ganzen Land sollte das Italienische toskanischen Ursprungs als nationale Einheitssprache durchgesetzt werden. Die Sprachen und Rechte der einzelnen Volksgruppen waren in dieser Zeit kein Thema. Besonders übel spielte ihnen das faschistische System mit. Sogar der öffentliche Gebrauch der jeweiligen nichtitalienischen Umgangssprache wurde zwischen 1925 und 1943 unter Strafe gestellt. Heute hängt die Frage der Minderheitenrechte von der jeweiligen italienischen Regierung ab. Das Mitte-links Bündnis neigt dazu, den Ethnien eine gewisse Autonomie zuzugestehen, das Mitte-rechts-Bündnis beschneidet eher die Rechte der Minderheiten.

Südtiroler

In den Alpentälern zwischen Sterzing und Salurn befindet sich die einzige Region Italiens, in der die Mehrzahl der Bevölkerung eine fremde Sprache spricht. In der **Provinz Bozen** leben drei Volks- und Sprachgruppen: Bei der letzten Volkszählung (2001) gaben 69,1 % der Einwohner an, der deutschen Sprachgruppe anzugehören, 26,4 % zählten sich zur italienischen Sprachgruppe und 4,3 % bezeichneten sich als Ladiner. Ingesamt leben etwa 493.000 Menschen in der autonomen Provinz Bozen. In der Provinzhauptstadt gleichen Namens stellen die Italiener die Mehrheit der Bevölkerung, in Meran ist das Verhältnis zwischen den Sprachgruppen ausgeglichen, in allen anderen Gemeinden Südtirols sind die Italiener deutlich in der Minderheit.

Die ersten Siedler in Südtirol waren die **Ladiner,** ein Volk, das vor rund 2000 Jahren aus der Vermischung zwischen Kelten und Romanen hervorging. Die Ladiner sprechen bis heute eine neulateinische Sprache, die eng mit dem in der Schweiz gesprochenen Rätoromanischen verwandt ist. Seit dem Mittelalter dann wurden die Dolomitentäler südlich des Brenners von Bayern aus besiedelt. Der Südtiroler Dialekt ist noch bis heute dem Bayerischen eng verwandt.

Politisch gehörte das Gebiet seit dem Hochmittelalter zur Grafschaft Tirol, später dann zur **österreichisch-ungarischen Monarchie.** Im äußersten Süden Tirols, in der Stadt Salurn beispielsweise, siedelten sich seit dem 19. Jahrhundert immer mehr Italiener aus der benachbarten Provinz Trient an.

Südtirol oder der *Alto Adige* (dt.: Hochetsch, nach dem längsten Fluss Südtirols, der Etsch), wie die Provinz von den Italienern bezeichnet wird, wurde **1919 an Italien angegliedert.** Die *Entente* (England, Frankreich, Amerika) hatte der italienischen Regierung das zu 90 % deutschsprachige Gebiet bereits zu Beginn des 1. Weltkriegs als Kriegsbeute zugesichert. Die Südtiroler protestierten heftig gegen den Anschluss an Italien. Auch im Deutschen Reich gab es Proteste: Italien wurde von der politischen Propaganda als räuberische Nation diffamiert, die nur durch Verrat das „deutsche" Südtirol als Kriegsbeute erhalten hatte.

Die Zeit der faschistischen Regierung

Schnell übernahm das Königreich Italien die Regierungsgewalt in Südtirol. Anfangs wurde der deutschsprachigen Mehrheit ein Selbstbestimmungsrecht in Aussicht gestellt. Allerdings übernahmen 1922 die Faschisten in Rom die Macht, erklärte Gegner einer liberalen Minderheitenpolitik. *Mussolini* selbst maß der Südtirolfrage eine außergewöhnliche Bedeutung bei. Um jeden Preis **sollten die deutschsprachigen Südtiroler italienisiert werden.** Für die Faschisten war die Region ein von Romanen besiedeltes Gebiet, das die deutschen Siedler der ursprünglichen Bevölkerung im Laufe der Jahrhunderte entwendet hatten.

Ein erster Schritt war die Übersetzung aller deutschen Orts- und Flurnamen in das Italienische. Diese Aufgabe erfüllte der Nationalist *Ettore Tolomei* zur vollen Zufriedenheit der neuen Regierung in Rom.

Ab 1925 wurde der **Schulunterricht nur noch in Italienisch** abgehalten. Private deutschsprachige Stunden wurden verboten. Sogenannte „Katakombenschulen" entstanden, in denen freiwillige Lehrkräfte illegal Deutsch lehrten. (Mit dem Begriff „Katakombenschulen" wollten die deutschsprachigen Südtiroler an die Frühchristen erinnern, die verfolgt von einer übermächtigen Staatsmacht, ihre Gottesdienste und Zusammenkünfte versteckt in Katakomben abhalten mussten.) Wer bei der Erteilung von deutschsprachigem Unterricht erwischt wurde, musste mit Geld- oder Gefängnisstrafen rechnen.

Immer mehr Italiener kamen nach Südtirol, zuerst hauptsächlich aus der Nachbarprovinz Trient, später immer mehr aus Süditalien. Arbeit fanden sie in der neu errichteten Industriezone in Bozen. Während 1921 in der Provinz Bozen 20.000 Italiener lebten, waren es 1939 schon 80.000.

Für die deutschsprachigen Südtiroler wurden die Lebensumstände immer bedrückender. **Hitler und Mussolini** wollten die guten Beziehungen zwischen Italien und Deutschland nicht durch die leidige Südtirolfrage gefährden. Die beiden Diktatoren einigten sich auf die sogenannte „Option": Jeder Südtiroler sollte per Abstimmung entscheiden, ob er in Italien bleiben oder lieber ins Deutsche Reich ausgesiedelt werden wollte. Überall in Südtirol warben die politischen Führer der deutschen Sprachgruppe für die Auswanderung ins Reich. Die sogenannten „Dableiber" wurden als Verräter diffamiert. Dass das Abstimmungsergebnis dann so eindeutig ausfiel, überraschte aber doch: Über 90 % der Südtiroler sprachen sich für die **Auswanderung** aus. Schwer fiel es ihnen natürlich trotzdem, ihre Sachen zu packen und die Heimat zu verlassen, schließlich zeichnen sich gerade die Südtiroler durch eine starke Verbundenheit zu ihrer Region aus.

Nur wenige Monate später brach der 2. Weltkrieg aus. Wegen der Kriegswirren ging die Auswanderung nur schleppend voran. Diejenigen, die ausgesiedelt wurden, kamen in die von den Deutschen seit 1938 besetzte **Tschechoslowakei.** Auf den Höfen vertriebener Tschechoslowaken sollten sie eine neue Heimat finden, allerdings nur für kurze Zeit: 1945 wurden sie von der Roten Armee wieder vertrieben. Viele Südtiroler kamen in Lager und kehrten erst nach Jahren wieder in ihre Südtiroler Heimat zurück. Die Geschichte der „Option" ist eines der düstersten Kapitel der Südtiroler Geschichte.

Nach dem Sturz Mussolinis im Jahr 1943 marschierten deutsche Truppen ein. Die italienischen Schulen wurden aufgelöst und Deutsch als Amtssprache eingeführt. Mittlerweile lebten aber fast 100.000 Italiener in der Provinz Bozen, die jetzt zur verfolgten Minderheit in ihrem eigenen Staat wurden. Kurz vor Kriegsende besetzten erneut italienische Truppen die Region. Ihre Aufgabe bestand vor allem darin, die Grenzprovinz für Italien zu sichern. Am 8. Mai 1945 gründeten deutschsprachige Südtiroler die *SVP (Südtiroler Volkspartei).* Ihre Hauptforderung war das Selbstbestimmungsrecht für Südtirol.

Die Verstrickung der Südtiroler in den Nationalsozialismus wurde von der *SVP* schlicht ignoriert. Auch begriffen die deutschsprachigen Südtiroler nicht den Schock, den zwei Jahre deutscher Gewaltherrschaft in Italien ausgelöst hatten. Den in der Provinz Bozen lebenden Italienern stand die deutschsprachige Mehrheit nach dem 2. Weltkrieg völlig verständnislos gegenüber.

Die Hoffnung vieler deutschsprachiger Südtiroler auf eine **Vereinigung mit Österreich** wurden von der Pariser Friedenskonferenz bereits 1946 zunichte gemacht. Dort wurde einstimmig der Beschluss gefasst, die Grenzen von 1919 beizubehalten.

Autonomie und Bombenanschläge

Sowohl die *SVP,* die von praktisch allen deutschsprachigen Südtirolern unterstützt wurde, als auch die römische Regierung machten sich nun daran,

Entwürfe einer zukünftigen **Autonomieregelung** für die Provinz zu erarbeiten. Bereits im Januar 1948 konnte das „Autonomiepaket" verabschiedet werden. Durch verschiedene Maßnahmen versuchte die Regierung in Rom jedoch, die Eigenständigkeit zu unterlaufen. Die Situation in Südtirol wurde immer angespannter: Die deutsch- und ladinischsprachigen Einwohner versammelten sich unter der Flagge der *SVP*, die große Mehrheit der hier lebenden Italiener hingegen wählte bei den Regionalwahlen die neofaschistische *MSI (Movimento Sociale Italiano)*.

Die Unzufriedenheit der deutschen Sprachgruppe mit der „unvollkommenen Autonomie" entlud sich schließlich in den 1950er- und 1960er-Jahren in einer Reihe von **Bombenattentaten.** Insgesamt wurden 346 Anschläge gezählt, die 19 Tote, zahlreiche Verletzte und hohen Sachschaden forderten. Die Regierung in Rom reagierte auf die Attentate mit großer Härte. Im Jahre 1961 schickte sie über 20.000 Soldaten in den Norden. Fast 200 Personen wurden verhaftet, einige überlebten die Vernehmungen nicht.

Immer wieder wurde von deutschsprachigen Südtirolern behauptet, dass konservativ-faschistische Kreise der italienischen Politikszene die Anschläge unterstützt hätten. **Fingierte Attentate** hat es im Nachkriegsitalien immer wieder gegeben. Das Attentat von Bologna beispielsweise war von Faschisten begangen worden, die Verbindungen bis in die Spitzen der Politik hatten. (Siehe das Kap.: „Terror von links und rechts: die bleiernen Jahre".) Auch in Südtirol sollen rechte Gruppen aus Politik und Gesellschaft die Separatisten über Mittelsmänner mit Sprengstoff versorgt haben.

Ende der 1970er-Jahre wurde eine letzte Welle von Bombenanschlägen in Südtirol verübt. Die Anschläge sollten den Abschluss des letzten Teils des sogenannten „Pakets" verhindern, das eine noch umfassendere Autonomie der Provinz Bozen vorsah. In fehlerhaftem Deutsch formulierte Bekennerschreiben entpuppten sich schnell als italienische Fälschungen. Die **neue Autonomieregelung** wurde trotzdem beschlossen.

Südtirol heute

Südtirol ist heute eine der wohlhabendsten Regionen Italiens. Allein das trägt schon dazu bei, dass sich das Verhältnis zwischen den Sprachgruppen in den letzten Jahren deutlich entspannt hat. Immer häufiger heiraten Deutsche und Italiener auch untereinander.

Das Verhältnis der Sprachgruppen wird durch das **„Proporzsystem"** geregelt: So müssen z. B. die Arbeitsplätze im öffentlichen Dienst so besetzt werden, dass sie dem prozentualen Anteil der Sprachgruppen an der Gesamtbevölkerungszahl entsprechen. Wenn ein Krankenhaus beispielswei-

Zweimal Südtirol im Gespräch

Ein italienischsprachiger Südtiroler, 77 Jahre, Bozen:

Ich bin in Bruneck im Pustertal geboren. Meine Eltern sind nach dem 1. Weltkrieg in den „Alto Adige" gekommen, so nennen wir Italiener Südtirol.

Meine Mutter stammt aus dem Trentino, der Nachbarprovinz, mein Vater ist in Salurn aufgewachsen, einer Stadt an der deutsch-italienischen Sprachgrenze, in der schon immer beide Sprachen gesprochen wurden. Mein Vater hörte damals von einer freien Arbeitsstelle bei der Gemeinde in Bruneck. Die suchten da einen Dolmetscher, weil in Bruneck damals fast nur deutschsprachige Südtiroler lebten, die sich mit den italienischen Behörden nicht verständigen konnten. Da brauchten sie einen zweisprachigen Südtiroler wie meinen Vater.

Als ich ein kleiner Junge war, kamen immer mehr Italiener nach Bruneck, zum Glück, denn die deutschsprachigen Kinder mieden uns Italiener als Spielkameraden. Deutsch auf der Straße zu sprechen, war damals verboten und Italienisch sprachen die meisten Kinder mehr schlecht als recht. Da blieben sie natürlich lieber unter sich. Ich selbst wurde 1937 eingeschult, in die italienische Schule natürlich. In der Schule haben wir kein Deutsch gelernt. Meine Eltern haben zwar manchmal mit den Nachbarn Deutsch gesprochen, aber zu Hause wurde nur Italienisch gesprochen.

1943 sind dann die Deutschen einmarschiert. Alle italienischen Schulen wurden geschlossen und mir blieb nichts anderes übrig, als die deutsche Schule zu besuchen. Im Unterricht habe ich anfangs kein Wort verstanden, meine deutschsprachigen Schulkameraden haben mir Deutsch beigebracht. Immerhin habe ich in dieser Zeit fließend Deutsch gelernt, allerdings nur den Pustertaler Dialekt. Als Italiener hatten wir es in Bruneck unter der deutschen Besetzung nicht leicht. Es gab einige Südtiroler, die meinten, jetzt sei die Zeit gekommen, um mit den Italienern abzurechnen. Aber das haben wir auch überstanden.

Nach der Befreiung Italiens durch die alliierten Truppen wurde der „Alto Adige" endlich wieder italienisch.

Nach dem Krieg forderten dann die deutschsprachigen Südtiroler von Italien eine weitgehende Autonomie. An uns Italiener hat während der ganzen Diskussion über ein Autonomieabkommen keiner gedacht. Wir wurden plötzlich zu einer Minderheit im eigenen Land. Ich frage Sie, wofür sind denn die 600.000 Italiener im 1. Weltkrieg gefallen, soll das alles umsonst gewesen sein?! Aber eines sage ich Ihnen: Der „Alto Adige" ist italienisch und wird italienisch bleiben. Der Brenner ist nun einmal die natürliche Grenze Italiens, da brauchen Sie doch nur auf die Landkarte zu sehen.

Was das Zusammenleben mit den Deutschen so schwierig macht, wollen Sie wissen? Ihre Sturheit, ihr Beharren auf völlig absurden Traditionen, ihre ganze Kultur ist nur rückwärtsgewandt. Schauen Sie sich doch an, wie die sich am Sonntag in ihre Trachten zwängen, ich finde das lächerlich.

Als was ich mich fühle? Als italienischsprachiger Südtiroler, der in Italien lebt. Ich finde, da wir in Italien leben, muss jeder Staatsbürger der Landessprache mächtig sein. Das ist eine der Grundbedingungen jedes Nationalstaats. Leider gibt es immer noch Südtiroler, die sich weigern, Italienisch zu sprechen. Mich ärgert das.

Vor 40 Jahren habe ich geheiratet, meine Frau kommt aus Florenz. Sie spricht bis heute kein Deutsch, sie hat sich immer schwer getan mit der Mentalität der deutschsprachigen Südtiroler. In den 1960er-Jahren sind wir nach Bozen gezogen. Wissen Sie, eine italienische Familie hat es in Bozen leichter, schließlich sind zwei Drittel der Bozener italienischsprachig. In meiner Heimatstadt Bruneck werden die Italiener immer weniger, überhaupt ist die Lage für uns in Südtirol schwieriger geworden. Jetzt gibt es sogar ein paar Spinner, die die italienischen Ortsnamen abschaffen wollen. Wie soll ich das meinen Kindern erklären? Die kennen die deutschen Bezeichnungen noch nicht einmal, für die heißt nun mal die Seiser Alm „Alpi di Siusi“. Vom italienischen Staat fühle ich mich verraten. Diese Diebe in Rom, die sich Politiker nennen, haben sich nie um uns gekümmert.

Ein deutschsprachiger Südtiroler, 82 Jahre, Deutschnofen:

Ich komme aus dem Egental, nicht weit von Bozen. Der Bauernhof unserer Familie wurde 1542 das erste Mal urkundlich erwähnt. Unsere Vorfahren sind aber schon vor fast tausend Jahren aus Oberbayern gekommen. Als ich eingeschult wurde, waren die deutschen Schulen bereits verboten. Der Unterricht fand nur in Italienisch statt, Deutsch stand noch nicht mal als Fremdsprache auf dem Lehrplan. Unsere Lehrerin damals hieß Cusati und kam aus Süditalien. Sie konnte natürlich auch kein Deutsch. Signora Cusati hat es nicht leicht gehabt mit uns. Unsere Eltern haben uns beigebracht, dass die Italiener schon immer unser Feind waren und dass sie unser Land zu Unrecht besetzt hielten.

Einmal in der Woche gab es Deutschunterricht bei unserer Nachbarin, das haben die Frauen im Dorf organisiert. Natürlich war das damals verboten, die Faschisten wollten, dass wir unsere Sprache vergessen und gute Italiener werden.

Kurz nach dem Ausbruch des 2. Weltkriegs kam es dann zur „Option“. Meine Eltern entschlossen sich damals zur Auswanderung. Von der deutschen Regierung wurde uns ein Bauernhof im Sudetenland zugewiesen. Als wir dort ankamen, wurde der Hof noch von einer tschechischen Familie bewirtschaftet. Der wurde von den Deutschen kurzerhand enteignet und die Familie arbeitete dann bei uns als Angestellte. Jetzt waren wir die Besatzer und auf unserem Hof in Deutschnofen lebte eine sizilianische Familie, die den Hof vom italienischen Staat zugewiesen bekommen hatte. Die Sizilianer, so hörten wir von daheimgebliebenen Verwandten, taten sich schwer mit dem rauen Klima und den Steilhängen im Egental, die schwer zu bewirtschaften sind. Auch wir waren nicht glücklich mit unserer Situation. Uns fehlten die Berge und mit den Tschechen war es auch nicht immer einfach.

Als dann die Russen in der Tschechoslowakei einmarschierten, flohen wir mit Sack und Pack. In Bayern fanden wir bei einer Familie Unterschlupf. Erst 1946 konnten wir endlich wieder zurück auf unseren Hof in Deutschnofen. Die Sizilianer waren ebenfalls wieder in ihre Heimat zurückgekehrt. Es hat lange gedauert, bis wir Haus und Hof wieder einigermaßen hergerichtet hatten. Na ja, und dann wurde das „Autonomiepaket“ beschlossen,

033it Foto: fs

aber leider nicht durchgeführt. Die italienischen Behörden versuchten alles, um uns unsere Rechte zu verwehren. In den 1960er-Jahren kam es dann zu den ersten Bombenanschlägen der Südtiroler Freiheitskämpfer. Auch in unserer Familie gab es einen Cousin meiner Mutter, der in Welschnofen eine Stromleitung mit einer Ladung Dynamit gesprengt hatte. Die Carabinieri haben ihn erwischt. Zehn Jahre Gefängnis hat er bekommen, heraus kam er als gebrochener Mann. Na ja, so war das eben damals. Heute ist das ja zum Glück vorbei und wir leben gut mit unserem Autonomiegesetz. Südtirol ist auch durch den Tourismus sehr wohlhabend geworden, wir selbst vermieten in unserem Hof Zimmer an Feriengäste.

Meine beiden Töchter haben zwei Burschen aus dem Dorf geheiratet, deutschsprachige natürlich. Für mich wäre es nicht leicht gewesen, einen italienischen Schwiegersohn zu akzeptieren. Ich will nicht, dass unsere Traditionen verloren gehen. Ich selbst bin seit 50 Jahren in der Schützenkompanie unseres Dorfes und habe es bis zum Hauptmann gebracht.

Ich bin der Meinung, dass die Italiener und wir Südtiroler gar nicht so schlecht in unserer kleinen Provinz leben. Aber: Jede Volksgruppe soll für sich bleiben. Wenn wir uns vermischen, gehen zwangsläufig die Traditionen der Südtiroler verloren.

se zehn Ärzte in einer Abteilung beschäftigt, müssen mindestens zwei italienischsprachig sein. Vielen Fremden erscheint dieses System ziemlich absurd, es hat aber sicher dazu beigetragen, die Konflikte zwischen den Sprachgruppen zu entschärfen.

Wer im Sommer eine Südtiroler Berghütte besucht, in der Angehörige beider Volksgruppen zu Gast sind, wird schnell merken, dass deutsch- und italienischsprachige Südtiroler meistens an getrennten Tischen sitzen. Immer noch beobachten sie sich gegenseitig leicht argwöhnisch und es kann durchaus vorkommen, dass die deutschsprachige Bedienung sich wenig Mühe gibt, ihre italienischen Gäste zu verstehen.

Streit entzündet sich immer wieder an dem **Siegesdenkmal in Bozen.** Der weiße Marmorblock steht auf einer Verkehrsinsel mitten in der Stadt. Die deutschsprachigen Südtiroler würden das von den Faschisten Ende der 1920er-Jahre errichtete Denkmal am liebsten in die Luft sprengen. Für die italienische Rechte dagegen ist es eines ihrer wichtigsten Symbole. Der frühere Neofaschist und heutige Chef der rechtskonservativen *Alle-*

Die blaue Schürze wird in Südtirol gern getragen

anza Nazionale, Gianfranco Fini, legt hier in jedem November am Jahrestag des italienischen Sieges über Österreich im 1. Weltkrieg einen Kranz nieder. Für den ehemaligen Außenminister Italiens ist das ein „patriotischer Akt", für die deutsche Volksgruppe in Südtirol stellt es sich als reine Provokation dar.

Regiert wird die Provinz von der allmächtigen **Südtiroler Volkspartei,** die seit über fünfzig Jahren den sogenannten „Landeshauptmann" stellt. Die Angst vor einer politischen Zersplitterung des „deutschen Lagers" hat verhindert, dass eine Oppositionspartei entstehen konnte. Die Alleinherrschaft der *SVP* hat zu einer politischen Verfilzung geführt und die Funktionäre können sich ihrer Macht sicher sein, weil die deutschsprachige Mehrheit fast nie italienische Parteien wählt.

Auch wenn das Zusammenleben zwischen der italienischen und der deutschen Sprachgruppe in Südtirol immer noch von Spannungen geprägt ist, in der **Küche Südtirols** sind italienische und deutsche Spezialitäten eine äußerst wohlschmeckende Verbindung eingegangen. In den Hütten der Dolomitentäler werden die traditionellen Südtiroler Speckknödel mit italienischem Parmesan bestreut. Die Schlutzkrapfen gleichen sehr den Tortellini und auch die Polenta, ein dicker Maisbrei, wird sowohl in deutsch- als auch in italienischsprachigen Familien gern gegessen.

Deutsche Sprachinseln in Venetien und Trient

In Norditalien gibt es 15 deutsche Sprachinseln. Nur noch in wenigen dieser Dörfer spricht die Mehrheit der Bevölkerung die uralten Dialekte.

Aus Südtirol, Oberbayern und Österreich wanderten bereits seit dem Mittelalter deutsche Siedler auf die Südseite der Alpen. Sie waren auf der Flucht vor den schlechten Lebensbedingungen in ihrer Heimat. Zu den ersten dieser Siedler gehörten **die Zimbern.** Lange wurde vermutet, diese Volksgruppe stamme von den germanischen Kimbern ab, die bereits im 1. Jahrhundert v. Chr. in Norditalien eingefallen waren. Mittlerweile ist diese These aber widerlegt.

Die ältesten zimbrischen Siedlungen in Italien liegen in der Provinz Vicenza, auf der Hochebene von Asiago. Die Bewohner der sogenannten **„Sieben Gemeinden"** sprechen eine Variante des Zimbrischen, die für Sprachwissenschaftler hochinteressant ist, weil sie viele Besonderheiten des Althochdeutschen enthält. Die Hervorhebung der Anzahl der Gemeinden sollte ihre Andersartigkeit, ihre deutsche Herkunft betonen. Eine Reise in die zimbrischen Dörfer, in denen es noch aktive Sprecher gibt, ist wie eine Zeitreise. Dieser tausend Jahre alte Dialekt bayrisch-tirolischer Prägung hat sich wegen der isolierten geografischen Lage der zimbrischen Siedlungen gut erhalten, auch wenn **das Zimbrische** natürlich viele italienische Wörter enthält.

Die bedeutendste deutschsprachige Sprachinsel, in der noch rund 80 % der Einwohner den **zimbrischen Dialekt als Umgangssprache** benutzen, heißt Lusern und liegt in der Provinz Trient. Das dritte zimbrische Sprachgebiet befindet sich in der Provinz Verona. Hier existierte noch bis in das 18. Jahrhundert hinein der Verband der „Dreizehn Gemeinden". Von den rund 300 Einwohnern in Giazza (dt.: Ljetzan oder Glätzen) inmitten einer rauen Gebirgslandschaft, in die sich nur selten jemand verirrt, sprechen heute nur noch eine Handvoll der Bewohner die zimbrische Mundart.

Die Bewohner der meisten zimbrischen Sprachinseln sind überzeugte Italiener, auch wenn sie stolz auf ihre Andersartigkeit sind. Eine Ausnahme bilden die Luserner, die sich überwiegend immer noch mehr als Deutsche denn als Italiener fühlen.

In Lusern wurden die Zimbern während der faschistischen Herrschaftszeit brutal unterdrückt. Auch sie durften ihre Sprache nicht mehr benutzen. 1939 konnten sie sich, genau wie die Südtiroler, für eine Auswanderung in das Deutsche Reich oder das Verbleiben in Italien entscheiden. Die überwiegende Mehrzahl optierte für die Auswanderung.

Im Nordosten Italiens, im Dreiländereck zwischen Österreich, Deutschland und Slowenien, gibt es noch drei deutschsprachige Dörfer. Linguistisch gehören sie nicht zu den Zimbern. Der Ort Sauris (dt.: Zahre) ist das Schmuckstück unter den deutschen Sprachinseln. Das mit EU-Geldern subventionierte Dorf ist **ein Stück Deutschland mitten in Italien.** Geraniengeschmückte Balkone und blitzblanke Straßen, die jeden Samstag gekehrt werden, prägen das Bild des Dorfes.

In der Region Piemont, in dem Dorf Rimella am Monte Rosa, leben **die Walser.** Sie stammen aus dem oberen Wallis in der Schweiz und sind im 13. Jahrhundert nach Italien eingewandert. Die Walser sprechen eine alemannische Mundart.

Ladiner

Die Ladiner sind ein Volk, das aus der Vermischung zwischen Kelten und Römern hervorgegangen ist. Sie siedelten schon Jahrhunderte vor der Zeitenwende im gesamten Alpenraum. Als die Römer den Norden Italiens eroberten, vermischten sie sich mit dieser alpenländischen Urbevölkerung. Dabei entstand eine neulateinische Sprache und Kultur, die von einigen

Wissenschaftlern unter dem Begriff **„rätoromanisch"** zusammengefasst wird. Ihr Sprachgebiet erstreckt sich von der rätoromanischen Schweiz, wo die Sprache eine der vier Landessprachen ist, bis in das Friaul an der slowenischen Grenze, wo das Furlan gesprochen wird. Seit dem 6. Jahrhundert drangen Bajuwaren aus dem Norden vor und verdrängten das romanische Idiom aus weiten Teilen seines ehemaligen Verbreitungsgebiets.

Insgesamt leben heute in Italien **etwa 35.000 Ladiner.** Sie verteilen sich auf die Provinzen Bozen, Belluno und Trient. Die Ladiner in der **Provinz Bozen** (Südtirol) verfügen über eine privilegierte Stellung. Seit 1969, als das sogenannte *pacchetto* (Paket) vom römischen Parlament verabschiedet wurde, sind die Ladiner in Südtirol als eine der drei Volksgruppen anerkannt und erhalten eine systematische Unterstützung. Im Artikel 87 des *statuto speziale regionale* heißt es: „Ladinischunterricht wird in den Grundschulen in jenen Orten garantiert, wo es gesprochen wird. Provinzen und Gemeinden müssen Ortsnamen, Kultur und Volkstradition der ladinischen Bevölkerung garantieren." Nach einigen Sprachwissenschaftlern sind das Ladinische und das Rätoromanische, das in der Schweiz gesprochen wird, miteinander verwandt.

Von solch einem Minderheitenschutz können die Ladiner in Buchenstein und Ampezzo in der Provinz Belluno nur träumen. Hier gilt die ladinische Sprache als bedroht. Einerseits liegt dies an den einheimischen Jugendlichen, die lieber Italienisch sprechen, andererseits an der Zuwanderung aus anderen Provinzen.

Deutlich besser ist die Situation der Ladiner im Fassatal, in der autonomen Provinz Trient, wo sie als **geschützte Minderheit** behandelt werden.

Die Ladiner in Südtirol fühlen sich den deutschsprachigen Südtirolern mehr verbunden als den Italienern, obwohl sie eine romanische Sprache sprechen. Zurückzuführen ist das auf die positiven Erfahrungen, welche die Ladiner unter der Herrschaft Österreich-Ungarns in Südtirol gemacht haben.

Im Nordosten Italiens, in den Provinzen Udine und Pordenone, wird umgangssprachlich bis heute **Furlan** gesprochen. Fast 600.000 Menschen benutzen noch heute die Sprache, die eng mit dem Ladinischen und dem Rätoromanischen verwandt ist. Seit 1999 ist das Furlan als Minderheitensprache in Italien offiziell anerkannt. Auch der bekannte italienische Schriftsteller *Pier Paolo Pasolini,* dessen Mutter Furlan sprach, hat einige Gedichte und Erzählungen in dieser uralten Alpensprache geschrieben.

Landgut in der schönen Provinz Bozen

034it Foto: © Stefan Bücker, www.pixelio.de

Frankophone in Italien

Als einzige Region Italiens ist das **Aostatal** nicht in einzelne Provinzen unterteilt. Amtssprachen sind Italienisch und Französisch, die offiziell gleichgestellt sind.

Die Bevölkerung spricht einen **franko-provenzalischen Dialekt.** Das Tal, in dem etwa 123.000 Menschen leben, grenzt im Norden an die Schweiz und im Westen an Frankreich. Während der faschistischen Ära wurden Orts- und Flurnamen italienisiert. Auch im Aostatal kam es zu Repressionen gegen die frankophone Minderheit. Nach dem 2. Weltkrieg gewährte die italienische Regierung dem Aostatal eine Autonomie, um den separatistischen Bestrebungen entgegenzuwirken.

Heute hat sich im Aostatal weitgehend die italienische Sprache durchgesetzt. Bei der letzten Volkszählung gaben nur noch 16 % der Bevölkerung an, den franko-provenzalischen Dialekt zu benutzen.

Slowenen

Die Slowenen leben in der **Region Friaul-Julisch-Venetien,** entlang der Grenze zu Slowenien. Die ca. 80.000 Menschen zählende Minderheit ist auf über 36 Gemeinden in der Region verteilt. Mehr als 1000 Jahre lang lebten die Slowenen friedlich mit den Italienern zusammen. Erst der Nationalismus des 20. Jahrhunderts vermochte es, die Volksgruppen gegeneinander aufzuhetzen.

Bereits im 8. Jahrhundert n. Chr. besiedelten **slawische Stämme,** die seit dem Mittelalter als Slowenen bezeichnet werden, die Ostalpen und gründeten das Fürstentum Karantanien. In den folgenden Jahrhunderten drangen sie bis in den Einflussbereich Venedigs, an die Adria und nach Istrien vor. Im 10. Jahrhundert siedelten die **Slowenen** bereits gemeinsam mit Italienern und Friulanern im Friaul, in der Grafschaft Görz und in Triest. Dort sind sie bis heute ansässig, auch wenn die slowenische Minderheit in den letzten 100 Jahren deutlich geschrumpft ist.

Im Lauf der Jahrhunderte wurden die Slowenen in Italien **von verschiedenen Herrschern regiert:** Österreich-Ungarn, der Republik Venedig und später dem Königreich Italien.

Lange und prägend war die Regierungszeit der Österreicher (1815–1918). Bis heute spürt man überall in der Region noch den Geist der k. u. k.-Zeit, vor allem in der Architektur und auf den Speisekarten. Die Hafenstadt Triest war einst Habsburgs Tor zur Welt. Intellektuelle wie *James Joyce, Sigmund Freud* und *Rainer Maria Rilke* schätzten das Völkergemisch in der Stadt: Hier lebten bis zum Ende des 1. Weltkriegs vor allem Italiener, Deutsche, Griechen, Juden und Slowenen friedlich zusammen. Auf dem Land rund um Triest und in den Provinzen Udine und Gorizia war der slowenische Bevölkerungsanteil besonders hoch, allein in der Provinz Triest waren es 350.000 Menschen.

Schwierig wurde die Situation für die Slowenen **nach dem 1. Weltkrieg.** Plötzlich waren sie italienische Staatsbürger geworden. Nur wenige Jahre später kamen in Rom dann auch die Faschisten an die Macht, die nichts von dem Selbstbestimmungsrecht der Minderheiten wissen wollten. Den Slowenen erging es ähnlich wie den Südtirolern: Ihre Siedlungsgebiete wurden in verschiedene Provinzen aufgeteilt, sodass der Zusammenhalt der slowenischen Minderheit erheblich erschwert wurde. Politische und kulturelle Organisationen wurden verboten, slowenische Schulen geschlossen. Orts- und Familiennamen wurden italienisiert. Bis zu dem Jahr 1925 verschwand die **slowenische Sprache** nahezu vollständig aus dem öffentlichen Gebrauch. Die istrische Halbinsel, auf der Italiener und Slowenen zusammenlebten, wobei die Italiener in der Mehrheit waren, wurde 1920 von italienischen Truppen besetzt. Die faschistischen Machthaber unterdrückten auch dort mit aller Gewalt die kulturelle Selbstständigkeit der Slowenen. Die Situation spitzte sich zu.

Am **Ende des 2. Weltkriegs** nahmen die Slowenen Rache an den Italienern, von denen sie 20 Jahre lang terrorisiert worden waren. Partisanen eroberten 1944 zuerst Istrien und Dalmatien und besetzten schließlich Triest. Während dieses Feldzugs wurden die sogenannten **Foibe-Massaker** verübt. Unter einer *foiba* versteht man im Italienischen eine unzugängliche, senkrecht in die Erde hineinragende Karsthöhle, wie es sie in Istrien überall gibt. Die Opfer wurden am Rand der Höhlen erschossen, ihre Leichen wurden dann in die Tiefe geworfen. Die Massaker der Partisanen richteten sich vor allem gegen italienische Faschisten, doch auch private Rache, Neid und Missgunst spielten eine Rolle. Die Wunden, die durch die Tragödie der Massaker bei Italienern und Slowenen aufgerissen wurden, sind bis heute nicht verheilt. Historiker schätzen, dass insgesamt mehr als 10.000 Menschen, hauptsächlich Italiener, in den *foibe* umkamen.

In großen Flüchtlingszügen flohen Zehntausende Italiener vor den Partisanen aus Istrien, Dalmatien und Rijeka ins sichere Italien. Dort wurden sie meist im **Grenzgebiet zwischen Italien und Jugoslawien** angesiedelt. Ihre neuen Nachbarn waren oft Angehörige der slowenischen Minderheit in Italien. Im heute slowenischen und kroatischen Istrien, in dem die Italiener vor 80 Jahren noch in der Mehrheit waren, leben nur noch einige Tausend *istriani.* Sie haben einen eigenen Fernsehsender und seit Kurzem gibt es auch wieder eine italienische Schule.

Nach dem Krieg gründeten die Alliierten einen **Freistaat Triest.** Das gemischtsprachige Gebiet wurde unter die Verwaltung des UN-Sicherheitsrats gestellt und in zwei Zonen geteilt: Zone A mit Triest und Umgebung lag auf italienischem Gebiet, Zone B bestand aus den Provinzen Koper und Buje und lag auf jugoslawischem Gebiet. Erst 1954 wurde Italien die Verwaltung von Zone A übergeben.

Triest lag nun an der **Grenze zum kommunistischen Ostblock.** Unter der Bevölkerung herrschte Angst vor einer jugoslawischen Besetzung der Stadt. Außerdem waren die Slowenen für die meisten Italiener Sympathisanten der Mörder, die in Istrien ihre Landsleute umgebracht hatten. Die Angst vor dem Kommunismus und die unerbittliche Haltung gegenüber den Slowenen führten zu den ersten Wahlerfolgen der neofaschistischen *MSI* seit den 1950er-Jahren.

Bis in die 1980er-Jahre hinein hatten es die Slowenen in Italien sehr schwer. Immer wieder versuchte die Regierung in Rom, der Minderheit ihre in der Verfassung festgeschriebenen Rechte zu verweigern. Erst als Jugoslawien und damit das **Feindbild des Kommunismus** in den frühen 1990er-Jahren zerfiel, entspannte sich das Verhältnis zwischen den Volksgruppen.

Die meisten slowenischen Kinder in Italien erhalten heute Schulunterricht in ihrer Muttersprache. Allerdings ist der Bevölkerungsanteil dieser

Minderheit zwischen den Jahren 1910 und 1981 um ganze 40 Prozent gesunken. Viele Slowenen sind **unzufrieden mit ihrer Situation.** Einer von ihnen ist *Josko Gravner.* Der Weinbauer aus dem Collio, einer der bekanntesten Weinbauregionen Italiens, fühlt sich diskriminiert. Als er begann, seine Weinetiketten in Slowenisch und Italienisch zu beschriften, schickten ihm viele italienische Restaurants die Flaschen unter Protest wieder zurück. „Ich könnte auch nach Slowenien gehen, wie so viele meiner Verwandten. Aber meine Heimat ist nun einmal hier.", sagt der erfolgreiche Winzer, dessen Weißweine auch in deutschen Edelrestaurants angeboten werden. Jedenfalls beschriftet er nun seine Etiketten nur noch auf Italienisch.

Erst seit wenigen Jahren beginnen Slowenen und Italiener über die traumatischen Ereignisse während des 2. Weltkriegs zu sprechen. Die **Stimmung zwischen den beiden Nationalitäten** ist aber noch immer angespannt. Interessanterweise war es ein Deutscher, der einen wundervollen Roman über die Foibe-Massaker geschrieben hat. *Veit Heinichen* lebt seit einigen Jahren in Triest und sein Buch „Die Toten vom Karst" konnte wohl nur von jemandem geschrieben werden, der keinem der beiden Völker angehört. Die italienische Übersetzung des Romans wurde ein großer Erfolg in Italien.

Griechen

In Süditalien leben etwa 18.000 Menschen, die griechisch sprechen. Diese Zahl beruht allerdings auf Schätzungen. Offizielle Daten gibt es nicht.

Die griechische Sprachminderheit ist in zwei Provinzen angesiedelt. In der **Provinz Lecce,** die zur Region Apulien gehört, leben **ca. 14.000 Griechen.** Die Namen der Ortschaften verraten schon die Herkunft ihrer Bewohner: Calimerà, Castrignano dei Greci oder Strenatia heißen die Dörfer beispielsweise. Insgesamt wird heute noch in acht Gemeinden Griechisch gesprochen, und zwar eines, das vom Neugriechischen weit entfernt ist.

In der **Region Kalabrien** sind es **ca. 4000 Menschen,** vor allem in den Dörfern Bova, Roghùdi und Amendolea, die noch des Griechischen mächtig sind. Das apulische und das kalabrische Griechisch sind sehr unterschiedlich. Beide Sprachen enthalten viele Begriffe aus dem Italienischen. Umgekehrt ist der kalabrische Dialekt stark mit griechischen Wörtern durchsetzt.

Die ersten Niederlassungen der Griechen in Italien gehen bis auf das 8. Jahrhundert v. Chr. zurück, als ganz Süditalien noch Teil der *Magna Gre-*

ca (Großgriechenlands) war. Erst im dritten Jahrhundert v. Chr. wurde das Gebiet endgültig von den Römern erobert. Aber auch nach der Besetzung wurde in Städten wie Neapel oder Reggio immer noch das Griechische als Umgangssprache benutzt.

Eine zweite Welle der griechischen Einwanderung erfolgte seit dem 5. Jahrhundert n. Chr. durch die **Byzantiner,** die über zwei Jahrhunderte lang große Teile Süd- und Mittelitaliens beherrschten. Auf diesen Einwanderungsschub geht die griechische Sprache zurück, die heute noch gesprochen wird.

In den letzten Jahrzehnten wird das Griechische im privaten Gebrauch immer weniger benutzt. Vor allem unter den Jugendlichen ist das **Interesse an der Sprache gering.** Zudem schämen sich viele Menschen aus den griechischsprachigen Ortschaften, ihre alte Sprache zu benutzen, weil diese Sprache auf die bäuerliche Herkunft derjenigen verweist, die sie noch benutzen. In allen Regionen Italiens ist es meistens die arme Landbevölkerung, die noch die alten Dialekte und Sprachen beherrscht.

Albaner

In Süditalien gibt es rund 45 albanischsprachige Gemeinden, die sich auf 7 Regionen (Sizilien, Apulien, Molisse, Kalabrien, Kampanien, Basilicata und Abruzzen) verteilen. Insgesamt gibt es **etwa 100.000 Menschen,** die noch des Albanischen mächtig sind.

Als im 15. Jahrhundert der **albanische Volksheld Skanderbeg** auf der Flucht vor den Türken seine Truppen bis nach Italien führte, begann die erste Ansiedlung der Albaner auf italienischem Gebiet. Weil der Christ *Skanderbeg* gegen die muslimischen Türken kämpfte, beschützten die Päpste in Rom die neuen Siedler und förderten den Zuzug der Albaner nach Italien. Bis heute sind die *arbereshe,* so nennt sich die Minderheit selbst, Katholiken, die im Gottesdienst den griechisch-byzantinischen Ritus pflegen. Die *Papas,* das griechische Wort für Priester, dürfen heiraten und Kinder haben, jedoch muss die Ehe vor der Priesterweihe geschlossen werden.

Die *arbereshe* sind stolz auf ihre Riten und Traditionen. Mit den Albanern, die in den letzten Jahrzehnten nach Italien gekommen sind, wollen sie jedoch nichts zu tun haben. Zu groß ist die Kluft zwischen den modernen, muslimischen Albanern, die in einer völlig anderen Kultur aufgewachsen sind, und den mit ihren Traditionen verhafteten christlichen *arbereshe.*

Sonderfall Sardinien

Die Insel (ital.: Sardegna) vor der Westküste Italiens ist nach Sizilien die zweitgrößte des Landes. Sardinien ist rau wie der Canonau, der schwere, knorrige Rotwein, der hier seit Jahrhunderten gekeltert wird. Die buchtenreiche, gebirgige Insel, deren karger Boden immer wenig zu essen hergab, wird von Menschen bewohnt, die in einem langen Überlebenskampf ein kantiges Wesen entwickelt haben, das so gar nichts mit dem Bild des hedonistischen Mittel- oder Süditalieners zu tun hat. Die Sarden sind stolz auf ihre Eigenständigkeit, ihre Sprache und ihre Sitten und Traditionen. Italien bezeichnen sie gern als „il continente", der Kontinent, der nicht nur geografisch für die Inselbewohner weit entfernt ist. In den Bars in den Städten Olbia oder Alghero blättern sie in ihrer einheimischen Zeitung „La Nuova Sardegna" - die Sarden lesen fast nie eine „italienische" Zeitung.

Viele Völker haben in den vergangenen 3000 Jahren die Insel erobert, geplündert und ihre Bewohner brutal unterdrückt: Phönizier, Karthager, Römer, Byzantiner, Araber, Spanier und schließlich die Italiener. Die einheimische Bevölkerung wurde schon um 1000 v. Chr. von den Phöniziern ins Landesinnere vertrieben. Dort entwickelte sich eine archaische Hirtengesellschaft, die noch bis weit ins 20. Jahrhundert hinein bestand.

Im Zweiten Punischen Krieg brachten die Römer die Insel unter ihre Kontrolle und errichteten eine blutige Terrorherrschaft: Mehr als hunderttausend Inselbewohner wurden auf das Festland verschleppt und mussten den Besatzern als Sklaven dienen. Die auf der Insel verbliebenen Hirten führten blutige Raubzüge gegen die Römer.

Im 6. Jahrhundert n. Chr. besetzten die Byzantiner Sardinien und vollzogen an den heidnischen Sarden die erste ***Zwangschristianisierung*** *der Geschichte.*

Aber es sollte noch schlimmer kommen: Im Jahre 1297 übergab Papst Bonifaz VIII. Sardinien an König Jakob II. von Aragon. Die Spanier errichteten ein feudales Terrorregime, das die Insel 400 Jahre lang beherrschen sollte. Zu der sozialen Misere gesellten sich Malaria, Pest, Missernten und darauf folgende Hungersnöte.

Im 18. Jahrhundert fiel die Insel im Zuge des Spanischen Erbfolgekriegs an das norditalienische **Fürstentum Piemont-Savoyen.** *Viele Sarden knüpften große Hoffnungen an die neuen Machthaber, die mit verschiedenen Reformen versuchten, die Lebensumstände der Bevölkerung zu verbessern. Leider kehrte sich die gute Absicht in ihr Gegenteil um. Der* ***„Erlass zur Einfriedung"*** *etwa löste bürgerkriegsähnliche Zustände auf*

035it Foto: fs

der Insel aus. Mit dem Gesetz, das einer Bodenreform gleichkam, sollte eine Schicht von grundbesitzenden Kleinbauern geschaffen werden: Jeder, der gerade ein im Gemeindebesitz liegendes Stück Ackerland bewirtschaftete, konnte das Land behalten, sofern er es mit einem Zaun oder einer Trockenmauer umgab. Daraufhin schickte die wohlhabende Oberschicht Sardiniens ihre Leute mit der Losung „tanca de bonde" (dt.: „Zäunt ein, was das Zeug hält") los, um fruchtbares Ackerland mit einer Mauer zu umgeben. Noch heute ist die Insel von damals angelegten Trockenmauern durchzogen. Von nun an mussten die Bauern eine Pacht („mezzadria") an die neuen Grundbesitzer entrichten, die das Überleben praktisch unmöglich machte.

In den unzugänglichen Bergregionen organisierte sich ***Widerstand:*** *Banden rissen die Grenzmauern nieder, überfielen Polizeistationen und entführten und ermordeten Vertreter des piemontesischen Staates. Dieses Banditenwesen existierte noch bis in die 1960er-Jahre.*

Sardinien ist berühmt für seine Wandmalereien, die sich überall auf der Insel finden lassen

1861 wurde die Insel dem neu entstandenen Königreich Italien angegliedert. Anfang des 20. Jahrhunderts wurde der Ruf der **Separatisten** *nach einer Autonomie Sardiniens immer lauter. Nach dem 1. Weltkrieg gründete sich die „Partito Sardo d'Azione", die Sardische Aktionspartei, mit ihrem charismatischen Führer Emilio Lussu. Als die Faschisten in Rom die Macht ergriffen, verboten sie diese Partei sofort.*

Nach dem 2. Weltkrieg wurde Sardinien von der jungen italienischen Republik zur autonomen Region erklärt. Für die Sarden bedeutete dies die lange ersehnte **Selbstverwaltung.** *Die Inselregierung entscheidet eigenmächtig über die Finanzen, in eingeschränktem Rahmen besitzt sie gesetzgeberische Kompetenz. Alle vier Jahre wird ein* **Regionalparlament** *gewählt, das den Präsidenten der Region bestimmt. Der Sitz der Regionalregierung befindet sich in Cagliari. Offizielles Wappen ist ein rotes Kreuz auf weißem Grund, um das sich vier Mohrenköpfe mit Stirnbinde gruppieren.*

Innerhalb der Autonomiebewegung gab es immer wieder radikale Gruppen, die eine totale Abspaltung von Italien forderten. Die Mehrheit der 1,7 Millionen Sarden lebt heute aber gut mit der bestehenden Autonomie.

Das Sardische *ist die dem Latein in Lautstand und Wortschatz am nächsten stehende Sprache. Wie beim Rätoromanischen handelt es sich um eine altromanische Sprache. Allerdings gibt es auf der Insel eine Fülle von Dialekten, die sich deutlich voneinander unterscheiden. Mittlerweile gibt es etliche Initiativen, die sich für den Erhalt und die Pflege des Sardischen einsetzen.*

Im Südosten der Insel, in Alghero, wird heute noch **katalanisch** *gesprochen. Die Architektur Algheros ist spanisch und auch die Straßenschilder sind zweisprachig.*

Seit 1960 ist Sardinien einer der wichtigsten Punkte auf der touristischen Karte Europas. Damals bereiste der Ismaelitenführer, Prinz Karim Aga Khan, die Insel. Der Prinz war so beeindruckt von ihrer Schönheit, dass er den ansässigen Hirten einen 55 Kilometer langen Küstenstrich im Nordosten abkaufte. Er nannte das Gebiet **„Costa Smeralda"** *(dt.: Smaragdküste) wegen der smaragdgrünen Farbe des Wassers. Binnen weniger Jahre entwickelte sich die Küste unter der Regie Aga Khans zu einem der bedeutendsten Treffpunkte der internationalen High Society. Die Costa Smeralda ist eine perfekt organisierte künstliche Welt: Alle Gebäude wurden mit einheimischen Materialien gebaut, ihre Höhe durfte die Wipfel der Bäume nicht übersteigen und die natürliche Umgebung wurde weitge-*

hend erhalten. Porto Cervo, das Zentrum der Smaragdküste, wurde von dem Stararchitekten Luigi Vietti im Stil eines Fischerdorfs erbaut. Der Baustil an der Costa Smeralda bedient sich verschiedener Stilelemente der Mittelmeerkultur und hat sogar schon einen Namen: „neosardisch". Heute gehört die Smaragdküste nicht mehr dem Prinzen, sondern einer amerikanischen Hotelkette.

Ab der Mitte der 1960er-Jahre schossen überall an den Küsten Sardiniens Hotels, Bars und Pizzerien aus dem Boden, die vielen Einheimischen einen bescheidenen Wohlstand ermöglichten. Mittlerweile haben die Trekkingtouristen **das Landesinnere Sardiniens** *für sich entdeckt. Anfangs waren die traditionell misstrauischen Sarden verblüfft über das Interesse der Fremden an ihren kargen Bergen. Schon bald erkannten die Sarden aber, dass ein sanfter Tourismus auch in die ärmeren Regionen der Insel Geld bringt. Viele „agriturismi" haben sich gegründet, die inmitten einer ländlich-rustikalen Umgebung Trendsportarten wie Mountainbiking und Freeclimbing, geführte Wandertouren, Ausflüge zu der Höhlenwelt Sardiniens und dazu eine bodenständige und leckere Küche anbieten. Die vernachlässigten Gebirgsregionen Sardiniens profitieren bereits seit einigen Jahren von dieser neuen touristischen Entwicklung, die sich nicht nur auf die Küsten beschränkt.*

Auch der italienische Ministerpräsident **Silvio Berlusconi** *weiß die Schönheiten der Insel zu schätzen. Vor einigen Jahren bereits ließ er sich gleich mehrere Ferienvillen auf Sardinien bauen. Eigentlich nichts Außergewöhnliches, aber der Medienmogul ließ seine prächtigen Anwesen ohne Baugenehmigung in einem Naturschutzgebiet errichten. Jahrelange Proteste der Sarden nutzten nichts, die Villen stehen noch heute.*

Die archaische Gesellschaft Sardiniens wurde durch den Tourismus völlig auf den Kopf gestellt. Aus einer nach uralten Regeln, in großen Familienverbänden organisierten Hirten- und Bauernkultur entwickelte sich in wenigen Jahren eine moderne, italienisch geprägte Konsumgesellschaft. Und es herrschen **große soziale Unterschiede** *auf der Insel: Bitterste Armut in einigen abgelegenen Bergdörfern steht dem „dolce vita" an der Costa Smeralda gegenüber. Die Beachpartys des internationalen Prominenten- und Geldadels bilden einen völligen Gegensatz zu dem konservativ-katholischen Lebensstil vieler Sarden. Auch wenn sich die soziale Situation der Sarden in den letzten Jahren gebessert hat, so droht doch eine Kultur verloren zu gehen, die in Europa seit Jahrhunderten ihren Platz hatte.*

008it Foto: fs

ZWISCHEN AMORE, PASTA UND BAMBINI: ITALIENISCHER ALLTAG

Bürokratie

Italien ist eines der bürokratischsten Länder Europas. Jeder noch so unbedeutende Verwaltungsakt ist ein kompliziertes Verfahren, das die Bürger viel Zeit und Nerven kostet. Die Italiener werden von einer absurden Flut von Gesetzen (viermal so viele wie in Deutschland!) dermaßen überreglementiert, dass sie eigentlich gar nicht anders können, als einige Vorschriften schlicht zu ignorieren.

Verwaltet werden die Paragrafen von **rund vier Millionen Beamten,** die in den öffentlichen Ämtern beschäftigt sind. Seit der Gründung des italienischen Nationalstaats vor gut 150 Jahren wird ein Teil der chronischen Arbeitslosigkeit auf die öffentliche Hand umgelegt. Besonders zugenommen hat die Zahl der Beamten nach dem 2. Weltkrieg: Jede der rasch wechselnden Regierungen stellte ihre eigenen Staatsdiener ein.

Stille Beobachter auf der Piazza Navona in Rom

Als ich vor einiger Zeit ein Formular bei einer Behörde in Rom abholen musste, wurden mir die komplizierten Abläufe deutlich vor Augen geführt. Bevor mir die Papiere ausgehändigt werden konnten, musste ich in einem Tabakladen eine spezielle Briefmarke kaufen, den sogenannten *bollo*. Der sollte dann später auf das Formular geklebt werden. Nur Tabakläden sind berechtigt, diese Briefmarken zu verkaufen. Leider waren die *valori bolati* in den beiden nahegelegenen *tabacchi* ausverkauft. Nach 2 Stunden hatte ich endlich die Briefmarke beschafft und kehrte zur Behörde zurück. Die Gänge in dem leicht baufälligen Palazzo in der römischen Innenstadt waren von Menschen überfüllt. Ich fragte einen Beamten, was all die Leute hier zu tun hätten. „Das sind alles Beamte der Behörde", antwortete der Mann, „für die wir zurzeit keine Beschäftigung haben." In Ermangelung einer sinnvollen Tätigkeit unterhielten sich die „freigestellten" Beamten oder besorgten in der Bar gegenüber Kaffee für ihre Vorgesetzten.

Keine Regierung der vergangenen Jahrzehnte vermochte es, das Problem der ausufernden Bürokratie in den Griff zu bekommen, weil jeder Politiker weiß, das dann die Arbeitslosenquote noch stärker ansteigen würde.

In den Behörden werden viele **Süditaliener** beschäftigt, die sonst in ihren Heimatprovinzen keine Arbeit finden würden. Auch dies trägt zum italienischen Nord-Süd-Konflikt bei: Viele Norditaliener neigen dazu, die Langsamkeit der Behörden der süditalienischen Mentalität ihrer Beamten zuzuschreiben.

Aber die findigen Italiener haben auch aus dem Behördenchaos einen Ausweg gefunden. Vor einigen Jahren lernte ich bei einem Abendessen mit Freunden in Rom *Sandro Pellegrino* kennen. Ich wunderte mich, was der im Vergleich zu den anderen Teilnehmern des Abendessens deutlich ältere Mann hier machte. „Das ist unser Behördengänger", erzählte mir eine Freundin. Ich setzte mich neben den Mann, der mir auch gleich bereitwillig seine Lebensgeschichte erzählte. Der 65-Jährige ist Rentner. Als seine Frau vor fünf Jahren starb, wusste er nicht, womit er sich beschäftigen sollte. Die Kinder waren schon erwachsen und arbeiteten außerhalb Roms, nur an den Wochenenden sah er sie manchmal. Und so entschied sich *Sandro Pellegrino* für eine Beschäftigung, bei der Kontakte zu anderen Menschen das Wichtigste sind: Er wurde **professioneller Behördengänger.**

Wer es sich leisten kann, versucht sich das Martyrium eines Behördenbesuchs zu ersparen und engagiert jemanden dafür. Ein professioneller Behördengänger kostet für einen Vormittag rund 50 Euro und schafft in derselben Zeit dreimal so viel wie ein Amateur. *Sandro Pellegrino* weiß, woran es liegt: „Es geht ja weniger um die reine Wartezeit, die ich den Leuten erspare, viel wichtiger ist es, die Amtswege und die richtigen Personen zu kennen."

Die Beamten nennen ihn schon beim Vornamen und behandeln ihn bevorzugt. Er genießt zum Ärger der anderen in der Schlange Stehenden gewisse Präferenzen, weil er sich bei den Staatsdienern erkenntlich zeigt. Hier mal ein kleines Trinkgeld, dort eine Aufmerksamkeit für die Frau Gemahlin. *Sandro Pellegrino* möchte seine Tätigkeit noch so lange wie möglich ausüben: „Wissen Sie, als meine Frau starb, war ich sehr allein. Aber jetzt kann ich den ganzen Tag lang in der Schlange mit den Leuten reden."

Essen und Trinken

Es liegen Welten zwischen einer gedeckten Tafel in einer gut beheizten Südtiroler Stube, an der Knödel, Kraut und Speck verzehrt werden, und einem Essen an einem Strand auf Sizilien, bei dem gegrillter Schwertfisch, rohe Seeigel und Couscous auf den Tisch kommen. In kaum einem anderen Land in Europa gibt es so **viele unterschiedliche Spezialitäten.** In der kulinarischen Vielfalt Italiens spiegeln sich die sozialen und politischen Ereignisse der vergangenen Jahrhunderte:

- Kleinstaaterei, deswegen die vielen verschiedenen Regionalküchen,
- Fremdherrschaft, die immer wieder die italienische Küche beeinflusste und weiterentwickelte,
- Armut, die zu der Fähigkeit verhalf, aus einfachen Zutaten köstliche Speisen herzustellen.

Eine wichtige Rolle spielten auch die **Handelsbeziehungen in alle Welt,** die Italien im Mittelalter pflegte. Die Kaufleute der Seerepublik Venedig beispielsweise brachten den Reis nach Italien und mit der Entdeckung Amerikas kamen über die Hafenstadt Genua die ersten Tomaten auf die Apennin-Halbinsel.

Ein **gemeinsames Essen,** egal ob im Norden oder im Süden, gilt in Italien sehr viel. Die Familie verlangt Respekt für die pünktlichen Zusammenkünfte zur Essenszeit. Eine große Rolle spielen festliche Gelegenheiten wie Hochzeiten oder Kindstaufen, bei denen alle Familienmitglieder zu einer gemeinsamen Mahlzeit zusammenkommen, auch wenn sie weit voneinander entfernt wohnen. Diese uralte **Tradition der Familienfeste** droht aber durch den zunehmenden Verfall der Familienstrukturen auszusterben. (Siehe auch das Kapitel: „Die Familie – zwischen Tradition und Moderne".)

Fremde Landesküchen gelten den Italienern wenig. In Italien gibt es **kaum ausländische Restaurants** und wenn, handelt es sich meistens um chinesische, vietnamesische oder indische Restaurants, deren Küche es in den letzten Jahren zu einer gewissen Beliebtheit gebracht hat.

036it Foto: fs

Besonders schlecht angesehen ist die Ernährung nördlich der Alpen und nicht wenige Italiener neigen dazu, einheimische Fertigprodukte auf Reisen in andere Länder mitzunehmen.

Bevor sie sich mit der italienischen Küche beschäftigen, vergessen sie zunächst alles, was sie beim „Italiener um die Ecke" zu sich genommen haben: Es handelt sich dabei um die internationale Form der italienischen Küche, die wenig mit dem zu tun hat, was im Land selbst auf den Tisch kommt. Es fängt schon mit der legendären **Pfeffermühle** an, die in den europäisierten Restaurants zu einem scheinbar unentbehrlichen Utensil geworden ist. Auf das mit *grandezza* (großer Geste) präsentierte, meist überdimensionierte Küchengerät, verbunden mit der Frage: „Darf es noch ein bisschen Pfeffer sein?", wird man in Italien vergeblich warten. Hier wird nur selten Pfeffer verwendet, um scharf zu würzen, werden meist getrocknete Chilischoten *(peperoncino)* benutzt.

Übrigens: So gerne die Italiener auch essen, dem **Frühstück** messen sie nur eine geringe Bedeutung bei. Der italienische Alltag beginnt im Allgemeinen mit einem Kaffee, der zu Hause getrunken wird. Auf dem Weg zur Arbeit, nehmen die Italiener meistens in einer Bar noch einen Cappuccino oder einen Milchkaffee *(caffè latte)* zusammen mit einem pappigen, mit Marmelade gefüllten Hörnchen *(cornetto)* zu sich. Eine Frühstückskultur wie in Deutschland gibt es nicht.

Die Klassiker: Nudeln und Pizza

Das gemeinsame „Band“ zwischen den verschiedenen italienischen Küchen ist **die Nudel** (ital.: *pasta*). Die Technik, aus Mehl und Wasser Teig zu kneten, ist uralt. Schon die alten Römer aßen Teigstreifen mit Käse. Auf seiner italienischen Reise machte *Goethe* 1787 in Neapel Bekanntschaft mit den Nudeln: „Die Makkaroni, ein zarter durchgearbeiteter, gekochter, in gewisse Gestalten gepresster Teig von feinem Mehl, sind von allen Sorten überall um ein Geringes zu haben. Sie werden meist nur in Wasser abgekocht, und der geriebene Käse schmälzt und würzt zugleich die Schüssel.“

Die Tomate, ohne die eine Pastasoße heute kaum denkbar ist, musste lange warten, bis sie endlich in der Küche verwendet wurde. Zwar kam sie schon im 16. Jahrhundert nach Italien, anfangs wurde sie jedoch nur als Zierpflanze verwendet. Erst seit Beginn des 19. Jahrhunderts taucht sie in den italienischen Kochbüchern auf. Das Klima in der Gegend von Neapel ließ die von den Italienern „Goldapfel“ *(pomodoro)* genannte Tomate so gut gedeihen, dass sie schnell zu einem Hauptbestandteil der süditalienischen Küche wurde.

Die Nudeln sind noch immer wesentlicher Bestandteil eines italienischen Essens. Es gibt unendlich **viele regionale Nudelspezialitäten.** Unterschieden wird zwischen *pasta all'uovo,* das sind Eiernudeln, und *pasta di semola,* die aus Hartweizen hergestellt werden. In einer durchschnittlichen italienischen Familie werden gut und gern viermal in der Woche Nudeln gegessen. Die Zuordnung der Nudelformen zu den verschiedenen Nudelsoßen gehorcht einem strengen Regelkodex. Eine Muschelsoße beispielsweise wird immer mit Spaghetti serviert, aber nur solche mit der Stärke Nr. 5 – der Durchmesser der Spaghetti wird in Zahlen auf der Packung vermerkt.

Der bekannteste Exportschlager der italienischen Küche ist die süditalienische **Pizza.** Ihr Siegeszug begann, als ein neapolitanischer Pizzabäcker anlässlich des Besuchs der italienischen Königin im Jahre 1889 eine Pizza kreierte, welche die Farben der italienischen Nationalfahne trug – grüner Basilikum, weißer Mozzarella und rote Tomaten. Das belegte Fladenbrot wurde kurzerhand nach der Königin benannt, die **Margherita** hieß. Die Pizzeria Brandi (Salita Sant'Anna di Palazzo 2, www.brandi.it), in der diese Ur-Pizza entstand, existiert noch heute im spanischen Viertel Neapels.

Es gibt zwei „Pizza-Philosophien" in Italien: Einmal das klassische, neapolitanische Fladenbrot, dessen Teig immer etwas dicker ist – zum anderen die römische Pizza mit einem hauchdünnen und knusprigen Boden.

Das „Prinzip Pizza" gibt es schon lange. Vermutlich verwendeten die Bäcker Neapels die Reste des Brotteigs, um kleine Fladen zu formen, die sie dann mit allem Möglichen belegten. Vermutlich leitet sich der Name von dem arabischen *pita* für Brot ab. *Goethe* erwähnt auf seiner italienischen Reise die Pizza nicht, was vermuten lässt, dass sie im 18. Jahrhundert noch keine große Bedeutung hatte.

Bereits seit den Zeiten der Etrusker gibt es überall in Italien Fladenbrote, die der Pizza ähnlich sind. Aus Ligurien kommt die **focaccia,** ein einfacher Hefeteig, der vor dem Backen mit Olivenöl, Salz und Kräutern verfeinert wird. In der Emilia Romagna gibt es die *piadina,* ebenfalls ein Fladenbrot, das gerne mit Käse oder Salami belegt wird.

Heute sind der **Fantasie** keine Grenzen gesetzt. Die Pizza wird gern mit rohem Schinken belegt, mit Thunfisch und Oliven, mit Kartoffeln oder Muscheln – erlaubt ist alles. Der wahre Feinschmecker beschränkt sich aber lieber auf die einfache Variante: Entweder als „Margherita" oder als „Napoli" mit Sardellen. Die Pizza ist auch in ihrer geschlossenen Variante beliebt, der *calzone.* Übrigens: Die Italiener bevorzugen zur Pizza keinen Wein, sondern ein kaltes Bier.

Die verschiedenen Regionalküchen

Die Basis der italienischen Küche ist das Olivenöl. Es genießt eine geradezu mythische Verehrung, **Olivenöl ist die Grundlage** der meisten Gerichte. Zentren der Olivenölproduktion befinden sich in der Toskana, in Umbrien, in Apulien und am Gardasee.

Früher wurde gern zwischen der norditalienischen Butter- und Sahneküche und der südlichen Olivenölküche unterschieden. Heute hat sich auch in Norditalien der überwiegende Gebrauch von Olivenöl durchgesetzt.

Eine **kulinarische Reise durch Italien** beginnt in den Alpenregionen Norditaliens, vom Aostatal im Nordwesten bis zu den Karnischen Alpen im Nordosten, wo eine bodenständige, den klimatischen Bedingungen angepasste Küche auf den Tisch kommt: Viele Pilz- und Wildgerichte, Esskastanien, Gerstensuppe, in Südtirol die Knödel in ihren Varianten Käse-, Speck- und Spinatknödel. **Im hohen Norden Italiens** ist noch heute die lange nicht nur politische, sondern auch kulinarische Herrschaft Österreichs zu spüren. Die *Jota* beispielsweise, eine Sauerkrautsuppe, gehört zu den auf die österreichische Vergangenheit zurückgehenden Gerichten in

Friaul-Julisch-Venetien. Besonders beliebt ist dieses Gericht in der Hafenstadt Triest, einstmals Österreichs Tor zur Welt.

Im Veneto und im Trentino wird gern die *pasta e fagioli* gegessen, ein Eintopfgericht aus Nudeln, Bohnen und passierten Tomaten. Überall in den Gebirgsregionen der italienischen Alpen kommt die **polenta** auf den Tisch, ein gelber, dicker Maisbrei, der als Beilage zu Gulasch, Pilzgerichten oder Käse serviert wird. Als im 16. Jahrhundert der erste Mais nach Italien kam, fand die *polenta* schon bald ihren festen Platz in der alpenländischen Bauernküche. Bis nach Süddeutschland drang die *polenta* vor, wo sie als *pult* bezeichnet wurde. Die Venezianer, die als erste den Mais nach Italien brachten, nannten die amerikanische Pflanze *grano turccho* („Türkenkorn"), wie sie überhaupt alles, was aus der Ferne kam, mit dem Beinamen „türkisch" belegten.

In ganz Norditalien sind die **gnocchi di patate** sehr verbreitet, das sind kleine Kartoffelklößchen. Dafür wird ein Teig aus gekochten Kartoffeln, Mehl und Parmesan zu langen Würsten gerollt und dann in mundgerechte Stücke geschnitten. Serviert werden sie meistens mit einer Hackfleischsoße *(ragù)*. Aus der Emilia Romagna kommen die **Tortellini,** einer der bekanntesten Exportschlager der italienischen Küche. Sie kommen normalerweise mit Hackfleisch gefüllt auf den Tisch, aber es gibt sie noch in vielfältigen Variationen: mit Frischkäse, Spinat, Nüssen, Kürbis und im Nordosten Italiens sogar mit Rosinen gefüllt.

Im an der Schweizer Grenze gelegenen Valtelina gehören die **pizzocheri** zu den regionalen Spezialitäten, das sind Buchweizennudeln, die mit Fontinakäse, Kartoffeln und Wirsing auf den Tisch kommen.

Italien ist das Land mit der größten Reisproduktion und dem **größten Reisverbrauch in Europa.** In den wasserreichen Flussebenen Norditaliens herrschen ideale Anbaubedingungen für dieses aus dem Orient eingeführte Getreide vor. Das **Risotto** stammt aus Mailand. Verwendet wird dazu ausschließlich Rundkornreis, der in Butter mit Zwiebeln angebraten wird. Danach wird der Reis mit Weißwein abgelöscht und unter ständigem Umrühren in Fleischbrühe gekocht. Hinzugegeben werden kann, was die italienische Fantasie hergibt: Meeresfrüchte, Pilze, Zucchini oder Kürbis.

In dem Dörfchen San Daniele im Friaul in Nordostitalien wird der gleichnamige **Schinken** hergestellt, den schon der russische Zar genoss. Der noch bekanntere Parmaschinken ist im Geschmack dem aus San Daniele durchaus ähnlich. Beide sind süßlich und unvergleichlich zart, es sind aber auch die teuersten Schinken *(prosciutto)* in Italien.

Ein Beispiel für die Kreativität der italienischen Küche ist eine Nudelsoße, die aus so einfachen Zutaten wie Basilikum, Olivenöl und Pinienkernen besteht. Alles wird püriert und kalt zu den Nudeln gegeben. Das Rezept heißt **pasta al pesto** und stammt aus der ligurischen Hafenstadt Genua.

In **Mittelitalien,** in den Regionen Toskana und Umbrien, wird gern Fleisch gegessen. Kultstatus genießt die *fiorentina,* ein riesiges **Steak,** das gern blutig verzehrt wird, vergleichbar mit dem amerikanischen T-Bone-Steak. Wegen des BSE-Skandals war die *fiorentina* in Italien eine Zeit lang verboten, was für die italienischen Feinschmecker Grund zu großer Trauer war.

Mit *salumi* bezeichnet man **Salami und Schinken.** In Südtirol und Trient wird viel Speck gegessen. Salami gab es schon bei den alten Römern. Die bekannteste ist die *lucanica,* deren Ursprünge sogar noch auf die Griechen zurückgeführt werden. Im Kochbuch des *Apicius,* das fast 1800 Jahre alt ist, findet sich bereits ein Rezept für Salami.

In der Toskana wird aus der heimischen Schweinerasse *cinta* Wurst und Schinken höchster Qualität hergestellt. Im Chiantigebiet und in der Stadt Lucca gibt es sogar eine **Variante der deutschen Blutwurst,** die hier *burrista* heißt. Ein deutscher Offizier, der mit den napoleonischen Truppen in die Toskana kam und nicht auf seine Blutwurst verzichten wollte, brachte den Italienern kurzerhand bei, wie man diese Spezialität zubereitet. Etwas weiter südlich, in dem Städtchen Norcia in Umbrien, gibt es eine lange Tradition der Wurst- und Schinkenherstellung. Deswegen nennt man die Wurstmacher in ganz Mittelitalien auch *„norcini"*.

Slow food

Als die größte Fast-Food-Kette der Welt in den 1980er-Jahren immer mehr Filialen in Italien eröffnete, beschloss der Gastrojournalist Carlo Pertini, dem ein ganz anderes Konzept entgegenzustellen. Er gründete mit einigen Freunden die ***Slow-Food-Bewegung.*** *Sie setzt sich zum Ziel, die regionale Küche zu schützen und zu fördern. Regionale, vom „Aussterben" bedrohte Spezialitäten sollen erhalten werden. Heute hat „Slow Food" 20.000 Mitglieder in Italien und im Ausland. Jedes Jahr im Herbst veranstaltet die Gourmet-Organisation eine Messe des guten Geschmacks („Salone del gusto") in Turin. Restaurantküchen, deren Gerichte auf regionalen Produkten und Traditionen basieren, werden von „Slow Food" mit dem Zeichen einer Schnecke ausgezeichnet, das gut sichtbar am Eingang zu sehen ist. Hier kann der Reisende bedenkenlos einkehren.*

Für weitere Infos: www.slowfood.it

Die **römische Küche** ist im Gegensatz zur Toskana und Umbrien eine typische *cucina povera,* eine Armeleuteküche - bekanntermaßen sind dies oftmals nicht die schlechtesten. Die Römer entwickelten eine bemerkenswerte Fantasie, mit wenigen preisgünstigen Zutaten die schmackhaftesten Gerichte zu zaubern.

Vielfältige Rezepte mit **Innereien** zeichnen die römische Küche aus: *trippa alla romana,* Kutteln, oder *pajata,* Kalbsgekröse mit dicken Röhrennudeln, sind die bekanntesten. Sehr beliebt ist die *coda alla vaccinara,* der geschmorte Ochsenschwanz. Auch die **Wildkräuter** aus der römischen Campagna, die alle einen bitteren und manchmal sogar scharfen Geschmack haben, finden in der römischen Küche ihre Verwendung: Spinat, Rucola, Pimpernell werden als Salat oder Gemüse zubereitet. Eine beliebte Beilage sind in der Pfanne gebratene Zichorie oder Mangold, die mit Olivenöl und Zitrone angemacht werden. Im Winter wird die *puntarella* gegessen, eine mit Knoblauch und Sardellen angemachte, bittere Salatpflanze.

Frittierte und **gefüllte Zucchini- und Kürbisblüten** gehören genauso zu den Besonderheiten der römischen Küche, wie die in vielfältigen Variationen zubereiteten Artischocken, z. B. *alla guidia* („auf jüdische Art"), wobei die Artischocken mit Knoblauch in Olivenöl frittiert werden. Bei dem leicht bitteren Gemüse, das sich schon die alten Römer schmecken ließen, handelt es sich übrigens um eine veredelte Zuchtform der Distel.

Eine typisch **römische Nudelspeise** ist die *pasta all'amatriciana,* die nach einem kleinen Dorf in den Abruzzen benannt ist. Viele Römer sind in den letzten hundert Jahren aus den Abruzzen zugewandert und haben dieses Rezept mitgebracht. Es handelt sich dabei um eine Soße aus

037it Foto: fs

Frische Artischocken auf einem Gemüsemarkt in Rom

Ein italienisches Menü

Vorspeise (Antipasti)
Prosciutto e Melone (Melone mit rohem Schinken)
Caprese di bufala
(Büffelmozzarella mit Tomaten, Olivenöl und Basilikum)
Bruschetta al pomodoro (geröstestes Weißbrot mit Tomatenscheiben)

Primo piatto (erster Gang)
Bucatini all'amatriciana
(dicke Spaghetti mit Tomatensoße und Schweinbacke)
Tortelloni ripieni di zucca (große Tortellini gefüllt mit Kürbis)

Secondo piatto (zweiter Gang)
Pesce spada alla sorrentina
(gegrillter Schwertfisch mit Oliven und Tomaten)
La fiorentina (T-Bone ähnliches Rindersteak)
Vitello tonnato (fein aufgeschnittener Kalbsbraten mit Thunfischsoße und Kapern)

Dessert
Tiramisu
(Nachspeise aus Eiern, Mascarpone, Löffelbiskuit und Kaffee)
Cannoli alla siciliana
(frittierte mit Frischkäse und kandierten Früchten gefüllte Teigrolle)
Panna cotta (mit Zucker, Gelatine und Vanille aufgekochte Sahne)

Schweinebacke, frischen Tomaten und Knoblauch, die mit *buccatini* angerichtet wird, einer Art etwas dickeren Spaghetti. Darüber wird frisch geriebener Schafskäse *(peccorino)* gestreut. Beliebte Fleischspeisen in Rom sind das *abbacchio,* gegrilltes Milchlamm, und die *saltimbocca alla romana,* dünne Kalbsschnitzel, die mit Salbei und Schinken belegt werden.

Der **Süden Italiens** ist bekannt für seine Fischgerichte. In Kalabrien und auf Sizilien zählen Thunfisch und Schwertfisch zu den beliebtesten, aber auch teuersten Gerichten. Eine Vielzahl an Gemüsen kommt auf den Tisch: Broccoli, Auberginen, Zucchini, Paprika etc. Aus Sizilien stammt die *capponata,* ein Eintopf aus Auberginen, Tomaten und Kapern. In der sizilianischen Küche sind noch immer **arabische Einflüsse** spürbar, schließlich wurde die Insel über zwei Jahrhunderte von den Arabern beherrscht. *Couscous,* ein Hirsebrei, der mit Fleisch, Fisch oder Gemüse gegessen wird, findet man überall in den Trattorien der Insel.

Eine in ganz Italien beliebte sizilianische Spezialität ist die *pasta alla norma,* Nudeln mit frittierten Auberginen und Tomaten, die mit einem salzigen Ricottakäse bestreut werden.

Italienischer Wein – eine Klasse für sich

Zu einem guten italienischen Essen gehört auch ein guter Wein. Schon zum Mittagessen wird gern ein Glas Rebensaft gereicht. Ausländische Sorten werden in Italien nur selten angeboten, die meisten italienischen Feinschmecker sind der Meinung, dass es **keine besseren Weine als die einheimischen** gibt. Grundsätzlich wird in Norditalien mehr Rotwein getrunken, während im Süden häufiger Weißwein auf den Tisch kommt. Die teuersten und bekanntesten Rotweine kommen aus dem Piemont (Barbera, Barolo) und der Toskana (Chianti, Montepulciano). Die großen Zentren der Weißweinproduktion befinden sich im Collio, in Nordostitalien (Pinot Grigio, Cabernet Sauvignon), in der Umgebung Neapels (Falanghina, Greco di Tuffo) und in der Region Südtirol-Trentino (Chardonnay, Pinot Bianco).

Kleine Kaffeekunde

Kaffee zu genießen, ist eines der beliebtesten Rituale der Italiener. Es beginnt bereits im Morgengrauen, in einer beliebigen Bar, in irgendeiner Stadt: Aus einer dampfenden Kaffeemaschine tropft eine noch dickflüssige, köstlich duftende Creme, die langsam den Boden der Tasse füllt. Obendrauf kommt heiße, aufgeschäumte Milch, niemals Sahne, und fertig ist der **Cappuccino,** mit dem für so viele Italiener der Tag beginnt. Manchmal darf es auch ein **Caffè latte** sein, der sich durch seinen höheren Milchanteil vom Cappuccino unterscheidet.

Ab elf Uhr morgens geht man dann über zum **caffè,** der in Deutschland Espresso heißt. Cappuccino wird dann nur noch von Touristen getrunken – Milch gilt nach elf Uhr als unverdaulich. Besonders ältere Männer neigen dazu, ihren „caffè" mit einem Schluck Hochprozentigem zu „korrigieren": **caffè corretto.** Sehr beliebt ist auch der **caffè macchiato,** ein Espresso, der mit einem Tropfen aufgeschäumter Milch verlängert wird. Wem ein Espresso zu wenig ist, der darf sich einen doppelten bestellen: **caffè doppio.**

Im Süden des Landes, vor allem in Neapel, gibt es den besten Kaffee. Hier pflegt man noch heute die Sitte, vor dem Kaffee ein Glas Wasser zu

038it Foto: fs

Kaffee umsonst

Wenn Genaro auf der „Spacca Napoli“, der belebten, kerzengeraden Hauptstraße im Zentrum Neapels, einen Kaffee trinken geht, bezahlt er immer zwei. Was dem Mailänder völlig unverständlich erscheint, gehört für den Neapolitaner zu den Selbstverständlichkeiten des Alltags. Genaro ***bezahlt einen zweiten Kaffee*** *für jemanden, der noch nicht da ist, aber bestimmt im Laufe des Tages noch vorbeikommt. Er kennt diesen Jemand nicht und wird ihn wahrscheinlich auch nie kennenlernen. Er weiß nicht, ob er jung oder alt, groß oder klein ist, nur eines weiß Genaro: Der Mann oder die Frau hat kein Geld, um sich einen Kaffee zu gönnen.*

Der „barista“ nimmt die doppelte Bezahlung entgegen und legt die Münzen in ein kleines Schälchen neben der Kasse. Sobald einer der unzähligen Bettler und Obdachlosen Neapels die Bar betritt und fragt, ob vielleicht jemand seinen Kaffee zweimal bezahlt hat, wird er sofort bedient. Ein uraltes ***Prinzip der Solidarität mit den Armen,*** *das in Gesellschaften, die in Jahrhunderten der Unterdrückung eine Art „Überlebenskultur“ entwickelt haben, zu den Notwendigkeiten des menschlichen Zusammenlebens zählt.*

trinken. Damit soll der Mund gereinigt werden, sodass dem Genuss nichts mehr im Wege steht.

Für Touristen, die keinesfalls auf ihren gewohnten Filterkaffe verzichten wollen, haben die Italiener den Begriff **caffè americano** eingeführt. Der wird aber nur in internationalen Hotels serviert.

Eine italienische Fernsehwoche

„Unsere Bildschirme wimmeln inzwischen von Analphabeten, die stolz auf den Gebrauch falscher Verbformen sind, (...), von Sängern, die keinen Ton treffen, (...), von zufriedenen Gehörnten, verrückten Wissenschaftlern, unverstandenen Genies, von denen die Ohrfeigen geben, und denen, die sie erhalten, glücklich, dass am nächsten Morgen der Tabakhändler an der Ecke darüber spricht."

Umberto Eco: Eine TV-Show als Spiegel des Landes (in: *Klaus Wagenbach:* Mein Italien, kreuz und quer)

Die Fernsehlandschaft

Grundsätzlich gliedert sich die italienische Fernsehlandschaft, wie in den meisten anderen europäischen Ländern auch, in den privaten und den staatlichen Sektor.

Seit der **Gründung des Staatsfernsehens RAI** *(Radiotelevisione Italiana)* vor mehr als fünfzig Jahren teilen sich die politischen Parteien das Medium: Das erste Programm der RAI wird von den konservativen Parteien dominiert, das zweite Programm gehört der politischen Mitte und RAI 3 repräsentiert die politische Linke des Landes.

Das nationale **Privatfernsehen** gehört zum Unternehmen Fininvest des Ministerpräsidenten *Silvio Berlusconi.* Fininvest unterhält drei Sender: *Italia Uno, Rete 4* und *Canale 5.* Daneben gibt es unzählige regionale Privatsender, die aber meist nur über ein sehr kleines Sendegebiet verfügen. Seit dem Aufstieg des italienischen Privatfernsehens in den 1980er-Jahren dominieren diese drei Fininvest-Sender die italienische Fernsehlandschaft. Das „Erziehungsfernsehen" der staatlichen RAI gehört seitdem der Vergangenheit an.

Unsägliche Unterhaltungsshows, Ratespiele und öffentliche Selbstentblößungen, die von den privaten Sendern „erfunden" wurden, bilden mittlerweile auch auf den staatlichen Kanälen den Hauptbestandteil des Programms. **Dokumentarfilme und Reportagen** kommen im italienischen Fernsehen so gut wie nicht mehr vor. Dafür wird mittlerweile auch auf den staatlichen Sendern das Programm rund um die Uhr von Werbung unterbrochen.

Das Programm

Eine typische italienische Fernsehwoche fängt am Samstagabend mit „Che tempo che fa" auf RAI 3 an. Ein kluger Moderator, begleitet von einer normal angezogenen, eleganten und kultivierten Frau, moderiert die **Talkshow mit viel Witz und Tiefe.** In den Gesprächen werden Themen aus Wissenschaft, Kunst, Politik und Wirtschaft diskutiert.

In Italien ist das ein eher seltener Fall, da hier meistens leicht bekleidete, junge puppenhafte Frauen ihre Hüften hin und her schwingen, ohne ein sinnvolles Wort zu sprechen – falls sie überhaupt Italienisch können oder italienischer Herkunft sind. Sie werden von den Moderatoren auch nie angesprochen. Niemand will wissen, woher sie kommen, wie sie heißen und was sie gern mögen. Diese sogenannten *veline* sind ein wichtiger Bestandteil der Dramaturgie des italienischen Fernsehens.

Aber zum Glück gibt es am Sonntagabend ebenfalls auf RAI 3 „Report", seit eh und je eine der bittersten und schärfsten Sendungen in der italienischen Fernsehlandschaft. **Sozialkritisch,** aber objektiv und unparteiisch. Noch niemand hat es wie die Journalistin *Milena Gabanelli* geschafft, die dunkelsten Affären, die traurigsten Mysterien und die düstersten Seiten der italienischen Gegenwartsgeschichte und der früheren Vergangenheit aufzudecken.

Eine wichtige Rolle im italienischen Fernsehen spielen die zahlreichen **Satireprogramme.** Interessant sind diese Sendungen, weil sie mit viel Humor die italienische Politik in ihrer ganzen Lächerlichkeit gnadenlos bloßstellen. Am Sonntagabend versammelt sich (fast) ganz Italien vor dem Fernsehgerät, um „Le Iene" zu schauen, die radikalste Sendung, die das italienische Fernsehen zu bieten hat. Paradoxerweise wird „Le Iene" von Italia 1 ausgestrahlt, ein Sender, der zu *Silvio Berlusconis* Medienkonzern gehört.

Wenn die Moderatoren *Paolo* und *Luca* die Bühne betreten, zittern Italiens Politiker. Mit oft umstrittenen Aktionen versuchen die „Hyänen" die Volksvertreter Italiens aufs Korn zu nehmen. Meistens werden die Parlamentarier in Interviews verwickelt, die etwas enthüllen sollen, was eigentlich gar nicht Thema des Gesprächs ist. Im Dezember 2006 hatten die Macher der Sendung sich eine Aktion ausgedacht, die im ganzen Land mal wieder eine Diskussion über Moral und Glaubwürdigkeit der italienischen Politik auslöste: Unter dem Vorwand, Interviews zu den Haushaltsberatungen führen zu wollen, hatten die Reporter verschiedenen Politikern mit Wattebäuschen das Gesicht abgetupft und so das Material für einen **Drogenschnelltest** erhalten. Das Ergebnis hatte niemand erwartet: Von 50 Abgeordneten sollen 13 kurz vorher Cannabis konsumiert haben und vier wurden sogar des Kokainmissbrauchs überführt.

Die Aktion offenbarte die Doppelmoral, die im römischen Parlament herrscht. Keineswegs handelte es sich bei den des Missbrauchs überführten um Mitglieder linksradikaler Splitterparteien, nein, es waren einige Abgeordnete extrem konservativer Parteien dabei, die ständig für eine härtere Gangart in der Drogenpolitik eintreten.

Alle Illusionen über die Qualität des italienischen Fernsehens scheitern aber schon am Montagabend, wenn *Bruno Vespa* bei „Porta a Porta" im pompösen, komplett in weiß gehaltenen Studio und mit dem Soundtrack von „Vom Winde verweht" (eine Anspielung auf das eigene Land?, fragt sich der unwissende Zuschauer) die neusten Bluttaten analysiert und dazu eine Reihe von Experten um Hilfe bittet. Die Sendung pflegt einen gnadenlosen **Voyeurismus,** der im Gewand des Mitleids daherkommt.

Seit mehr als zwanzig Jahren freuen sich die sensationshungrigen italienischen Fernsehzuschauer auf „Chi l'ha visto", die Sendung der tränenreichen Szenen, der bitteren Zugeständnisse und **Familiendramen.** „Wer hat ihn gesehen" lautet die wörtliche Übersetzung. Es geht um spurlos verschwundene Menschen, die von Familienangehörigen und Freunden gesucht werden. Die Protagonisten sind meistens in Süditalien ansässig, sie sind nicht reich und oft nicht mal alphabetisiert. Auf einer riesigen Videoleinwand flehen die zugeschalteten Gäste - Opa, Oma, Papa, Mama oder Kind - die Verschwundenen an, doch wieder nach Hause zurückzukehren.

Die große **Samstagabendshow** ist in Italien seit den 1950er-Jahren eine wichtige Institution. Im Privatsender Canale 5 läuft seit zwanzig Jahren „La Corrida", einer der Tiefpunkte der italienischen Fernsehunterhaltung. Zur besten Sendezeit dürfen Zuschauer vorführen, was sie können - oder besser gesagt, nicht können. Zur größten Freude der Zuschauer tanzen übergewichtige Menschen mit einem Fernsehballett oder versuchen sich psychisch kranke Menschen als Entertainer. Natürlich sind die Begleiterinnen von Moderator *Jerry Scotti* spärlich bekleidet und werden ständig von ihrem „Chef" angegrapscht.

Kultur im italienischen Alltag

„In jedem Italiener steckt ein Künstler." Das ist sicherlich übertrieben, aber viele Italiener haben einen ganz natürlichen und unverkrampften Zugang zu den verschiedensten Kunstformen.

Kein Land der Welt hat mehr bedeutende Bildhauer und Maler hervorgebracht. Zuerst war es das Römische Reich, das mit immer prächtigeren Bauten seinen universellen Machtanspruch demonstrieren wollte. Danach vergaben die Päpste die Aufträge an die Künstler. Italien hat **weltweit die größte Dichte an Kulturdenkmälern.**

Oft richtet sich der **Vandalismus,** der vor allem in den italienischen Großstädten weitverbreitet ist, auch gegen die Kulturdenkmäler des Landes. Manchmal scheint es, als läge die Ursache für die Zerstörungswut, die sich gegen die Kunst und die prächtigen Bauten der Vergangenheit richtet, in der eher ernüchternden italienischen Gegenwart. Vielleicht wollen manche nicht daran erinnert werden, dass das Land zwischen Brenner und Sizilien einmal das mächtigste der Welt war.

Eine der ersten Besonderheiten, die mir in Italien aufgefallen ist, waren die vielen Menschen, die **auf der Straße singen.** Meistens singen sie die Lieder der bekannten *cantautori,* der italienischen Liedermacher, deren Texte fast jeder im Land kennt. Überhaupt wird in Italien viel mehr **einheimische Musik** gehört, als in anderen europäischen Ländern. *Lucio Dalla, Mina, Zucchero, Pino Daniele, Eros Ramazotti* und *Gianna Nannini* sind die bekanntesten Namen der italienischen Musikszene.

In einem süditalienischen Dorf traf ich einen Mann, der alle Arien aus den Opern von *Giuseppe Verdi* auswendig singen konnte. Das Interessante war, dass er selbst gar nicht wusste, wer die Lieder komponiert hatte, die er da den ganzen Tag sang. Für die **Verbreitung der italienischen Opern** sorgten seit dem 19. Jahrhundert die sogenannten *bande*. Mit *banda* wird eine Musikkapelle bezeichnet, die hauptsächlich mit Blasinstrumenten musiziert. Sie spielen bei Hochzeiten, Begräbnissen oder anderen festlichen Veranstaltungen. Die meisten von ihnen bringen am liebsten die berühmtesten Stücke aus den italienischen Opern zu Gehör.

Von einem Land, in dem eine derartige Musikalität steckt, sollte man erwarten, dass es hervorragende **Orchester** gibt. Leider ist das Gegenteil der Fall. Auch in der Musik lehnen die meisten Italiener Nebenrollen ab: Es gibt sehr gute Solisten, aber kaum gute Orchestermusiker.

Das ganze Leben ist den Italienern eine Bühne, die ihnen die Möglichkeit gibt das Leben mit ironischer Distanz zu betrachten. Das hat eine lange Tradition: Schon die alten Römer liebten **das Theater.** Im Kolosseum in Rom wurden ganze Seeschlachten nachgestellt. An den *Saturnalien,* einem altrömischen Fest, das immer am 17. Dezember gefeiert wurde, erfreuten groteske Verkleidungen und Gelage die einheimische Bevölkerung.

In der Renaissance entstanden an den Höfen Italiens die ersten Theaterbühnen Europas. Im 16. Jahrhundert entwickelte sich die **Commedia dell'Arte,** eine Stegreifkomödie, die bald überall auf der Welt ihre Nachahmer fand.

Parallel zum Theater erblühte von Florenz aus die italienische **Oper.** Vor allem die komische Oper *(opera buffa)* wurde in Italien schnell populär.

Die Italiener haben eine Vorliebe für die Komödie, die ihnen als die adäquateste Form erscheint, die Schwierigkeiten des Lebens darzustellen.

In einem Land, in dem das Fernsehen die Sehgewohnheiten der Menschen dominiert, hat es eine ernsthafte **Gegenwartskunst** schwer. Die italienische Theaterszene, die im 20. Jahrhundert noch hohes Ansehen in ganz Europa genoss *(Giorgio Strehler, Dario Fo),* kann mittlerweile getrost als „Minderheitenveranstaltung" bezeichnet werden. Der satirische Theaterautor *Dario Fo* erhielt 1997 den **Literaturnobelpreis** „für sein volkstümlich-politisches Agitationstheater", wie es die Jury in ihrer Begründung ausdrückte. In Italien war damals die große Zeit des Theatermachers allerdings schon lange vorbei.

Mit ähnlichen Schwierigkeiten hat die **Literaturszene** zu kämpfen. In Italien wird erschreckend wenig gelesen. Einiger Beliebtheit erfreut sich der sizilianische Krimiautor *Andrea Camillieri,* der mit seinen nüchternen Gesellschaftsportraits ein gewisses literarisches Niveau erreicht. Vor allem junge Menschen greifen nur selten zu einem Buch.

Großer Beliebtheit hingegen erfreuen sich die **Programmkinos** in den Großstädten, in denen Werke der unabhängigen italienischen und internationalen Filmszene gezeigt werden.

In jedem Italiener steckt ein Künstler: Maler in einem Dorf auf Sardinien

Ist die Ampel rot oder voll rot?

Wir halten den Fußgänger für einen elenden und oft frechen Wicht, den nur unsere Großmut am Leben erhält.

Ennio Flaiano: In Italien gibt es zu viele Italiener (in: *Anselm Jappe:* Schade um Italien)

Mobilität spielt in Italien eine große Rolle. Nicht etwa, dass die Italiener gern mit dem öffentlichen Nahverkehr oder dem Fahrrad unterwegs wären, nein, am liebsten fahren sie mit dem **Auto.** Wer jung ist und von den Eltern kein Auto geschenkt bekommt, fährt **Vespa.** Seit den 1950er-Jahren sind die *motorini* aus dem italienischen Straßenverkehr nicht mehr wegzudenken.

Vielleicht hat der Wunsch nach Mobilität etwas mit der Geografie des Landes zu tun: Viele abgelegene Gebiete Italiens wurden erst mithilfe des Pkws zugänglich. Einsame Bergdörfer in den Abruzzen, in Südtirol oder im Friaul waren vor der Erfindung des Automobils gleichsam von der Außenwelt abgeschlossen. Vielen Italienern vermittelt der Besitz eines Autos das Gefühl einer neu gewonnenen Freiheit, das ihrem Sinn für Individualität entgegenkommt.

In Italien besitzen von hundert Einwohnern zweiundsiebzig ein Auto. Damit liegt das Land an der Spitze der europäischen Statistik. Das **Auto ist Mittel zum Zweck,** wenn am Sonntag der obligatorische Familienausflug unternommen wird, es dient als Ort zum Diskutieren, Streiten und Schminken, es ist Rückzugsgebiet für Liebespaare, die, wie so oft in Italien, keine eigene Wohnung haben und deswegen ihre Liebesabenteuer auf die Vordersitze eines Fiats verlegen müssen, und es ist natürlich auch ein Statussymbol.

040it Foto: fs

Die Italiener schimpfen gern über den schlechten Zustand der **Autobahnen,** für die auch noch eine deftige Benutzungsgebühr erhoben wird. Eine Fahrt von Bozen nach Rom kostet mit einem Pkw rund 60 Euro. Die süditalienischen Autobahnen sind übrigens gebührenfrei, eine Subventionsmaßnahme der römischen Regierung, die bei vielen Norditalienern auf Unverständnis stößt.

Auf den ersten Blick herrscht im italienischen Straßenverkehr **das reine Chaos.** Niemand hält sich an die Verkehrsregeln, auf einer zweispurigen Straße stehen die Autos in fünf Reihen nebeneinander und in den Innenstädten wird pausenlos gehupt, um, wie es der Schriftsteller *Luciano de Crescenzo* ausdrückt, „das Gefühl der Gemeinschaft zu erleben." Gern wird auch mal eine rote Ampel ignoriert. In der Toskana wird genau zwischen „rot" und „voll rot" unterschieden. Eine **rote Ampel** ist eine Fußgängerampel, die nur dann beachtet wird, wenn gerade ein Fußgänger die Straße überqueren will. Voll rot ist die Fußgängerampel erst dann, wenn Gegenverkehr zu erwarten ist, dann muss man natürlich stehen bleiben.

Im abendlichen Stau in einer italienischen Großstadt wird erbarmungslos um jeden Millimeter Straße gekämpft. Selbst elegante Herren im Nadelstreifenanzug werden plötzlich zu kleinen „Michael Schuhmachers" und versuchen andere genervte Autofahrer abzudrängen, um sich selbst einen Weg durch die **völlig verstopfte Innenstadt** zu bahnen. Es ist ein strategisches Spiel: Zuerst mimt man den Unbeteiligten, den der Stau scheinbar überhaupt nicht interessiert. Stück für Stück versperrt man dem Nebenmann den Weg, sodass er nicht mehr weiterfahren kann und stößt dann selbst in die entstandene Lücke vor. Die mittel- und nordeuropäische Angewohnheit, sich durch Blickkontakt mit dem Nebenmann zu verständigen, ob man denn vielleicht die Spur wechseln könne, führt in Italien zu gar nichts. Man fährt in dem Bewusstsein, dass es im Grunde **keine Regeln** gibt und ist gerade deswegen besonders aufmerksam.

Wie die Menschen sich im Straßenverkehr verhalten, ist überall auf der Welt ein Spiegel der Gesellschaft. In Italien gilt das Motto: **Wenn sich jeder auf seinen eigenen Vorteil konzentriert, werden alle profitieren.** Wenn ich mich jetzt vor diesen Wagen setze, der hier neben mir fährt, ärgert der Fahrer sich zwar, aber der Pkw hinter mir kann dann meinen frei gewordenen Platz einnehmen. Also habe ich doch durch meine Eigennützigkeit auch ein gutes Werk getan.

Bei allen witzigen Anekdoten, die man über den italienischen Straßenverkehr erzählen könnte, sollte nicht vergessen werden, dass in jedem Jahr zwischen 5000 und 6000 Menschen auf Italiens Fahrwegen sterben. Das ist auch darauf zurückzuführen, dass die Landstraßen und Autobahnen in einem sehr schlechten Zustand sind. Bei ca. einem Drittel aller Unfälle spielt **Alkohol** eine Rolle. Erst seit Kurzem gibt es eine neue Gesetzge-

Nicht nur junge Menschen fahren gerne Vespa

bung, die das Autofahren unter Alkoholeinfluss radikal verfolgt. Die Promillegrenze liegt in Italien derzeit bei 0,5 Promille. Wer alkoholisiert am Steuer erwischt wird, muss mit drastischen Strafen rechnen, die bis zur Beschlagnahmung des Fahrzeugs führen.

041it Foto: fs

Telefonitis auf Italienisch

So kommunikativ die Italiener auch sind: Wenn sie sich am Telefon melden, hört man nur ein profanes ***pronto.*** *Auf Deutsch bedeutet das „fertig". Meistens weiß man nicht, wer am anderen Ende der Leitung spricht, denn nur selten hängt der Angerufene an das „pronto" noch seinen Namen an, meistens bleibt es einfach bei „fertig". Diese Gewohnheit stammt aus der Frühzeit der Telefonvermittlung. Mit „pronto" signalisierte der Teilnehmer dem Fräulein in der Telefonzentrale, dass er bereit ist, das Gespräch entgegenzunehmen.*

Die Italiener leiden seit Jahren an der Telefonitis. Ob im Restaurant, im Museum oder auf Straßen und Plätzen - überall klingeln Mobiltelefone in allen Tonarten. Die Einheimischen scheinen sich kaum daran zu stören, wenn sich in einem Nobelrestaurant die Gäste am Nebentisch per Telefon lautstark über alle nur denkbaren privaten und geschäftlichen Dinge austauschen.

Statistisch liegen die Italiener allerdings nicht einmal an der Spitze der europäischen Handynutzer. Die meisten Mobiltelefone gibt es in Luxemburg (120 auf 100 Einwohner), gefolgt von Schweden und Italien.

Trotz aller Verbote klingeln die „cellulari", wie die Handys in Italien genannt werden, selbst in den Grundschulen. Erst im Jahre 2007 sah sich die italienische Regierung gezwungen, Mobiltelefone im Klassenzimmer zu verbieten. Ein Verbot, das leider immer noch ständig missachtet wird.

Sogar am Strand darf das „cellulare" nicht fehlen

Hinter Gittern – Wohnen in Italien

„So ein Wohnhaus ist ein Ort kontinuierlicher, obligatorischer Solidarität, doch wir Italiener mögen Solidarität nur, wenn sie sporadisch und freiwillig ist."

Beppe Severgnini: Überleben in Italien

Jeder vierte Italiener wohnt heute in einem **Mehrfamilienhaus.** Meistens handelt es sich dabei um die typischen in den 1950er- und 1960er-Jahren errichteten unansehnlichen Wohnblocks. Die Hausgemeinschaft, das *condominio,* gehört zu Italien wie Pizza und Pasta. Es handelt sich um eine, so sagt das italienische Gesetzbuch, „spezielle Rechtsform des Zusammenlebens verschiedener Parteien, die durch die gemeinsame Nutzung von Gebäudeteilen gekennzeichnet ist." Regelmäßig gibt es im *condominio* Versammlungen, bei denen über zu viel Lärm, tropfende Wasserhähne und zu hohe Nebenkosten diskutiert wird. Oft geht es dabei lautstark zu, der Individualismus der einzelnen Eigentümer oder Mieter macht es oft schwierig, einen Kompromiss zu finden. Es ist wie in der italienischen Politik: Meistens wählt die **Hausgemeinschaft** einen Vorsitzenden, der dann dazu neigt, seine neue Stellung zu seinem eigenen Vorteil zu nutzen. Die Streitereien verflüchtigen sich aber schnell wieder und bei der nächsten Versammlung bilden sich neue Koalitionen und auch neue Feindschaften.

Über all dem wacht häufig **ein gestrenger portiere** oder, wenn es sich um eine Frau handelt, eine *portiera.* Wie ein Wachhund sitzt er oder sie meist in einem verglasten Bereich am Eingang des Gebäudes und sorgt dafür, dass niemand in das *condominio* hineinkommt, der nicht hineingehört. Zu den Bewohnern des Gebäudes, über das er oder sie „herrscht", ist er/sie meistens von unterwürfiger Freundlichkeit. Die *portieri* neigen dazu, „ihren" Mietern Ratschläge für das richtige Verhalten zu geben. Eine deutsche Bekannte, die einige Jahre in einem der teuersten Wohnviertel Roms verbracht hat, erzählte mir beispielsweise, dass sie immer wieder von der *portiera* darauf hingewiesen wurde, dass es für eine Dame ihres Standes unschicklich sei, den Müll selbst hinauszubringen. Auch die tägliche Gartenarbeit, der sie gern nachging, sei nichts für ihre zarten Hände, sie solle sich doch lieber einen Gärtner dafür nehmen. Im Jogginganzug mal eben schnell zum Bäcker zu gehen, schien der *portiera* ebenfalls eine eher merkwürdige Angewohnheit zu sein.

Doch auch die Aufpasser im *condominio* drohen der **Rationalisierung** zum Opfer zu fallen, keine Hausgemeinschaft will den teuren Arbeitsplatz mehr bezahlen. In den letzten Jahren sind viele Reihenhaussiedlungen an der Peripherie der Großstädte errichtet worden. Hinter Stacheldraht und Videoüberwachung, nach dem Vorbild der amerikanischen „gated communitys" verschanzt sich hier die Mittelschicht, der *portiere* ist überflüssig geworden.

Acht von zehn Italienern leben in den eigenen vier Wänden, das ist ein Spitzenwert für Europa. Zur **Miete** zu wohnen, gilt als schlechteste aller denkbaren Lösungen, und das hat gute Gründe: Die Mieten sind im europäischen Vergleich überdurchschnittlich hoch. Die Italiener geben im Durchschnitt für eine 100 qm große Wohnung 1025 Euro Miete im Monat aus. Am teuersten ist der Wohnraum in Rom, Mailand und Venedig. Die meisten Hausbewohner haben zudem **keinen Mietvertrag.** Die Vermieter versuchen, die Steuern zu sparen und auch die Mieter haben meistens keine Lust, sich durch einen Mietvertrag an gewisse Regeln und Verpflichtungen zu binden.

In Italien wurde die Wohnung schon immer als ein geschützter privater Raum angesehen, in den Fremde nicht so ohne Weiteres hineingelassen werden. Als Treffpunkt scheint die Wohnung den Italienern ungeeignet zu sein, schließlich gibt es dafür schon seit Urzeiten die Piazza.

Viele Italiener sehen ihre Wohnung als eine der wenigen **Rückzugsmöglichkeiten** an, die ihnen die laute und hektische Außenwelt bietet. So gern sie sich auch auf den öffentlichen Plätzen bewegen, die Wohnung ist heilig und unberührbar, ein Mikrokosmos, der sich selbst genügt. In dieser kleinen Welt ist auch noch Platz für die Kinder, wenn sie schon lange keine mehr sind: Die Hälfte aller italienischen Erwachsenen lebt mit ihren volljährigen Kindern zusammen, ein Phänomen, das in Europa nur in Spanien noch häufiger vorkommt.

Italienische **Wohnungen sind sehr ordentlich.** So wenig sich die Italiener um die Ordnung im öffentlichen Raum kümmern, so wichtig ist ihnen eine aufgeräumte und saubere Wohnung. Zuständig dafür ist meistens immer noch die Dame des Hauses.

In den letzten Jahren hat sich die **Inneneinrichtung** vieler Wohnungen sehr verändert. Früher besaß die italienische Möbelindustrie ein unbestrittenes Monopol in Italien. Überall in den Wohnzimmern fanden sich die gleichen mächtigen, barocken Sofas und in jedem Schlafzimmer stand ein Bett aus einem Messinggestell. Wer es sich leisten konnte, richtete seine Wohnung mit norditalienischen Designermöbeln ein. In den 1980er-Jah-

Im Stadtteil Trastevere in Rom wird
die Wäsche noch gerne vor dem Fenster aufgehängt

ren versuchte das schwedische Möbelhaus IKEA auf dem italienischen Markt Fuß zu fassen. Allerdings fiel ein Rohbau einem Feuer zum Opfer. Natürlich konnte nie bewiesen werden, dass italienische Möbelhersteller aus Angst um ihr Monopol dahintersteckten, die Schweden zogen sich jedoch sofort wieder aus Italien zurück. Erst Ende der 1990er-Jahre gelang es IKEA, hier einige Filialen zu eröffnen. Für viele junge Italiener mit bescheidenem Einkommen bot sich zum ersten Mal die Möglichkeit, eine Wohnung einzurichten, ohne Eltern oder Großeltern um das dafür nötige Kleingeld bitten zu müssen.

042it Foto: fs

Elendssiedlungen in Rom – borgate und favelas

Die **Geschichte** der *borgate* begann schon in den 1930er-Jahren. In einer Erklärung der faschistischen Regierung von 1931 hieß es: „Die Landarbeiter, die Hilfsarbeiter und die Arbeitslosen einerseits und die Familien in ungeregelten Verhältnissen und von bekannt schlechtem Ruf andererseits könnte man auf Gemeindeland umsiedeln. Die Siedlungen sollten auf dem freien Land gelegen sein (...) den Leuten wird gestattet, sich aus dem Material von Abbruchhäusern ihre Behausungen zu bauen." So entstanden in den 1930er-Jahren an der Peripherie Roms die ersten *borgate:* Prenestino, San Basilio, Pietralata und Gordiani.

Später dann, noch während der Zeit des Faschismus, übernahm die staatliche Gesellschaft für **sozialen Wohnungsbau** die Planung und Errichtung dieser Viertel. Allerdings waren dies keine Häuser des sozialen Wohnungsbaus, wie wir sie uns heute vorstellen, vielmehr handelte es sich um ebenerdige Hütten, aus Gipskartonplatten zusammengenagelt, ohne Toiletten und fließendes Wasser.

Der **private Grundbesitz** befand sich nach dem Krieg in einer gestärkten Position. Eine Studie des langjährigen kommunistischen Gemeinderats *Aldo Natoli* beschreibt die Situation nach 1945 so: „Mehr als 30 Millionen Quadratmeter Grund befanden sich in der Hand von nur vier Eigentümern." Einer der vier Besitzer, die „Società Generale Immobiliare", war zu einem Großteil Eigentum des Vatikans.

Der **faschistische Bebauungsplan** von 1931 wurde nach dem Krieg zwar als unbrauchbar erkannt, fallen gelassen wurde er aber nicht. Mit dem Plan war nämlich noch das Städtebaugesetz von 1942 verbunden, das durch Enteignungsbefugnisse der Gemeinden Vorteile für eine leicht durchzusetzende Planungspolitik bot.

Erst im Jahr 1954 gab es einen neuen Bebauungsplan, der allerdings schon 1957 wieder verworfen wurde. Die Gestaltung Roms wurde erneut zurückgestellt. Der Magistrat blieb untätig gegenüber der Großspekulation, der wachsenden Ansammlung von Grundbesitz in wenigen Händen.

Der unaufhaltsame Anstieg der Bodenpreise zwang die Bauunternehmer, sich auf einen kostspieligen Wohnungstyp festzulegen, um den Kostenanteil für das Grundstück im Miet- oder Kaufpreis unterzubringen. Der **Mangel an günstigem Wohnraum** wurde immer größer.

Das Heer der Mittellosen aus Kalabrien, Apulien und Sizilien, das nach dem Krieg die Stadt überflutete, verlangte aber nach billigen Wohnungen. Auf ihr Fehlen reagierten die Neuankömmlinge mit Eigeninitiative: Sie bauten sich ihre Hütten – über das Stadtgebiet verteilt – aus Bruchsteinen, Abfallholz und Wellblech illegal zusammen, so entstanden überall **nicht genehmigte Barackensiedlungen.**

043it Foto: fs

Als die Polizei Anfang der 1950er-Jahre gegen diese Niederlassungen vorging, sind die Bewohner aufs freie Land ausgewichen. Dort verkauften ihnen die Großgrundbesitzer stückweise ihre brachliegenden Felder. Dass die Obdachlosen dann auf diesem Ackerland illegal Häuser bauten, interessierte die Verkäufer nicht.

Die **illegalen borgate** (dt: Vororte) waren geboren. Sie waren das Produkt einer zeitweiligen Koalition zwischen den am sozialen Abgrund stehenden Wohnungslosen und den Großgrundbesitzern. Im Windschatten der willkürlich nebeneinander gestellten Bretterbuden wuchsen die illegalen

Hochhäuser der Bau- und Bodenmafia. Die Polizei zog es vor, nicht gegen die gesetzwidrige Bautätigkeit vorzugehen. Politik und Verwaltung schauten ebenfalls tatenlos zu und erkannten ihre eigenen Vorteile: Die Verwaltung brauchte sich nicht mit Planungsvorhaben herumzuschlagen und die Politiker mussten keine Entscheidungen über die Zukunft der Stadt fällen.

In den 1970er-Jahren errichtete die staatlich-kommunale Wohnungsbaugesellschaft (IACP) eine Reihe **legaler Vorstädte:** Quatraro, Laurentina, Corviale und Tor Bella Monaca. Das hässlichste Produkt dieses sozialen Wohnungsbaus ist der einen Kilometer lange **Palazzo Corviale** in der Vorstadt Portuense.

Die illegale Bautätigkeit hat mittlerweile abgenommen: 1984 erließ das Parlament ein Gesetz, das – nach Entrichtung von Bußgeldern – die strafrechtliche Verfolgung alter Bausünden einstellt und gleichzeitig hohe Strafen für illegales Bauen androht.

Die ehemaligen sozialen Brennpunkte Laurentina und Tor Bella Monaca sind mittlerweile Aushängeschilder für eine gelungene **Verbesserung der Wohnverhältnisse.** Zahlreiche private und kirchliche Initiativen haben sich der heruntergekommenen Wohnviertel angenommen. Mit kulturellen Veranstaltungen und von den Bewohnern initiierten Verschönerungsaktionen wurden viele Missstände beseitigt.

Immer wieder werden gesetzwidrig errichtete Wohnhäuser im Auftrag der Gemeinde zerstört. In den Abendnachrichten sind häufig Berichte von ehemals stolzen Hausbesitzern zu sehen, die ihr Eigenheim irgendwo in der römischen Campagna illegal errichtet hatten und nun weinend neben den Trümmern ihrer zerstörten Häuser interviewt werden.

Der Schriftsteller und Filmemacher *Pier Paolo Pasolini* hat den römischen *borgate* der 1950er-Jahre mit seinem Roman **„Ragazzi di vita"** (1955) ein literarisches Denkmal gesetzt. Er war der erste, der die grauenhafte Architektur der 1950er-Jahre und die Menschen, die darin ihr Leben fristen mussten, beschrieb: „Marcello dagegen wohnte in den Hochhäusern, noch ein bisschen weiter weg: Sie sahen wie riesige Montagestraßen aus, mit Tausenden von Fenstern in Reihen, in Kreisen, in Diagonalen, zur Straße, zu den Höfen, zu den Treppen raus, nach Norden oder Süden gelegen, in praller Sonne oder im Schatten, geschlossen oder weit geöffnet, mit oder ohne flatternde Wäsche, still oder vom Lärm der Frauen oder vom Geschrei der Kinder widerhallend."

Blick über die typischen Wohnhäuser aus den 1950er-Jahren in Rom

Heute sind es nicht mehr die Zuwanderer aus Süditalien, die auf der Suche nach bezahlbarem Wohnraum in Rom sind, im 21. Jahrhundert kommen sie aus der ganzen Welt. Die **sozialen Brennpunkte in Rom** heißen heute *favelas,* nach ihrem südamerikanischen Vorbild. Diese Slums liegen zum Teil mitten in der Stadt, manchmal auch am Stadtrand oder an den Ufern des Tiber. Meist sind sie völlig illegal aus Holz und Pappe errichtet worden und haben weder Zugang zu Wasser noch zu Strom. Schätzungen sprechen mittlerweile von 25.000 Menschen, die in solchen Behausungen leben. Häufig sind es Rumänen, aber auch andere Nationalitäten haben in den *favelas* ein Zuhause gefunden.

Viele **Kinderbanden** sind in Rom unterwegs, die vor allem Touristen hemmungslos berauben. Als Adresse geben sie bei den *carabinieri* meistens eine der Slumsiedlungen an. Seit diese Ereignisse zunehmend in der Öffentlichkeit diskutiert werden, fordern rechte Politiker die Ausweisung der häufig kriminellen Favela-Bewohner. Da für die Bürger des EU-Landes Rumänien mittlerweile aber die Freizügigkeit eingeführt wurde, können sie nicht einfach aus Italien abgeschoben werden. Linke Politiker fordern, die Ursachen der Kriminalität zu bekämpfen, d.h. Sozialwohnungen zu bauen und Aufnahmelager für die Einreisenden zu errichten.

Bella Moda Italia

Italienische Modehäuser sind auf der ganzen Welt bekannt und berühmt und die Italiener sind sehr stolz darauf. Wie im Übrigen auf alles, was weltweit anerkannt wird und nicht mit Mafia, Korruption und Müllskandalen zu tun hat.

Schon seit Jahrhunderten spielt die Mode in Italien eine bedeutende Rolle. Zum Phänomen der *bella figura* zählt natürlich auch die **äußere Erscheinungsform:** Wer eine gute Figur machen will, sollte gut gekleidet sein. Die italienische Modeindustrie, einer der wichtigsten Wirtschaftszweige des Landes, bietet den eitlen, urbanen Italienern eine reichhaltige Auswahl an Marken und Modellen. In den Großstädten kann man an der Kleidung der Passanten die neuesten Trends der Modeszene ablesen. Das führt leicht zu einer gewissen Uniformität: Überall in den italienischen Metropolen sind die gerade angesagten Farben und Schnitte zu sehen.

Weitverbreitet ist der **Typus des urbanen Italieners,** der zwar über ein nur geringes Einkommen verfügt, aber dennoch einen Großteil davon für teure Markenkleidung ausgibt. Wenn dieser Italiener des Abends durch die Straßen der Stadt promeniert, wird er die bewundernden Blicke der anderen Flaneure wohlwollend registrieren. Für einen Moment hat er dann einen sozialen Aufstieg geschafft, den er in seinem Beruf vielleicht nie erreichen wird.

In der Provinz spielt Mode eine deutlich geringere Rolle. In vielen **Dörfern und Kleinstädten** des Landes wird man vergeblich nach den gut gekleideten Einheimischen suchen. Oft ist der Trainingsanzug das beliebteste Kleidungsstück und hier gilt, wie in vielen anderen europäischen Ländern auch, das Motto: Hauptsache bequem! Viele weniger wohlhabende Italiener kaufen ihre Garderobe auf den Wochenmärkten, die überall zwischen Bozen und Palermo abgehalten werden. Dort wird bezahlbare Kleidung angeboten, die aber nicht unbedingt als „modisch" bezeichnet werden kann.

Die **Geschichte der italienischen Mode** begann bereits im Mittelalter. Der Wohlstand der norditalienischen Städte basierte zu einem großen Teil auf dem Handel mit orientalischen Stoffen wie Seide, Samt und schwerem Goldbrokat. Vor allem die Republik Venedig unterhielt enge Handelsbeziehungen in die Türkei und nach Byzanz. Seit dem 16. Jahrhundert bildete sich in Norditalien der **Begriff „Mode"** heraus. Bis dahin war Kleidung entweder dazu da, um den Menschen vor der Witterung zu schützen oder um die Adligen vom restlichen Volk zu unterscheiden. In der italienischen Frührenaissance wurde die Art und Weise sich zu kleiden zur individuellen Ausdrucksform des wohlhabenden Bürgers – bis heute hat sich daran nicht viel geändert. Im Lauf der Zeit breitete sich diese Vorstellung von Mode auch in allen anderen sozialen Schichten aus.

Bis in die 1960er-Jahre hinein war Italien ein **Land der kleinen Schneiderbetriebe,** in denen Kleidungsstücke noch von Hand gefertigt wurden. Eine Konfektionsindustrie, wie sie in Berlin schon Anfang des 20. Jahrhunderts bestand, gab es hier nicht. Firmen wie Max Mara und Benetton waren bereits in den 1960er-Jahren die Pioniere der industriellen Produktion. Innerhalb weniger Jahre verschwanden die meisten Kleinbetriebe, nur wenige konnten sich angesichts der günstigeren Massenware behaupten. Einer von ihnen, der Römer *Brioni,* wurde zum bevorzugten Schneider des ehemaligen deutschen Bundeskanzlers *Schröder* und der James-Bond-Darsteller. Heute arbeiten bei *Brioni* 1200 Schneider die etwa 400 Anzüge am Tag anfertigen.

Wenn Rom auch in den letzten Jahren gewaltig aufgeholt hat, so gilt doch **Mailand** immer noch als Hauptstadt der italienischen Mode. Im Zentrum der norditalienischen Metropole liegt das berühmte Modeviereck. Hier versammeln sich die Boutiquen der größten italienischen Marken: Prada, Laura Biagiotti, Valentino, Dolce & Gabbana und Versace usw.

Viele italienische Modemarken werden von **Familiendynastien** geleitet. Hier scheint die italienische Familie, die zunehmend von den gesellschaftlichen Veränderungen bedroht ist, noch gut zu funktionieren. In manchen Modehäusern teilen sich gleich mehrere Geschwister die Schlüsselpositionen in der Nachfolge der Firmengründer. Bei Ferragamo besteht die Führungsriege aus sieben Personen aus drei Generationen. Die Weltmarke *Fendi* gehört drei römischen Schwestern und bei *Versace* haben *Donatella Versace* und ihr Bruder das Sagen.

Umgang mit dem Tod

Wie kaum ein anderer Ort in Italien sind die Friedhöfe Ausdruck der viel beschworenen *italianità* (das italienische Wesen). Oft sind sie von hohen Ziegelmauern umgeben und mit der typischen mediterranen Flora ausgestattet. Schirmpinien, Zypressen und Oleander wachsen über, auf und neben den Gräbern.

In den großen Städten des Landes haben die Friedhöfe teilweise solche **Ausmaße,** dass sie von einem umfangreichen Straßennetz durchzogen sind. Da braucht es schon ein Auto, um zum Familiengrab zu gelangen.

Wer es sich leisten kann, baut sich gewaltige Tempel, die als **Familiengruft** dienen. Der „Kitsch" kennt hier keine Grenzen: Riesige Engelsfiguren, die in Glasvitrinen (wahrscheinlich zum Schutz vor Vandalismus) verklärt in den Himmel schauen und römische Gottheiten verzieren die Grabstätten. Selbst im Tod wollen die Italiener eine *bella figura* machen.

Die **Särge der „Normalbürger"** werden hingegen in winzig kleine Verschläge eingemauert, die sogenannte „Häuser" bilden. Und wirklich: So wie das einfache Volk Italiens zu Lebzeiten in großen Mietskasernen eingepfercht war, liegen die Menschen auch im Tod dicht an dicht beieinander, in schmucklosen Gebeinhäusern. Das einzige, was an den Verstorbenen erinnert, ist eine polierte Marmor- oder Granitplatte an der Einlassung für den Sarg, die mit Namen und Daten und dazu meist einem kleinen gerahmten Foto des oder der Verstorbenen versehen ist. Die Toten erscheinen durch das Foto nah und gegenwärtig, was den tragischen Aspekt eines Friedhofsbesuchs deutlich steigern kann. Neben den Bildern sind häufig Röhrchen befestigt, in die man eine kleine Vase mit Blumen stellen kann. Eine „Bepflanzungskultur" der Gräber, wie es sie in Deutschland gibt, wird in Italien nicht gepflegt. Einäscherungen sind zwar unüblich, aber es gibt sie.

Todesanzeigen erscheinen in den Tageszeitungen nur in kleinen Kästchen. Dafür werden überall in Italien Plakate an die Wände geklebt, die manchmal auch mit einem Foto versehen sind und das Ableben des oder der Verstorbenen zu einer öffentlichen Angelegenheit machen.

045it Foto: fs

Eine **Beerdigung** stellt sich in Süditalien wesentlich emotionaler dar als im eher nüchternen Norditalien. Das ganze Dorf trauert mit der Familie und es wird viel geweint. Wenn der Sarg in die Kirche getragen wird, applaudiert die gesamte Trauergemeinde. In manchen Dörfern des *mezzogiorno* werden noch heute Frauen dafür bezahlt, dass sie während der Beerdigung besonders effektvoll trauern.

Witwe auf Sardinien

044it Foto: fs

Über den **Tod** wird ungern gesprochen. Wenn Italiener auf der Straße einen Leichenwagen sehen, spreizen die meisten unwillkürlich den Zeigefinger und den kleinen Finger zum Zeichen der Teufelshörner *(le corne)*. Damit soll nach uralter Überlieferung der Tod gebannt werden können.

Manchmal wird der Sensenmann geradezu herausgefordert – nur um zu beweisen, dass es ihn eigentlich nicht gibt. Auf der Autobahn in Süditalien: Drei Deutsche und eine Italienerin fahren in ihrem Wagen auf der linken Spur. Mit mindestens 200 Sachen schießt ein Motorradfahrer links an dem Wagen vorbei. Die Deutschen empören sich über die Unvernunft des Fahrers. Die Italienerin versucht, ihren Begleitern zu erklären, was da eben passiert ist: Der Motorradfahrer wollte **„dem Tod die Hörner zeigen".** Er wollte ihm beweisen, dass er stärker ist. In diesem Moment, als er ein tödliches Risiko auf seinem Motorrad einging, hat er es dem Tod „gezeigt".

Schon im alten Rom wurde der Tod gern verdrängt. Aber die Römer wussten auch um die **Gefahr der Selbstüberschätzung.** Bei den Triumphzügen der römischen Kaiser stand auf dem Streitwagen des Herrschers ein Soldat mit der alleinigen Aufgabe, dem Kaiser ins Ohr zu flüstern: „Du bist sterblich."

Ausländer in Italien

Die Pizza wird heute auch in Italien oft von Marokkanern oder Indern gebacken und selbst in den Berghütten Südtirols werden die Speckknödel schon lange nicht mehr von Einheimischen zubereitet. Viele der Einwanderer **arbeiten illegal in Italien,** ohne sie wäre das marode Wirtschaftssystem des Landes schon längst zum Erliegen gekommen.

Ein Rassismus, der den Fremden von vorneherein als minderwertig einschätzt, ist in Italien nur schwach ausgeprägt. Die **Ausländerfeindlichkeit** entlädt sich hier eher ausbruchsartig. Wenn es zu einem Verbrechen von Ausländern an Italienern kommt, rufen Politiker laut nach schärferen Ge-

Wand mit Todesanzeigen in Süditalien

setzen, weil sie wissen, dass viele Bürger das wollen. Bereits nach wenigen Wochen ist die Diskussion aber wieder in Vergessenheit geraten.

Jeder kennt die dramatischen Bilder aus den Nachrichten: In nussschalenähnlichen, hoffnungslos überladenen Booten versuchen verzweifelte Menschen, die **süditalienische Küste** zu erreichen. Oft kentern sie in den gefährlichen Gewässern zwischen Nordafrika und Italien. In den letzten 10 Jahren sind über 1000 Menschen bei dem Versuch gestorben, auf diesem Wege Europa zu erreichen.

Die rund 7500 km lange Küstenlinie Italiens ist die **am schwersten zu kontrollierende EU-Außengrenze.** Insbesondere die südliche Adria, das Ionische Meer und die Meeresstraße von Sizilien werden mit Schiffen, Flugzeugen und Hubschraubern ständig überwacht. Die Besatzungen italienischer Kriegsschiffe sind befugt, auch außerhalb der eigenen Hoheitsgewässer Wasserfahrzeuge anzuhalten, zu durchsuchen und sie zu beschlagnahmen, wenn der Verdacht besteht, dass die Boote zur Einschleusung von Ausländern dienen. Die meisten **Flüchtlingsschiffe** kommen aus Tunesien, Libyen und der Türkei. Deren Passagiere sind überwiegend Staatsbürger Liberias, Ghanas, Tunesiens, Marokkos, Somalias, Malis und des Sudans. Die meisten von ihnen betrachten Italien als Transitland auf dem Weg in andere, wohlhabendere EU-Länder. Allein im Jahre 2003 waren fast 10.000 Menschen aufgegriffen worden, die unerlaubt über die italienischen Küsten eingereist waren, ein Großteil davon über die sizilianische Küste.

Unverständnis rief in ganz Europa die Absicht der Regierung *Berlusconi* hervor, **die Fingerabdrücke aller in Italien lebenden Roma und Sinti** zu registrieren. Seit dem EU-Beitritt Rumäniens sind mehr als 100.000 Roma nach Italien eingewandert. In ihrer Not errichteten sie überall im Land Barackensiedlungen, in denen grauenvolle hygienische Zustände herrschten. Die Regierung sah zu und kümmerte sich nicht einmal um die EU-Finanzhilfen, welche Brüssel für die Integration der Roma zu Verfügung stellt. Im Mai 2008 kam es zu spontanen Überfällen der Bevölkerung auf Romalager in Neapel.

In Europa hagelte es Proteste gegen das Verhalten von Regierung und Bevölkerung. Um sich ein Bild von der Stimmung im Land zu machen, braucht man sich nur vorzustellen, was in Frankfurt oder Berlin passieren würde, wenn am Main oder am Wannsee **Elendssiedlungen** errichtet werden würden, in denen Tausende osteuropäischer Einwanderer ohne Arbeit und ohne Auskommen hausen. Die Antwort ist klar: Der Staat würde eine derartige Situation gar nicht erst zulassen. In Italien dagegen haben Legislative und Exekutive jahrelang untätig zugesehen, wie in allen Metropolen des Landes eine Barackensiedlung nach der anderen errich-

Massagen am Strand – ein Tag in Ostia

Ostia liegt am Strand, in der Nähe von Rom. In der Antike war die Stadt der Hafen von Rom, ein multikultureller Mikrokosmos, in dem alle die Völker vertreten waren, die dem römischen Weltreich angehörten: Ägypter, Syrer, Germanen, Griechen, Iberer etc. Vor 2000 Jahren zählte die laute und lebenslustige Hafenstadt 50.000 Einwohner.

Das moderne Ostia des 21. Jahrhunderts dient den Römern als Ausflugsziel: eine ***Trabantensiedlung am Rand der italienischen Hauptstadt,*** *mit langen Sandstränden und guten Fischrestaurants. Multikulturell ist der Ort auch heute noch. Hier trifft man auf die typisch italienische* ***Ausländerproblematik der illegalen Immigration.***

Lassen Sie uns einen Spaziergang durch Ostia unternehmen. Wir beginnen morgens auf dem Weg zu einer Bar. Auf der Via delle Balneiere, der schicken Einkaufsstraße Ostias, sitzen überall ***Schwarzafrikaner,*** *die auf ausgebreiteten farbigen Tüchern alle in den letzten Monaten erschienenen CDs als Raubkopien zum Spottpreis von fünf Euro anbieten. Neben den CDs stapeln sich Taschen von Gucci und Prada. 100 Euro will der Händler für eine Damenhandtasche haben. Dass sie bei diesem Preis nicht echt sein kann, liegt auf der Hand. Oft wird die Designerware in China hergestellt und kommt auf Umwegen nach Italien zurück. Nutznießerin des Geschäfts ist die italienische Mafia, die auch in Süditalien Produktionsstätten für gefälschte Markenprodukte unterhält. (Siehe auch das Kap.: „Parallelwelten: Mafia, Camorra und 'ndrangheta".) Als sich ein Fahrzeug der Carabinieri nähert, packen die Händler eilig ihre Tücher mitsamt der Ware zusammen und sind in Sekundenschnelle in den Nebenstraßen verschwunden. Einen erwischen die Staatsdiener noch, nach der Aufnahme seiner Personalien kann der Mann wieder gehen.*

Weiter gehts zum Strand. Der gelbe Bus der Linie 61 ist schon überfüllt. Kein einziger Fahrgast scheint Italiener zu sein. Einer packt eine Ziehharmonika aus und spielt ein Zigeunerlied. Der Bus hält am Paradise Beach. Zuerst steigen einige ***Inder*** *aus. In ihren zusammengerollten Strohmatten verbergen sie ihre Ware - Sonnenhüte und -brillen, Bikinis, Shorts und Wasserpistolen –, die sie gleich ihrer italienischen Kundschaft am Strand anbieten werden. Im nächsten Bus kommen* ***Menschen asiatischer Herkunft.*** *„Viele sind spezialisiert auf Massagen, spottbillig!", sagt der italienische Kellner im Strandrestaurant „Ar Zagaja". Und wirklich: Die Vietnamesin Lu Yi nimmt für eine Ganzkörpermassage 20 Euro, für feste Kunden ist sie immer auf dem Handy zu erreichen. Lu Yi bearbeitet gera-*

046it Foto: fs

de den Rücken von Olimpia, einer **Rumänin,** die früher als Putzfrau in den Villen der Reichen gearbeitet hat. Jetzt hat sie einen Italiener aus der Mittelschicht kennen- und lieben gelernt, der als Angestellter am nahe gelegenen Flughafen Fiumicino arbeitet. Olimpia hat es geschafft und freut sich, dass auch sie endlich am Strand von Ostia eine Massage genießen kann und dass bald eine italienisch-rumänische Hochzeit gefeiert wird.

Oben an der Hauptstraße betreiben zwei **Nordafrikaner** einen Parkplatzservice. Man parkt sein Auto in der zweiten Reihe, gibt einem der Männer die Schlüssel und zwei Euro. Sobald sich eine freie Parklücke auftut, wird der Wagen von den selbsternannten Parkwächtern in die nächste sich öffnende Lücke umgesetzt.

An einer Kreuzung treffen wir Ludwik, einen **Polen** aus Warschau. Er steht seit Jahren täglich hier und putzt auf Nachfrage die Scheiben der Autos während der langen Rotphase der Ampel. Hinter ihm läuft ein kleiner Junge, nicht älter als zwölf Jahre, der den Autofahrern Tempotaschentücher und Duftbäume für das Wageninnere anbietet, auch er kein Italiener.

Alle Ausländer, die uns an diesem einen Tag in Ostia begegnet sind, leben **illegal in Italien** und hoffen, bei der nächsten Legalisierungsaktion der Regierung eine Aufenthaltsgenehmigung zu erhalten. Niemand würde auf die Idee kommen, ihre Daseinsberechtigung anzuzweifeln, nicht einmal die beiden Beamten der Finanzwache, die in ihrem Fiat an der Uferstraße vor sich hindösen. Schließlich möchte keiner auf die preiswerten Massagen verzichten, auf den Parkservice oder die 5-Euro-CDs und vor allem möchte die Mafia auch weiterhin ihre gefälschten Designertaschen verkaufen.

tet wurde. Profitiert haben von dieser Situation die Mafia, die die Rechtlosen in ihren Betrieben beschäftigt, und der Mittelstand, in dessen Häusern Rumänen, Phillipinen und Nordafrikaner für eine viel zu niedrige Bezahlung den Haushalt führen.

In Italien sind derzeit **ca. 2,6 Millionen Ausländer** registriert. Das Land wird immer attraktiver für Einwanderer. Um 21,6 Prozent - ein europäischer Spitzenwert - stieg der Zustrom 2006 an. Die größten in Italien lebenden Ausländergruppen sind die Rumänen mit 550.000 Personen, gefolgt von Albanern (250.000 Pers.) und Marokkanern (240.000 Pers.). Nach Schätzungen halten sich etwa 760.000 Ausländer illegal im Land auf. Seit dem EU-Beitritt Rumäniens 2007 und dem damit einhergehenden Wegfall der Visumspflicht strömen immer mehr **rumänische Landsleute** nach Italien. Nach dem Mord an einer italienischen Frau, die von einem rumänischen Einwanderer in seiner Baracke am Tiber brutal vergewaltigt und misshandelt worden war, kam es zu Ausschreitungen gegen die Balkanbewohner. Nach dem Verbrechen ließ die italienische Regierung rund 5000 Rumänen abschieben.

Der weitaus größte Teil der Ausländer wohnt in Nord- und Mittelitalien:
- 36 % im Nordwesten (Ausländerquote: 6,3 %),
- 27 % im Nordosten (Ausländerquote: 6,6 %),
- 24 % in der Mitte Italiens (Ausländerquote: 5,7 %),
- 12 % waren Anfang 2006 in Süditalien registriert (Ausländerquote: 1,5 %).

Insgesamt hat Italien eine **Ausländerquote** von 4,8 %, der EU-Durchschnitt liegt bei 5,2 %.

Teilweise leben die Fremden in Italien wie **Arbeitssklaven.** Viele Arbeitgeber halten sich nicht an die tarifvertraglichen Bestimmungen zum Entgelt und zur Arbeitszeit. Die schwierige soziale Situation wird insbesondere an der Wohnungssituation deutlich. Nach einer Studie der Caritas Europa lebten 72 % aller Migranten in Italien in völlig überfüllten Wohnungen. Oft werden sie von ausbeuterischen Arbeitgebern zu menschenunwürdigen Bedingungen in Gemeinschaftsunterkünften einquartiert.

Laut Immigrationsdossier der Caritas haben schätzungsweise zwei von drei offiziell registrierten Ausländern ihre Arbeitskarriere als Illegale in Italien begonnen. In den vergangenen Jahren wurden immer wieder größere Gruppen von *immigranti* legalisiert. Bisher gab es fünf **Legalisierungsprogramme** *(sanatorie)*, mit denen der Aufenthaltsstatus von knapp einer Million Menschen offiziell anerkannt wurde. In den italienischen Nachrichten waren unglaubliche Szenen zu sehen: Zehntausende Ausländer mussten sich zu einem gewissen Zeitpunkt bei den Behörden melden, um in den Genuss einer Aufenthaltsgenehmigung zu kommen.

Naturwissenschaften, Mathematik und Lesekompetenz - schnitt Italien deutlich schlechter ab als der Durchschnitt der an der Studie beteiligten Länder. Im Vergleich zur **PISA-Studie** von 2003 hatten sich die Ergebnisse sogar noch verschlechtert. In der Untersuchung wird auch die Kluft zwischen Nord- und Süditalien deutlich. Während der Nordosten Italiens 520 Punkte erreichte, kamen die Schüler aus dem Süden nur auf 448 (Süditalien) bzw. 432 (Sizilien und Sardinien) Punkte. Trotz der alarmierenden Zahlen setzte in Italien nie eine wirkliche Diskussion über das marode Bildungssystem ein. Während das Thema PISA-Studie in Deutschland monatelang die Schlagzeilen füllte, war es den italienischen Journalisten allenfalls eine Randnotiz wert.

Die schulische Erziehung lag in Italien bis in das 19. Jahrhundert hinein weitgehend **in den Händen der katholischen Kirche.** Nach der Einigung Italiens im Jahre 1861 wurde das Schulsystem des Königreiches Piemont-Sardinien auf das ganze Land ausgedehnt. Die Schulpolitik wird seitdem zentral von Rom aus bestimmt. Das in Deutschland so umstrittene Zentralabitur ist für die Italiener eine Selbstverständlichkeit.

Für Kinder zwischen drei und fünf Jahren ist der freiwillige **Kindergartenbesuch** *(scuola materna)* möglich. Der italienische Kindergarten ist mehr Vorschule als ein Kindergarten, wie wir ihn aus dem deutschen Sprachraum kennen. Die Pflichtschule beginnt im Alter von sechs Jahren und dauert bis zum vollendeten vierzehnten Lebensjahr. Sie gliedert sich in die **Grundschule** *(scuola elementare),* die fünf Jahre lang dauert. Danach folgt der dreijährige Besuch der Mittelschule *(scuola media).* Das dann erworbene Abschlusszeugnis berechtigt zum Eintritt in die Oberstufe *(scuola superiore).* Dieser Bereich gliedert sich in **allgemeinbildende Gymnasien** *(liceo classico, liceo scientifico)* und verschiedene Fachschulen (Fachschule für Bildende Künste, Fachschule für die Ausbildung der Grundschul- und Kindergartenlehrer oder Berufsfachschule). An all diesen Schulen kann nach insgesamt dreizehn Schuljahren das **Abitur** *(maturità)* erworben werden. Die Abiturienten werden an allen Fakultäten der italienischen Hochschulen zugelassen. Einen Numerus Clausus gibt es nur für die Fachrichtung Zahnmedizin.

In der Schule neigen die Lehrer zum sogenannten **Frontalunterricht.** Gelernt wird viel, wahrscheinlich mehr als in einigen anderen Ländern Europas, aber oft wird nur **auswendig gelernt.** Schon im Kindergarten gibt es *compiti* (Hausaufgaben) für die Fünfjährigen, die streng von den Erzieherinnen kontrolliert werden.

Kinderspiel auf Sardinien

Verwöhnte Kinder – die Geschichte von Erica und Omar

Der 21. Februar 2001 ist ein kalter Wintertag im norditalienischen Städtchen Novi Ligure, trotzdem hat die 16-jährige Erica de Nardo, die schreiend aus einem ockerfarbenen Reihenhaus auf die Straße rennt, keine Schuhe an. Einer Nachbarin erzählt sie als erste die Geschichte, die Italien in einen Schockzustand versetzen soll: „Sie haben meine Mutter und meinen Bruder ermordet!"

„Sie", das waren angeblich zwei Albaner. Doch die hatten ein felsenfestes Alibi. Bald stellte sich heraus, das Mädchen selbst war, gemeinsam mit seinem zwei Jahre älteren Freund Omar, die Täterin. Die Obduktion ergab, dass die Opfer an insgesamt 97 Stichwunden verblutet waren.

Die Familiengeschichte Ericas liest sich zunächst wie eine typisch italienische Erfolgsstory. Der Vater war aus Kalabrien im äußersten Süden Italiens in den wohlhabenden Norden gekommen. Aus ärmlichen Verhältnissen stammend, gelang ihm schnell der Aufstieg zum Ingenieur. Er heiratete ein norditalienisches Mädchen, kaufte ein schmuckes Eigenheim und war stolz auf seinen mühsam erarbeiteten sozialen Aufstieg. Er ließ es seiner Familie an nichts fehlen. Vor allem seiner Tochter Erica galt seine ganze Liebe. An Weihnachten wurde das Mädchen mit Geschenken überhäuft - natürlich sollte damit auch der soziale Status der Familie demonstriert werden.

Natürlich gab und gibt es in Italien eine Gegenbewegung zu diesen traditionellen Erziehungsvorstellungen. **Maria Montessori** beispielsweise, eine pädagogische Reformerin aus dem 20. Jahrhundert, versuchte Kinder schon in den ersten Lebensjahren zu einem eigenverantwortlichen Lernen zu erziehen. Die Ärztin und Pädagogin erwarb 1896 als erste Frau Italiens in Rom den medizinischen Doktorgrad. Grundlegende Prinzipien ihrer Pädagogik, die weltweite Verbreitung fand, sind eine angemessene Umgebung, in der sich die Kinder entfalten können, und Vertrauen auf den Selbstbildungstrieb des Kindes. 1907 gründete sie das erste Kinderhaus für 3- bis 6-jährige Arbeiterkinder. Heute sind die Montessori-Einrichtungen in ganz Europa verbreitet.

Erfolgsautor der 1990er-Jahre: Andrea de Carlo

In der Schule standen die Jungs Schlange, um bei dem hübschen Mädchen zu landen. Erica aber hatte nur Augen für den aus ärmlichen Verhältnissen stammenden Omar. Ericas Eltern liefen Sturm gegen diese Beziehung. Vor allem die Mutter wollte die Verbindung ihrer Tochter mit einem Jugendlichen aus der Unterschicht verhindern. Der Vater war nie da, er musste ja arbeiten, um seiner Familie den begehrten Wohlstand bieten zu können. Das Verhältnis zwischen Mutter und Tochter wurde immer aggressiver, schließlich traf sich Erica heimlich mit Omar. Der Tod der Mutter schien den beiden der einzige Ausweg aus ihrer Situation zu sein.

Die verhätschelte Erica verstand nicht, warum ihre Eltern ihr dieses Geschenk der großen Liebe verweigern wollten, war sie es doch gewohnt, dass ihre Wünsche immer alle erfüllt wurden. Von den Ermittlern wurde das Mädchen als extrem selbstsicher beschrieben, als „kleine Königin". Sie sei derart auf sich selbst konzentriert, „dass sie keinerlei Anstrengung unternimmt, andere zu verstehen." Auch war sie rasend eifersüchtig auf ihren kleinen Bruder. Ursprünglich wollten Erica und Omar die ganze Familie de Nardo auslöschen. Der Vater entging dem Schicksal nur, weil er erst später zu Hause eintraf.

Das Turiner Jugendgericht verurteilte Erica zu 16 Jahren Haft, Omar erhielt 14 Jahre.

Jugend, Medienmacht und Mentalität: Andrea de Carlo im Gespräch

Foto: ac 048it

Die Bücher des 56-Jährigen zählen zu den meistverkauften in Italien. Seine bekanntesten Romane „Wir drei" (1997) und „Due di Due" (1989) beschäftigen sich mit den Irrungen und Wirrungen der 20- bis 30-Jährigen in den 1980er-Jahren. Der geborene Mailänder arbeitete auch als Regieassistent bei *Fellini* und *Antonioni*. Während des Gesprächs, das ich in Frankfurt mit ihm führte, malte er ein düsteres Bild von der italienischen Wirklichkeit.

- *Andrea de Carlo, Sie haben über die Generation der um 1978 Geborenen geschrieben, welche die politischen Forderungen der 68er nicht richtig glauben mochte und sich lieber mit Hedonismus und Selbstsuche beschäftigte. Wie würden Sie die heute Zwanzigjährigen in Italien beschreiben?*

Wissen Sie, ich bin häufig in Italien auf Lesungen unterwegs. Da kommen auch viele jugendliche Leser, die sich nach den Werten der 1970er-Jahre zurücksehnen. Sie interessieren sich sehr für Umweltfragen, für internationale Politik und die Konflikte, die jeden Tag auf der Welt stattfinden. Und dann gibt es die anderen Jugendlichen, sicherlich die Mehrheit. Ich nenne sie „die Kinder des Fernsehens", genauer gesagt des kommerziellen Fernsehens des *Silvio Berlusconi*. Das sind die Jugendlichen, die einfach nur alles konsumieren, was ihnen das Fernsehen anbietet.

Sicherlich ist das ein internationales Phänomen, eine Marketingstrategie, die sich überall auf der Welt vor allem an junge Menschen richtet. Es handelt sich schließlich um eine äußerst kaufkräftige Gruppe, die von ihren Eltern mit viel Geld ausgestattet wird. In Italien sind diese Strategien aber noch erfolgreicher, weil es eine Form der Unterwürfigkeit der Eltern gegenüber ihren Kindern gibt. Die Eltern tun alles, was ihre Kinder wollen. Wer sich mit Marketing auskennt weiß, dass man in Werbefilmen am besten Kinder als Darsteller einsetzt. Das Essen in der Familie wird von den Kindern ausgesucht. Selbst die Wahl des Urlaubsorts wird den Kindern überlassen. Die Eltern ziehen sich völlig zurück und überlassen alle Entscheidungen ihrem Nachwuchs.

- *Was hat der Fall von Erica und Omar mit den Veränderungen in der traditionellen Familie zu tun?*

Erica und *Omar* repräsentieren die typischen Vertreter der dominanten Jugendlichen, die keinen Widerstand der Familie gegen ihre eigenen Interessen tolerieren. Ich erinnere mich nicht mehr genau, was es war, aber die Mutter hat ihrer Tochter *Erica* irgendetwas verboten. Für *Erica* war das Grund genug, Bruder und Mutter brutal zu töten. Nach der Tat wurden die beiden zu Vorbildern vieler Jugendlicher. Sie bekamen Zehntausende Briefe ins Gefängnis. Das sagt einiges aus über das Verhältnis, das viele Jugendliche heute zu ihren Eltern haben. Sie würden niemals auf die Familie verzichten, geschweige denn allein leben wollen. Aber die Familie muss immer für ihre Bedürfnisse zur Verfügung stehen. Die Eltern sind dazu da, um Geld zu geben und den Kindern ein Auto zur Verfügung zu stellen. Denken Sie nur an die vielen Autounfälle am Samstagabend, jedes Wochenende ist es eine Tragödie, was auf Italiens Straßen passiert. Meistens geschehen diese Unfälle in den Wagen der Eltern, die sich die Jugendlichen von ihnen geliehen haben. Oft schenken die Eltern ihren Kindern aber auch ein Auto mit 200 PS, mit dem sie sich dann, vollgedröhnt mit Ecstasy, am Wochenende umbringen können.

- *Ist in einem Land, in dem das Meinungsmonopol in den Händen weniger Familien liegt, eine Demokratie überhaupt möglich?*

Ich denke, das größte Problem in Italien ist, dass es praktisch unmöglich ist, ungefilterte Informationen zu erhalten. Entweder liegt die Meinungsmacht in den Händen der mächtigen Familien, wie *Berlusconi* und *Agnelli,* die einen großen Teil der italienischen Medien kontrollieren, oder sie liegt bei der Politik. Ich persönlich ertrage die Nachrichtensendungen in der RAI, dem staatlichen italienischen Fernsehen, nicht mehr. Nach jedem Ereignis verlesen die Politiker der verschiedenen Parteien die ewig gleichen Erklärungen. In RAI 1 die Konservativen, in RAI 2 die Liberalen und in RAI 3 die Linken. Diese Methode der Meinungsverbreitung wird ganz offen praktiziert. Die Direktoren der RAI geben zu, dass sie keine andere Wahl haben, weil es die Politiker sind, die dieses System wollen. Teilweise gibt es im Internet einen freien Zugang zu Informationen, aber auch da muss man vorsichtig sein.

- *Wie war der Erfolg des Privatfernsehens möglich?*

Berlusconi war sehr schlau. Die alte RAI vor der Ära des Privatfernsehens war noch ein aufklärerisches Projekt. Es gab Kulturprogramme, Theater und Konzerte, eine Form des Erziehungsfernsehens. Und dann, Anfang der Achtzigerjahre, ist *Berlusconi* gekommen und hat zuerst in seinen Kanälen all die Spielfilme gesendet, die das Publikum sich nun zu Hause anschauen konnte. Damit hat er dem italienischen Kino einen Schlag versetzt, von dem es sich nie wieder erholt hat. Und dann hat er all diese Programme auf niedrigstem Niveau entwickelt, in denen Moderatorinnen in mit Pailletten verzierten Bikinis auftreten. Sex und billiger Humor sind die Zutaten, aus denen diese Formate gemacht sind. Sendungen, die nicht die geringste Aufmerksamkeit vom Zuschauer verlangen, da sie sowieso ständig von Werbung unterbrochen werden. Und was hat das staatliche Fernsehen getan? Statt mehr und bessere Kulturprogramme zu senden, sind sie den gleichen Weg gegangen wie das Privatfernsehen. Auch die RAI ist mittlerweile voll mit Werbung und Programmen, die genauso gemacht sind wie die Sendungen in den Kanälen, die von *Berlusconi* kontrolliert werden.

- *Haben sich die Menschen unter dem Einfluss des Privatfernsehens verändert?*

Sehr sogar! In Italien hat eine komplette Bewusstseinsveränderung stattgefunden. Die Mentalität des Kommerzfernsehens ist in das Leben eingedrungen. Es ist schwierig, sich mit Menschen lange über ein Thema zu unterhalten: Sie unterbrechen einen ständig und machen Witze an den falschen Stellen. Natürlich hat das auch etwas mit der italienischen Mentalität zu tun: Hier neigen die Menschen dazu, an der Oberfläche zu bleiben, sie achten mehr auf das Äußere als auf das Innere. Das Kommerzfernsehen hat diese Eigenschaften verstärkt.

- *In Deutschland entsteht immer mehr der Eindruck einer „Germanisierung" Italiens. Gern wird in diesem Zusammenhang das rigide italienische Antirauchergesetz zitiert, das die Italiener scheinbar klaglos akzeptiert haben. In Deutschland ließ sich ein solches Gesetz politisch nur nach großen Schwierigkeiten durchsetzen. Die zunehmende Individualisierung, die immer häufiger vorkommenden Ein-Kind-Familien, all das deutet auf eine verstärkte Anpassung an nordeuropäische Verhältnisse. Wie erklären Sie sich diesen Mentalitätswandel?*

Ja, man dachte, es wäre unmöglich, ein Gesetz gegen das Rauchen in öffentlichen Räumen einzuführen. Ich glaube, eines der Probleme in Italien ist die Unsicherheit der Regeln. Gesetze und Regelungen gibt es genug, sogar viel mehr als in anderen Ländern. Aber normalerweise ist es nicht nötig, diese Gesetze zu befolgen. Ein Beispiel: In der Straße in Mailand, in der ich wohne, herrscht eigentlich Parkverbot. Ich habe immer eine Tour durch die halbe Stadt gemacht, um einen Parkplatz zu finden. Eines Tages traf ich einen Polizisten vor meiner Haustür. Da die Straße zugeparkt war, fragte ich ihn, ob man denn nun parken könne oder nicht. Der Polizist antwortete: „Eigentlich könnte man nicht." „Also kann man", antwortete ich.

Beim Antirauchergesetz dagegen haben sich die Politiker wirklich Gedanken gemacht. Die Strafe bekommt nicht derjenige, der raucht, sondern der Besitzer des Lokals, in dem geraucht wird. Ein perfekter Mechanismus. Wenn man die Strafe dem Raucher gegeben hätte, hätte der Wirt so getan, als ob er nichts bemerkt hätte.

Wenn klar ist, dass die Strafe auch vollstreckt wird, halten sich die Italiener an die Gesetze. Dieses Prinzip könnte auch bei anderen Gesetzen funktionieren. Die Regierung *Prodi* hat beispielsweise die Steuergesetzgebung verschärft. Es werden mehr Kontrollen durchgeführt. Wer zu wenig Steuern bezahlt weiß, dass er eine hohe Strafe riskiert. Das sind alles Entwicklungen, die notwendig sind, um Italien zu einem normalen europäischen Land zu machen.

- *Wie würden Sie jemandem, der Italien überhaupt nicht kennt, die Mentalität der Menschen erklären?*

Zuerst würde ich einem Fremden erklären, dass Italien aus drei unterschiedlichen Landesteilen besteht, dem Norden, der Mitte und dem Süden, die für Jahrhunderte voneinander getrennt waren. Unterschiedliche

Verhaltensweisen, unterschiedliche Sprachen, unterschiedliche Ernährung, alles war in diesen drei Ländern anders.

Dann sind die Italiener ein mediterranes Volk, das eine Neigung zur körperlichen Kommunikation hat, es gibt einen direkteren Zugang zu anderen Menschen als beispielsweise in England oder Deutschland.

Auch wenn die italienische Familie dramatische Veränderungen erfährt, so ist sie doch immer noch sehr stark. Es ist normal, dass Dreißigjährige in Italien noch bei ihren Eltern wohnen. Meiner Meinung nach ist das krankhaft.

Ich denke, typisch für die Italiener ist auch der Umgang mit ihrem Land. *Goethe* reiste auf seiner „Italienischen Reise" noch durch eines der schönsten Länder der Erde, heute ist Italien zerstört. Vor allem nach dem Zweiten Weltkrieg wurde vieles kaputt gemacht. Die Innenstädte, die uralten Plätze sind dem Beton und irgendwelchen hässlichen Gebäuden gewichen, die ohne jede ästhetische Überlegung gebaut wurden.

- *In ihren Büchern ist die Leidenschaft zu den Dingen und Menschen eine Lösungsmöglichkeit für die Konflikte ihrer Helden, ein meiner Meinung nach sehr italienischer Umgang mit der Wirklichkeit. Ist es genau diese Leidenschaft und Kreativität, die Italien immer ausmachte und die langsam verloren geht?*

Ja, denn die jungen Menschen sind es, die in einer Gesellschaft die Initiative ergreifen müssen. Viele sind heute sehr mutlos und gleichgültig. Mal angenommen, jemand will Journalist werden. Gut, er kann eine Journalistenschule besuchen. Eine Anstellung findet er aber nur, wenn er über die entsprechenden Beziehungen verfügt. Dieses System führt bei vielen jungen Menschen zu einer totalen Desillusionierung oder zum Zynismus. So entsteht dann ein Berufsstand von unterwürfigen Journalisten, die keine Persönlichkeiten sind, sondern alles nachvollziehen, was ihre Auftraggeber wünschen.

Männer und Frauen

„Die italienische Liebe mag in ihrer Dauer vielleicht kürzer sein als die gemütliche sinnige deutsche; aber sie presst in Momente einen Reichthum von Seligkeiten zusammen, die dem Berauschten eine Ewigkeit dünken."
Damen Conversations Lexikon (1834)

Über Jahrhunderte hinweg war Italien eine statische, traditionelle Gesellschaft, deren Wurzeln bis in die römische Vergangenheit hineinreichten und in der Veränderungen nur sehr langsam vor sich gingen.

049it Foto: fs

In den 1970er-Jahren verabschiedete das römische Parlament gleich drei Gesetze, die das Verhältnis zwischen Männern und Frauen auf eine neue Grundlage stellen sollten: Das Ehescheidungsgesetz, das Gesetz über die Gleichberechtigung von Männern und Frauen am Arbeitsplatz und das Abtreibungsgesetz, das damals zu den liberalsten in ganz Europa zählte. Eine wahre Revolution löste das Ehescheidungsgesetz aus, das gegen den erbitterten Widerstand der katholischen Kirche durchgesetzt wurde. Vorher war eine Scheidung (fast) ausgeschlossen.

Der Film **„Scheidung auf italienisch"** (1961) behandelte das Thema der Unauflöslichkeit der Ehe auf ironische Art. Die Geschichte erzählt von einem Mann (gespielt von *Marcello Mastroianni*), der davon träumt, seine Frau umzubringen, um aus dem Gefängnis der Ehe zu entkommen und

Ehepaar auf Sardinien

seine jüngere Cousine zu heiraten. Ein Mord würde ihn jedoch lebenslang hinter Gitter bringen, ein Mord aus Eifersucht allerdings nur für etwa drei Jahre. Also sucht der Mann einen Liebhaber für seine Ehefrau und als die beiden miteinander durchbrennen, fährt er ihnen nach und erschießt als betrogener Ehemann seine Frau. Nach einem kurzen Gefängnisaufenthalt kann der Mann mit seiner Cousine zum Traualtar schreiten.

Wer die Geschichte des Films mit der heutigen Situation vergleicht, wird verstehen, dass die Frauen, die jahrhundertelang von den Männern unterdrückt worden waren, in keinem anderen europäischen Land so schnell aufgeholt haben wie in Italien und dass umgekehrt nirgendwo die Männer so schnell ihre Privilegien eingebüßt haben. Heute nimmt die Zahl der Scheidungen ständig zu, während die Geburtenrate sinkt. (Siehe das Kap.: „Die Familie – zwischen Tradition und Moderne".)

Die **patriarchalische Gesellschaft,** von der das Land ursprünglich geprägt wurde, zerbricht allmählich. In der traditionellen „statischen Gesellschaft", die sich, bedingt durch die lange Zeit der Fremdherrschaft, in sich selbst zurückzog und sich gegen alle Veränderungen wehrte, blieben die Rollen von Mann und Frau unangetastet. Das gilt vor allem für den Süden Italiens: Hier herrscht noch heute das althergebrachte Frauenbild vor. Auf der Insel Sizilien wird in konservativen Familien nach der Hochzeitsnacht das Betttuch aus dem Fenster gehängt, um zu beweisen, dass die Braut als Jungfrau in die Ehe gegangen war.

Das **Scheidungsgesetz** bewirkte eine große Befreiung für die Frauen, die von nun an nicht mehr gezwungen waren, mit ungeliebten Männern ihr Leben zu verbringen. Es war eine Form der Emanzipation, die wenig mit der feministischen Bewegung zu tun hatte, wie wir sie aus mittel- und nordeuropäischen Ländern kennen. Für die italienischen Frauen war die Befreiung vor allem eine sexuelle. Sie genossen es, endlich selbst über ihre Sexualität bestimmen zu können, und sie nutzten die neu gewonnene Freiheit. Plötzlich war es nicht mehr verpönt, sich aufreizend zu kleiden. Wer durch italienische Großstädte flaniert, wird feststellen, welch großen Wert die Frauen auf ihr Äußeres legen, mehr noch: Sie genießen es, von Männern mit begehrlichen Blicken angesehen zu werden.

Jahrhundertelang war es in der italienischen Gesellschaft allgemein akzeptiert, dass Ehemänner eine Geliebte hatten. Heute ist der **Seitensprung** keine rein männliche Angelegenheit mehr.

Die Männer sind verunsichert, sie fürchten die sexuelle und materielle Unabhängigkeit der Frauen. Die Tatsache, dass über 70 % der nicht verheirateten Männer unter 30 Jahren noch zu Hause wohnen, hat mit einer gewissen Bequemlichkeit und dem engen Wohnungsmarkt zu tun, aber auch mit der Angst der Männer vor den Frauen.

Eine Bastion haben die Männer gehalten: Die **Führungspositionen in Politik und Wirtschaft.** Zwar gibt es Frauen, die lautstark in der Politik auftreten, wie beispielsweise die Bürgermeisterin von Neapel, *Rosa Maria Jervelino,* oder *Allesandra Mussolini,* die am politisch äußersten rechten

Zwei italienische Frauenschicksale: Mariella und Concetta

Mariella, 50 Jahre, Genua

Die Frau mit den langen, roten Haaren ist eine attraktive Erscheinung. Niemand würde denken, dass sie vor Kurzem ihren fünfzigsten Geburtstag gefeiert hat. Vielleicht liegt es an den häufigen Besuchen im Fitnessstudio, vielleicht liegt es aber auch an dem 2-wöchigen Aufenthalt in einer Schönheitsklinik, den ihre Freunde ihr zu ihrem Geburtstag geschenkt haben.

Mariella leitet seit Jahren eine sehr erfolgreiche Versicherungsagentur mit mehreren Angestellten. Finanziell ist sie unabhängig und auch privat bevorzugt sie es, frei und ohne feste Bindung zu leben. Ihre letzte feste Beziehung zu einem Mann liegt schon Jahre zurück, für sie ist es immer noch eine unangenehme Erinnerung. Paolo war attraktiv, gebildet, hatte viele Freunde und verwöhnte seine Partnerin mit Geschenken und kleinen Aufmerksamkeiten, eigentlich all das, was sich eine italienische Frau wünscht. Aber als sich dann nach einer mehrjährigen Beziehung die Frage stellte, ob sie denn nun eine Familie gründen sollten oder nicht, bekam Mariella Torschlusspanik: „Ich hatte Angst, dass es mir genauso gehen könnte wie meiner Mutter. Dass ich irgendwann mit drei Kindern zu Hause sitze und mein Mann sich nur für Fußball und seine Freunde interessiert. Meine Mutter hatte als junge Frau keine andere Wahl, als meinen Vater zu heiraten. Ich aber hatte die Möglichkeit, mich frei zu entscheiden und ich habe bewusst meine Freiheit gewählt, auch wenn es mir schwergefallen ist."

Inzwischen lebt Mariella in einer schönen 3-Zimmer-Wohnung im besten Viertel von Genua. Ihr früherer Verlobter Paolo ist noch heute zutiefst gekränkt und hat jeden Kontakt zu ihr abgebrochen. Die Fünfzigjährige hat einen großen Freundeskreis, mit dem sie sich häufig zu gemeinsamen Abendessen trifft. Vor einigen Monaten hatte sie eine Beziehung zu einem zehn Jahre jüngeren Musiker. Der war aber leider verheiratet und zog es vor, wieder zu Frau und Kindern zurückzukehren. Seitdem will Mariella von festen Beziehungen nichts mehr wissen. Zweimal im Jahr fliegt sie allein in die Ferien in die Karibik, manchmal hat sie einen One-Night-

Rand angesiedelte Enkelin *Benito Mussolinis,* aber sie sind immer noch deutlich in der Minderheit. Seit Jahren wird über eine Frauenquote diskutiert, die den Zugang der Frauen in Führungspositionen erleichtern soll, aber der Widerstand der Männer lässt eine Gesetzesänderung nicht zu.

Stand. Sie empfindet ihr Leben als glücklich, nur manchmal, wenn sie am Samstagabend allein vor dem Fernseher sitzt, überkommt sie die Sehnsucht nach einer Familie.

Sabrina, 45 Jahre, Salerno

Die dunkelhaarige Frau steht in ihrer kleinen Küche und bereitet gerade das Mittagessen für ihre beiden Kinder zu. Seit 20 Jahren ist sie verheiratet, die Kinder sind schon fast volljährig.

„Mein Mann wollte vor einigen Jahren unbedingt noch ein drittes Kind haben, aber das war mir zu viel. Mit 40 Jahren noch einmal Windeln wechseln und schlaflose Nächte durchleben, das konnte ich mir einfach nicht mehr vorstellen."

Dass sie mit 25 Jahren schon verheiratet war, empfindet sie als normal: „So ist das eben bei uns im Süden. Alle meine Freundinnen haben jung geheiratet." Die ersten Jahre waren schwierig, sagt sie, sie sei ja selbst noch ein Kind gewesen. Und plötzlich musste sie für ihren Mann die Wäsche waschen und kochen. „Am Anfang haben wir uns oft gestritten," lacht Sabrina, „weil mein Mann immer alles so haben wollte, wie es seine Mutter gemacht hatte. Die Kindererziehung hat er auch mehr oder weniger mir überlassen, aber immerhin hatte ich noch meine Eltern, die haben mir viel geholfen, als die Kinder noch klein waren."

Vor zehn Jahren hat sie wieder angefangen zu arbeiten, dreimal in der Woche steht sie an der Kasse eines Supermarktes in Salerno. „Auch wenn es keine tolle Arbeit ist, hat es mir gutgetan, aus meinem Trott herauszukommen. Die Beziehung zu meinem Mann ist auch besser geworden, seit ich etwas unabhängiger geworden bin."

An den Wochenenden trifft sich die Familie mit Großeltern, Cousinen und Neffen. Meistens fahren sie in eines der großen Restaurants am Strand. Da wird dann stundenlang gegessen und geredet, während die vielen Kinder im Sand spielen. Manchmal wäre Sabrina auch gern mit ihrem Mann allein. Aber sie weiß, dass dann die Familie beleidigt wäre.

Sabrina wünscht sich ein freieres und unabhängigeres Leben. Deswegen möchte sie auch, dass ihre zwei Kinder schnell selbstständig werden. „Vielleicht habe ich dann endlich etwas mehr Zeit für mich."

050it Foto: fs

Trotz aller Veränderungen gehören die Zutaten **Eifersucht und Leidenschaft** immer noch zu einer italienischen Beziehung. Frauen wollen, dass Männer ihnen mit viel Fantasie den Hof machen, sie lieben es, zärtliche Komplimente ins Ohr geflüstert zu bekommen und sie erwarten teure Geschenke von ihren Partnern. Das hat, trotz allen emanzipatorischen Fortschritten, viel mit der **rollenspezifischen Erziehung** zu tun, die immer noch überall in Italien verbreitet ist: Italienische Frauen werden schon als Kinder auf den Typus „Prinzessin" getrimmt. Bereits im Kleinkindalter werden die Mädchen in rosafarbene Rüschenkleider gesteckt und ihre Mütter erzählen ihnen, dass eines Tages ein Prinz kommen wird, der ihnen alle materiellen und sonstigen Nöte des Lebens abnehmen wird. Die italienische Schriftstellerin *Lara Cardella* hat mit ihrem Bekenntnis „Ich wollte Hosen" (1989) einen der erfolgreichsten Romane der letzten 30 Jahre geschrieben. Sie hat die Abneigung vieler Frauen gegen dieses immer noch traditionelle Rollenverständnis in drei Worte gefasst.

Schwule und Lesben

Homosexualität ist in Italien immer noch ein schwieriges Thema. Der kirchliche Widerstand gegen die gleichgeschlechtliche Liebe wurde erst jüngst im Zusammenhang mit der politischen **Diskussion um ein neues Partnerschaftsgesetz** deutlich und aggressiv vorgetragen. Die Regierung

Prodi hatte im Februar 2007 ein Gesetz beschlossen, das gleichgeschlechtlichen Paaren ermöglichen soll, ihre Lebensgemeinschaft registrieren zu lassen, um damit einige Rechte Verheirateter in Anspruch nehmen zu können. Der Krankenversicherungsschutz und die Aufenthaltsgenehmigung wurden mit dem neuen Gesetz auf den Partner ausgedehnt, darüber hinaus kann man nach neun Jahren Lebensgemeinschaft erben. Ein Adoptionsrecht für homosexuelle Paare wurde nicht eingeführt. Damit geht die neue Regelung deutlich weniger weit als vergleichbare Partnerschaftsgesetze in Spanien, Frankreich oder Deutschland. Trotzdem bezeichnete Papst *Benedikt XVI.* das Gesetz als „gefährlich für die Zukunft der Gesellschaft", weil es „das Naturgesetz der Schöpfung verletzt." Aber es ging noch weiter. Der Präsident der Bischofskonferenz, Kardinal *Camillo Ruini,* kündigte die Absicht an, katholische Politiker „bindend zu verpflichten, im Parlament gegen das Gesetz zu stimmen." Die Vehemenz der Auseinandersetzungen erinnerte viele Italiener an das Scheidungsreferendum von 1974, als erstmals ein Ehescheidungsgesetz in Italien beschlossen worden war.

Plötzlich waren sie wieder da, die alten Fronten zwischen dem italienischen Staat und dem Vatikan. Nach Meinung der Laizisten sind päpstliche Befehle an Parlamentarier des souveränen Staats Italien mit den Lateranverträgen von 1929 unvereinbar. Die Verträge sollten seinerzeit das Verhältnis zwischen Staat und Kirche regeln und enthalten unter anderem eine gegenseitige „Nichteinmischungsklausel". (Siehe auch das Kap.: „Der Faschismus".)

Die größten **Vorbehalte gegen Homosexuelle** bestehen im katholisch geprägten Süden. Als 2005 ein bekennender Homosexueller für den Posten des Bürgermeisters von Salerno kandidierte, gab es massive Proteste seitens der Bevölkerung. Selbst der linksliberale frühere römische Bürgermeister, *Francesco Rutelli,* beugte sich dem Druck des Vatikans und versagte der jährlich in Rom stattfindenden Schwulen- und Lesbenparade im Heiligen Jahr 2000 die sonst übliche Unterstützung der Stadtgemeinde. Die Parade fand trotzdem statt und demonstrierte das neue Selbstbewusstsein der Homosexuellen.

Auch wenn der durchschnittliche, heterosexuelle italienische Kleinbürger gleichgeschlechtliche Liebe als etwas Abartiges empfindet, wird er trotzdem den schwulen Nachbarn zum Abendessen einladen. Eine religiöse neapolitanische Mutter wird niemals ihren Sohn verstoßen, so sehr sie auch davon überzeugt ist, dass Homosexualität eine Sünde ist. In Italien wird niemand wegen seiner Schwächen aus der Gemeinschaft ausgeschlossen. Allerdings werden diese Schwächen gnadenlos und mit großem Vergnügen bloßgestellt: Witze über Homosexuelle, die gern als *finochi* (dt.: Fenchel) bezeichnet werden, gehören beispielsweise unbedingt zu einem italienischen Männerabend dazu.

Legge 19 – das Nichtrauchergesetz

Am 1. Januar 2005 trat das italienische Nichtrauchergesetz in Kraft. In reinstem Amtsitalienisch heißt es „Legge 19", zu deutsch „Gesetz 19". Das Gesetz beinhaltet solch ein strenges Rauchverbot in allen öffentlichen Räumen, wie es sonst nirgendwo in Europa existiert. Schnell wurde es durch alle parlamentarischen Instanzen gepaukt und wenig diskutiert, ein für italienische Verhältnisse kaum vorstellbares Verfahren. Zu verdanken haben die Italiener das Gesetz dem Arzt und früheren **Gesundheitsminister Sirchia.** Er musste kurz nach der Verabschiedung des Gesetzes seinen Stuhl wegen eines typisch italienischen Bestechungsskandals räumen. Das Nichtrauchergesetz allerdings wird sicherlich in die italienische Geschichte eingehen.

Kurz vor der Einführung des Gesetzes freute sich die Weltpresse, voreilig, wie sich später herausstellte, auf den zu erwartenden **Widerstand der Bevölkerung.** Italiener sind geborene Anarchisten, die sich nichts aufnötigen lassen, hieß es. Die Wirte verkündeten, sich niemals von korrupten Politikern ihr Geschäft mit den Rauchern kaputt machen zu lassen. Politiker mit vom Zigarettenqualm ruinierten Stimmen ließen in Interviews verlauten, dieses Gesetz vorsätzlich brechen zu wollen. Am Tag, an dem die neue Regelung in Kraft trat, ließen sich stolze Raucher vor laufenden Fernsehkameras von den Carabinieri abführen.

Aber schon bald nachdem der erste Rauch verzogen war, verlosch das Feuer der Aufregung. Plötzlich hielten sich alle an das Gesetz. An den vergleichsweise niedrigen Ordnungsstrafen zwischen 27 und 270 Euro kann es nicht liegen. Wer mit dem Auto die Geschwindigkeitsbegrenzung überschreitet, riskiert eine wesentlich höhere Strafe, trotzdem fährt fast jeder zu schnell.

Woran kann es also liegen, dass die sonst so gesetzesfeindlich eingestellten Italiener sich so bereitwillig auf einen neuen Umgang mit dem Rauchen eingelassen haben?

Vielleicht hat es ja damit zu tun, dass die Italiener es nun einmal lieben, eine *bella figura* zu machen. Und die macht nun mal, wer die Mutter mit ihren beiden *bambini* am Nebentisch freundlich anlächelt und nach dem Essen seine Zigarette draußen vor der Tür raucht. Da stehen ja auch schon einige andere Raucher rund um einen großen Aschenbecher herum. Ein wundervoller Ort also, um zu flirten und mit anderen ein Schwätzchen zu halten.

Spiegelbild der Gegenwart – das italienische Kino

Das junge italienische Kino knüpft bereits seit einigen Jahren an die große Vergangenheit des **Neorealismo** an, mit dem der italienische Film im vergangenen Jahrhundert seinen Weltruhm begründete. Mit nüchterner Genauigkeit beobachten junge Filmemacher die gesellschaftlichen und politischen Veränderungen ihres Landes. Um sich mit Italien auseinanderzusetzen, ist ein Studium seiner Filme unerlässlich. Sie pflegen eine lange Tradition der ungeschminkten Darstellung der Wirklichkeit, jenseits von allen „Bella Italia"-Klischees.

Jeder Kinoliebhaber kennt die großen, neorealistischen Schwarz-Weiß-Filme von **Roberto Rosselini und Vittorio de Sica.** Nach dem 2. Weltkrieg entdeckte der *neorealismo* die Welt der sozialen Außenseiter und erzählte ihre Geschichten in einem einfachen, der Wirklichkeit verpflichteten Stil. „Fahrraddiebe" (*Ladri di bicciclette,* 1948) ist der bekannteste Film von *de Sica.* Die Geschichte, die erzählt wird, ist denkbar einfach. Vielleicht ist der Film gerade deswegen zum Hauptwerk des italienischen Neorealismus geworden. Ein Arbeitsloser (alle Hauptdarsteller sind Laien) bekommt die Chance, als Plakatkleber zu arbeiten. Die einzige Voraussetzung, die er mitbringen muss, ist ein eigenes Fahrrad. Aber er hat kein Rad mehr, weil er es im Pfandhaus gegen Geld versetzt hat. Was folgt, ist eine eindrucksvolle Darstellung des Roms der Bürokraten, der arroganten Carabinieri und der bedrückenden Armut, unter der die Bevölkerung überall im Nachkriegsitalien zu leiden hatte.

Regisseure wie *Michelangelo Antonioni, Federico Fellini* und *Bernardo Bertolucci* entwickelten den Neorealismus weiter, mit Filmen wie „La dolce vita" von *Fellini* oder „Blow up" von *Antonioni.*

Mit **„Der Leopard"** (1959) schuf der Regisseur *Luchinio Visconti* einen der Klassiker des italienischen Kinos. Der gleichnamige Roman von *Tomaso di Lampedusa* erzählt die Geschichte der politischen Umwälzungen auf Sizilien im 19. Jahrhundert. In dem opernhaft inszenierten Film mit der längsten und üppigsten Ballszene der Filmgeschichte wird detailgenau der Übergang von der sizilianischen Feudalgesellschaft zur kapitalistischen Gesellschaft des späten 19. und des 20. Jahrhunderts dargestellt. Als die Garibaldianer die Insel eroberten, flackerte bei den Menschen kurz die Hoffnung auf ein freies, selbstbestimmtes Leben auf. Kurz nach der Einigung Italiens versank Sizilien in Korruption und Bandenkriegen. Damals begann der Aufstieg der Mafia, die heute eines der größten Wirtschaftskartelle in Italien bildet.

Bis in die 1970er-Jahre hinein genoss das italienische Kino einen bedeutenden, internationalen Ruf. Danach versank es in einer **Krise,** an der die privaten Fernsehsender des *Silvio Berlusconi* einen großen Anteil hatten. Das reichhaltige Angebot von Canale 5 und Italia Uno an aktuellen Kinospielfilmen ließ die Besucherzahlen der Filmtheater dramatisch sinken.

Seit einigen Jahren machen viele **neue Regietalente** von sich reden, deren Filme auch auf internationalen Filmfestivals zu sehen sind. Seit den 1990er-Jahren gelang es vor allem dem Filmemacher *Nanni Moretti,* sich mit seinen günstig produzierten Filmessays auch international einen Ruf zu erwerben.

Wer sich italienische Filme aus den letzten Jahren anschaut, wird feststellen, dass sich der Umbruch, der gerade in Italien stattfindet, auch in den Geschichten niederschlägt, die in den Filmen erzählt werden: Zuwanderung, Globalisierung, die Wirtschaftskrise in der postindustriellen Gesellschaft, Prostitution und Menschenhandel sind **Themen,** die den jungen italienischen Filmemachern auf den Nägeln brennen. Erzählt werden aber auch Geschichten von Einsamkeit, zerbrochenen Familienbanden und der Suche nach dem eigenen Standpunkt. Interessant ist, dass die Episoden stark in den Regionen und den entsprechenden Dialekten verwurzelt sind. Scheinbar trauen auch die jungen italienischen Filmemacher dem kommerzialisierten Bild des Durchschnittsitalieners nicht, das in vielen Medien verbreitet wird.

057it Foto: fs

DEUTSCHE UND ITALIENER – EINE WECHSELVOLLE BEZIEHUNG

Kennst Du das Land, wo die Zitronen blühn?

„Die Deutschen lieben die Italiener, schätzen sie aber nicht, die Italiener schätzen die Deutschen, lieben sie aber nicht." Mit dieser Formel lässt sich treffend das Verhältnis zwischen den beiden Nationen beschreiben. Den Hintergrund zu dieser Entwicklung bildet eine lange Kette von historischen Ereignissen.

Einen großen Anteil an dem **Italienbild der Deutschen** haben bis heute die Bildungsreisenden des 17. und 18. Jahrhunderts, die auf der „Grand Tour" Rom, Neapel und Sizilien besuchten. Sie waren die ersten, die einer breiten Masse zugängliche Bücher und Artikel über ihre Erfahrungen auf dem Apennin schrieben. Der bekannteste deutsche Bildungsreisende war sicherlich *Goethe*, der mit seinem Bericht „Italienische Reise" die Vorstellungen von Generationen beeinflusst hat.

Architektur und Kultur galten **den Bildungsbürgern** viel, zugleich trafen sie aber auch auf die Bewohner eines der ärmsten Länder des damaligen Europas. Die Erfahrungen der Reisenden und auch ihre Vorurteile verbreiteten sich schnell und prägten nachhaltig das Italienbild vieler Deutscher bis heute: Ein Bild von einem Land, in dem die Bewohner Schlitzohren, die Kriminalität hoch, die Menschen aber herzlich und gastfreundlich sind. Eine Gesellschaft, die aus Großfamilien und vielen Kindern besteht und deren Mitglieder oft in die Kirche gehen. Ein Land, in dem man gut essen kann und wo immer die Sonne scheint.

Fosse Ardeatine (von Marie Luise Kaschnitz)

Im Bewusstsein der Menschen ist der schlimmste Tod der zufällige und sinnlose, weshalb denn auch alles getan wird, um aus unglückseligen Opfern Märtyrer und nach freiem Ermessen handelnde Helden zu machen. Auf den Inschriften des großen Mahnmals bei den Fosse Ardeatine kommt dieses Bedürfnis zum Ausdruck - wir, die wir hier ... da reden die Toten voll Pathos und könnten doch schweigen, da schon der Ort ihre Geschichte auf die erschütterndste Art und Weise erzählt.

Für die zweiunddreißig bei einem Bombenattentat im März des Jahres 1944 umgekommenen SS-Soldaten war an Menschenleben die zehnfache Zahl eingefordert worden. Eine Anzahl mehr oder weniger Verdächtiger hatte man an Ort und Stelle aufgegriffen, darunter völlig Unbeteiligte, die sich gerade in der Nähe, etwa eingeseift in einem Barbierstuhl, befanden. Die Gefängnisse, auch die polizeilichen Überwachungsstellen, hatten Opfer geliefert, Juden, Antifaschisten, Missliebige aller Art.

Am 24. März wurden die für den Sühnetod Bestimmten auf der Via Ardeatina in die Campagna hinausgeführt, an einen Ort, der beides zugleich sein konnte, Hinrichtungsstätte und Grab. In den Sandhügel eingeschnitten fanden sich hier Gänge, hoch und verzweigt, man begeht sie noch heute und folgt damit dem letzten Weg der vom Tode zusammengewürfelten Schar. Nur dass es damals dort drinnen dunkel war, während jetzt der Himmel hereinschaut, - gerade die Sprengung, durch die das Massengrab unzugänglich und unauffindbar gemacht werden sollte, riss ein Stück der Erddecke weg.

Jetzt brennen zudem hier und dort an den glatten Lehmwänden Lämpchen, eines auch über der besonderen Grabstätte der menschlichen Über-

All diese Verallgemeinerungen finden überall **in Italien auch ihr Gegenteil:** So ist die Kleinkriminalitätsrate in der Gegend um Triest die niedrigste in ganz Europa. In der Toskana verzeichnete man vor einigen Jahren die niedrigste Geburtenrate der Welt. In manchen Städten (z. B. Udine) regnet es mehr als in München und es gab und gibt eine allgemeine Neigung zum Atheismus im Land.

Im 19. Jahrhundert wurden weite Teile des Landes vom österreichisch-ungarischen Kaiserreich beherrscht. Zu dieser Zeit spitzte sich der **Konflikt zwischen** den nach einem Nationalstaat drängenden **Italienern**

reste, die keine Gestalt mehr ergaben. Die anderen Toten liegen draußen in den nach der Art römischer Triklinien aufgemauerten Reihensarkophagen, ein gewaltiges finsteres Rechteck, das eine einzige auf niederen Stützen ruhende Betonplatte überdeckt.

Das sind die Denkmäler der Toten der Fosse Ardeatine: Die monumentale Grabplatte, die Dreiergruppe des Bildhauers Coccia, welche drei Männer, einen jungen Erschrockenen, einen trotzig Aufbegehrenden und einen leidend Gebeugten, zusammenbindet, die Gitter aus schwarzem, gusseisernem Dornengeschlinge, der Hügel, von dem aus man über das junge Lorbeergebüsch eines künftigen Haines zum Grabmal der Caecilia Metella hinüberblicken kann.

Von allem bleibt die tropfnasse Grabfinsternis unter der Betonplatte am nachhaltigsten im Gedächtnis, das furchtbar Abschließende jedes Todes, aber auch das gewaltsame Ersticken und Verbergen dieser besonderen Hinrichtung sind in der einfachen Anlage erschütternd zum Ausdruck gebracht. Ein wenig gelbes Licht dringt dort durch blütenförmige Schlitze im Steinboden wie aus einem warmen, hellen Erdinneren herauf.

Auf den welligen Granitplatten schließen bronzene Lorbeerzweige kleine Fotografien ein, Namen und Berufe sind verzeichnet, Kaufmann und Bauer, Musiklehrer und Fallschirmspringer und dazwischen die Ignoti, die Unbekannten, in deren Fotografienrähmchen kindliche Heiligenbildchen stecken.

Ein Freund, dessen Familienangehörige an ähnlichen Orten und ebenso unbekannt ruhen mögen, führte mich durch die Höhlengänge, über den kleinen Hügel und zwischen den Sarkophagreihen hin. Er war es, der mir angesichts meiner wachsenden Bedrückung erzählte, dass unter den Toten auch ein SS-Mann des Erschießungskommandos, ein Verweigerer des furchtbaren Auftrags, gewesen sei.

und den Österreichern immer mehr zu. Man begann sich übereinander lustig zu machen, eine Art des Umgangs, die bis heute von beiden Völkern gepflegt wird. Im 19. Jahrhundert unterschieden die Italiener nicht zwischen Österreichern und Deutschen. Der Trentiner Nationalist *Clementino Vanetti* schrieb bereits im Jahr 1790 über die Deutschen, obwohl er eigentlich die Österreicher meinte: „Kommst Du an einen Punkt, wo nicht mehr geredet, sondern geschrien wird, die Landschaft abstoßend, das Klima im Winter wie im Sommer kalt und hart ist, die Häuser spitz und die Leute rund sind, dann weißt Du genau: Du bist in Tirol."

Mit der Einigung Italiens im Jahre 1861 war an der Südflanke des österreichisch-ungarischen Kaiserreiches ein Staat entstanden, der Anspruch auf die italienischsprachigen Gebiete des Trentinos und die wirtschaftlich bedeutende Hafenstadt Triest erhob. Eilig wurde zwischen Deutschland, Italien und Österreich-Ungarn der **Dreibund** geschmiedet, ein politisches Gebilde, das den drohenden Weltkrieg verhindern sollte – was dann aber nicht gelang, wie wir wissen. Bis zum Jahr 1915 hielt der Pakt, dann traten die Italiener aus dem Dreibund aus und schlossen sich der Entente an. Die Deutschen und Österreicher waren der Meinung, dies sei Verrat, eine Haltung, die sich tief in das kollektive Bewusstsein der Völker eingegraben hat. Im **Friedensvertrag von Saint Germain** wurden den Italienern 1919 die sogenannten „unerlösten Gebiete" Trentino, Triest und Südtirol zugesprochen, die zuvor zu Österreich-Ungarn gehört hatten.

1925 ergriff der *Duce* (dt.: Führer) *Benito Mussolini* die Macht in Italien. Die neue Regierung spielte den mehrheitlich deutschsprachigen Südtirolern böse mit. Auf der Straße durfte kein Deutsch mehr gesprochen werden, jede Autonomie wurde der Provinz verweigert. Im Deutschen Reich begann eine Solidaritätskampagne und damit einhergehend auch eine antiitalienische Stimmungsmache.

Das Verhältnis beider Länder zueinander änderte sich erst nach der Machtergreifung der Nationalsozialisten in Deutschland. Durch die Einmischung von Deutschen und Italienern in den Spanischen Bürgerkrieg an der Seite der Franco-Putschisten kam es zu einer **politischen Annäherung.** Die Achse Berlin–Rom veränderte die politische Landkarte Europas. Im Sommer 1940 traten die Italiener an der Seite Deutschlands in den

2. Weltkrieg ein. Als *Mussolini* schließlich im Sommer 1943 von seinen eigenen Leuten gestürzt wurde, wechselten große Teile der italienischen Truppen die Fronten. Wieder wurden die Italiener als **Verräter** diffamiert, diesmal von der nationalsozialistischen Propaganda.

Der Frontwechsel der italienischen Truppen führte zu einem blutigen **Partisanenkrieg der Italiener gegen die deutschen Besatzer.** Einer der spektakulärsten Fälle spielte sich auf Kefalonia ab, einer von deutschen und italienischen Truppen besetzten griechischen Insel. Nach dem von der Badoglio-Regierung am 8. September 1943 verkündeten Waffenstillstand veranlasste das Oberkommando der Wehrmacht die Entwaffnung des italienischen Heeres. Die auf der Insel stationierte *Division Acqui* widersetzte sich diesem Vorhaben. In einer Art Abstimmung beschlossen die insgesamt 12.000 Militärangehörigen, den Deutschen Widerstand zu leisten. Im Verlauf der Kämpfe erschossen deutsche Truppen fast 5000 einfache italienische Soldaten und Unteroffiziere, die sich bereits ergeben hatten. Die Deutschen handelten nach einem Führerbefehl, demzufolge keine Gefangenen genommen werden sollten. Noch heute wird jedes Jahr dem grausamen Verbrechen offiziell gedacht. Tief eingegraben in das Gedächtnis der deutsch-italienischen Beziehungen hat sich auch das **Massaker in den Fosse Ardeatine** (Ardeatinische Höhlen). Nach einem Bombenattentat in Rom, dem 35 deutsche Soldaten zum Opfer gefallen waren, wurde die zehnfache Zahl an Italienern, wobei es sich hauptsächlich um einfache Zivilisten handelte, von Angehörigen der SS (Schutzstaffel der NSDAP) in Steinbrüchen an der Via Appia erschossen.

053it Foto: fs

Nach dem Krieg war Italien wie ein Phönix aus der Asche wieder auferstanden. Weil viele in der Widerstandsbewegung aktive Italiener gemeinsam mit den Alliierten die Deutschen aus dem Land vertrieben hatten, war die Weltöffentlichkeit schnell geneigt, den Italienern 20 Jahre Faschismus zu verzeihen. Nicht allein deswegen wünschten sich viele Deutsche, **zu sein wie die Italiener.** Die elegante Mode, das gute Essen, die Leichtigkeit des Lebens, die

Ein deutscher Koch in Rom

Ausgerechnet ein Deutscher, der Altöttinger Heinz Beck, ist laut „Guide Michelin“ ***einer der fünf besten Köche Italiens.*** *Die italienischen Gastrokritiker wollten anfangs nicht glauben, dass es auch nördlich der Alpen Menschen gibt, die etwas von guter Küche verstehen. Die Geschichte des Heinz Beck mutet wie ein Märchen an und für ihn selbst ist es wohl auch eines.*

Es war einmal der Sohn eines Goldschmieds aus Altötting in Oberbayern. Schon während seiner Lehrzeit in einem kleinen Hotel in Bad Füssing zeichnete sich ab, dass der Mann Fähigkeiten besitzt, die weit über die deutsche Kantinenküche hinausreichen. So begab er sich denn auf die mühsamen Jahre der Wanderschaft, ging zu „Käfer“ nach München, verdiente sich dort die ersten Lorbeeren, um später im 3-Sterne-Restaurant „Tantris“ von Heinz Winkler in München die Aufmerksamkeit der Gastroszene auf sich zu ziehen.

Zur gleichen Zeit gab es in Rom ein Hotel mit einem zwar großen und internationalen Namen, das ***„Cavalieri Hilton“*** *auf dem märchenhaften Monte Mario, allein die Gäste wollten nicht mehr in dem schon etwas in die Jahre gekommenen Kasten wohnen. Der Deutsche Hans R. Fritz wurde damit beauftragt, das Hotel wieder zum Laufen zu bringen und besann sich des Heinz Beck, von dessen Künsten er schon gehört hatte. Zu einem guten Hotel gehört schließlich auch ein gutes Restaurant.*

Unser deutscher Koch hatte jedoch keine Ahnung von der italienischen Küche, nicht einmal bereist hatte er die Apennin-Halbinsel bisher. Und so ging er dann in die typischen römischen Restaurants, etwa zu „Checchino“ am Schlachthof, wo die römische Innereienküche noch so gepflegt wird wie zu den Zeiten, als der Papst die Ewige Stadt regierte. Die „Amatriciana“, der Römer liebste Nudelspeise, kostete er im „Myosotis“ in der Nähe der Piazza Navona und lernte, dass man dafür nur die Schweinebacke aus eben jenem Dörfchen Amatrice verwendet, das der Soße den Namen gegeben hat.

Schönheit der Landschaft und das gute Ansehen der Italiener in Europa bildeten weitere wichtige Anziehungspunkte, ja mehr noch: Sie waren wie eine Vision für ein Volk, dessen positive Eigenschaften sich auf Fleiß, Ordnungsliebe und Sauberkeit beschränkten. Nach dem Holocaust waren auch diese Tugenden in Misskredit geraten. Zwar hatte Italien 1938 ebenfalls Rassengesetze erlassen, aber wer wollte das jetzt schon noch wissen?

kräfte durch. In den ersten Jahren waren die Arbeitsverträge grundsätzlich auf ein Jahr befristet. Arbeitgeber und Bundesregierung erhofften sich einen stetigen Zustrom junger Arbeitskräfte, die viel leisten, Steuern- und Sozialabgaben zahlen, aber weder die Kranken- noch die Rentenkassen dauerhaft belasten sollten.

Meistens kamen die Gastarbeiter aus dem Süden Italiens nach „Germania", in endlos langen Zügen, mit Lebensmitteln und Familienfotos im Gepäck. Mitgebracht haben sie auch die Pizza, Pasta und die italienische Lebensweise, die einen nachhaltigen **Einfluss auf die westdeutsche Alltagskultur** hatte. Deutschland wäre nicht denkbar ohne italienische Restaurants, Eisdielen und Modegeschäfte. Fast alle deutschen Hausfrauen (und Hausmänner) beherrschen heute spielend die Varianten der italienischen Nudelküche. Nach den Amerikanern hat kein anderes Volk solch tiefe Spuren im Nachkriegsdeutschland hinterlassen.

Zunächst waren die italienischen Arbeitnehmer vor allem in der Landwirtschaft im Einsatz. Erst ab Ende der 1950er-Jahre wurde die Anwerbung auf andere **Branchen** ausgedehnt. Italienische Arbeiter waren seit 1962 an der Produktion des VW-Käfers in Wolfsburg beteiligt.

Anhand dieser Einflüsse kann man von ***zwei Humortypen in Italien*** *ausgehen. Zum einen der mit einer heidnischen Grundhaltung, die anarchisch über alles lacht und keinerlei moralische Maßstäbe kennt. Der Ursprung dieser Humorausformung findet sich bereits im Rom der Antike, zum Beispiel in den Komödien „Amphytrion" von Titus Maccius Plautus oder „Satyricon" von Titus Petronius Arbiter. Im Karneval oder in den italienischen Maskenfesten sind ebenfalls Elemente dieses Humors zu finden, die sich so bis heute bewahrt haben.*

Die zweite Humorform, welche tief in der italienischen Gesellschaft verwurzelt ist, nimmt sich die katholische Kirche als Zielscheibe vor. Die italienische Sprache kennt für Schimpfwörter, welche die Kirche beleidigen, einen eigenen Begriff: „bestemmie". Da die Kirche lange Zeit das Komische verpönte, stellte sie eine perfekte Zielscheibe für den anarchisch-hedonistischen Humor dar, da dieser für die Freiheit und gegen Vorurteile anlachte. Erweitert man diese Theorie um den Aspekt des Lokalpatriotismus „campanilismo", so erhält man ein klares Bild des italienischen Humors. Trotz der Staatsgründung von 1861 ist Italien noch heute ein Land, das aus sehr unterschiedlich geprägten Regionen besteht. Der Schriftsteller Andrea de Carlo schreibt dazu: „Der Begriff von Gemeinwohl, das eine Nation in ihrem Ganzen angeht, ist bei uns (den Italienern) nicht vorhanden.

Für viele Italiener, vielleicht für die Mehrheit unter ihnen, endet das zu verteidigende Territorium mit der Schwelle des eigenen Hauses oder mit der Grenze des eigenen Viertels. Alles das, was jenseits liegt, gehört zum potenziell feindlichen Boden anderer."

Die lange Zeit der Fremdherrschaft und Unterdrückung Italiens trug zusätzlich dazu bei, einen Humor zu hervorzubringen, der anarchisch, respektlos, boshaft und ohne moralischen Anspruch ist. Die Italiener neigen dazu, alles und jeden auszulachen. Die ***Zielscheibe des heutigen italienischen Humors*** *ist das tägliche Leben (Politik, Sexualität und soziale Bedingungen), dem mit Ironie und Absurdität begegnet wird. Der Unterschied zwischen Sein und Schein oder der zwischen Erwartung und Erfüllung bestimmter Hoffnungen des „Signor Rossi" (des italienischen „kleinen Mannes") stellen die Hauptthemen der italienischen Komik dar. Natürlich ist auch der uralte Konflikt zwischen Nord- und Süditalien ein wichtiges Thema des italienischen Humors.*

Deutscher Humor versus italienischer Humor

Der italienische Humor ist kreativer und individueller in der Gestaltung des Witzes als der deutsche. Letzterer wirkt, als verharre er in einer Regelkonformität, die dem Humor eher abträglich ist. Bei den ***italienischen Witzen*** *ist die grundsätzliche Respektlosigkeit gegenüber der Obrigkeit stark ausgeprägt. Das Verlachen von Carabinieri oder Politikern findet man deutlich häufiger als in deutschen Witzen. Der Fäkal- bzw. Analwitz durchbricht das Tabu des Unanständigen oder Schmutzigen mit Bezug auf die menschlichen Ausscheidungen und ist in Deutschland sehr weitverbreitet - in Italien existiert er praktisch überhaupt nicht.*

Die Arbeitskräfte, die dem deutschen Wirtschaftswunder zum Erfolg verhelfen sollten, lebten in der Anfangszeit der Zuwanderung meistens in **Barackenlagern.** Die Gelände waren eingezäunt und mit einem Schlagbaum versehen, an dem ein Kontrollposten stand. Immer wieder wurde die menschenunwürdige Unterbringung der Italiener in der italienischen und deutschen Öffentlichkeit kritisiert.

Ab 1961 war es den Bürgern der **EWG** (Europäische Wirtschaftsgemeinschaft, Vorläufer der EU) erlaubt, ihren Wohnort innerhalb der Mitgliedsstaaten frei zu wählen. Nun konnten Italiener direkt nach Deutschland einreisen und sich eine Arbeitsstelle suchen. Eine **erste Welle von Ausländerfeindlichkeit** machte sich in der Bundesrepublik bemerkbar und das Bundesarbeitsministerium ließ verlauten, dass nun selbst „Krimi-

Der ***deutsche Witz*** *und somit die Ausprägung seines Humors erscheint eher träge und gutmütig. Er ist vorhersehbar und nicht auf Konflikte hin ausgerichtet.*

Der Ausspruch des italienischen Ministerpräsidenten Silvio Berlusconi vor dem Europaparlament, in dem er dem deutschen Sozialdemokraten Schulz eine Rolle in einem Fernsehspiel als Kapo in einem Konzentrationslager empfahl, rief in ganz Europa große Empörung hervor. Wie kann Berlusconis „Witz" gedeutet werden? Sicherlich nicht als Demonstration seiner interkulturellen Kompetenz. Wissend um das bestehende Tabuthema (nicht für die Vergangenheitsbewältigung, jedoch für die Komik) der Verbrechen im Dritten Reich konnte dies nur ein Affront gegen das deutsche Volk und das sogenannte Gemütlichkeitsstreben sein. Als Italiener, der zwanglos und mit einer gewissen Respektlosigkeit Tabus bricht, bezeichnet er selbstverständlich die Deutschen als humorlos. Als Politiker sollte er sich jedoch seiner Rolle bewusst sein und solche Fehlleistungen interkultureller Kompetenz vermeiden. Der deutsche Humor hingegen dürfte gern etwas weniger gemütlich und dafür etwas schwärzer sein, damit in Zukunft auch in Deutschland über folgenden italienischen Witz gelacht werden kann:

In einem ehemaligen deutschen Konzentrationslager in Polen steht ein in Tränen aufgelöster Besucher. Ein Wärter nähert sich ihm und fragt: „Sie haben sicher während des Krieges hier einen Verwandten verloren?"

„Ja", antwortet der Besucher, „meinen Vater ..."

Der Wärter, versucht den weinenden Mann wieder aufzurichten.

„Das ist ja furchtbar. Wie ist es denn passiert?"

„Na ja, mein Vater hatte Wache oben auf dem Turm und ist heruntergefallen ..."

nelle und mit ansteckenden Krankheiten Behaftete" nach Deutschland einreisen könnten.

Außerdem herrschte in der BRD Angst vor einer Unterwanderung durch italienische Kommunisten, schließlich war die KPI damals die größte kommunistische Partei in Westeuropa. Das Bundesinnenministerium setzte eine Sicherheitsüberprüfung der angeworbenen Arbeitskräfte durch, ebenfalls beteiligt waren Verfassungsschutz und Bundesnachrichtendienst.

Insgesamt wanderten zwischen 1964 und 1996 rund drei Millionen Italiener nach Deutschland ein, die meisten von ihnen kamen als Industriearbeiter. Dass sie sich in Deutschland nicht besonders wohlgefühlt haben, ist daran zu sehen, dass rund 2,8 Millionen von ihnen wieder auswanderten.

Sesshaft wurden vor allem die Pizzeria- oder Eisdielenbesitzer. Heute leben in Deutschland **etwa 600.000 Italiener.**

Allgemein gelten die Italiener als die **am besten integrierte Ausländergruppe** in Deutschland.

Leider belegen die Zahlen das Gegenteil. Zwar haben sich die Italiener einen festen Platz in Deutschland erobert: Selbst in der kleinsten Gemeinde gibt es italienische Eisdielen, Restaurants oder Modegeschäfte. Die Kinder der Italiener haben aber besonders schlechte Bildungschancen. Überdurchschnittlich oft gehen sie auf Haupt- oder Sonderschulen – häufiger als türkische Kinder. Die **Arbeitslosigkeit,** vor der ihre Eltern geflohen sind, holt die Jugendlichen heute wieder ein. Nur jeder zwanzigste Italiener erlangt eine höhere Schulbildung.

Viele Italiener haben immer noch eine starke Bindung zu ihrer Heimat und planen für eine eventuelle **Rückkehr.** Das Leben wird dadurch schnell zu einer Art „Dauerprovisorium" mit Folgen für die Kinder: Wozu soll Geld in eine lange Ausbildung investiert werden, fragen sich viele, wenn wir sowieso bald wieder nach Italien in unser Dorf zurückkehren?

Mythos und Krise

Auch die „68er" bastelten kräftig mit an dem **Mythos Italien.** Der undogmatische Eurokommunismus eines *Enrico Berlinguer,* seinerzeit Generalsekretär der mächtigen Kommunistischen Partei Italiens *(PCI),* fand viele Anhänger in der vom Radikalenerlass kompromittierten Sozialdemokratie Westdeutschlands. Selbst in der DDR sang *Wolf Biermann* ein Loblied auf die Linken Italiens. In Hoyerswerda und Leipzig nannten viele Eltern, wenn sie schon nicht nach Italien reisen konnten, zumindest ihre Kinder *Enrico, Roberto* und *Maria-Pia.*

In der BRD war Italien bereits seit den 1950er-Jahren **das beliebteste Reiseziel.** Das „Land, wo die Zitronen blühn" repräsentierte für viele Westdeutsche ihr „anderes ich". Sie liebten das Land, in dem essen nicht nur Nahrungsaufnahme, sondern Genuss war, wo die Menschen sich gern gut kleiden und eine Fröhlichkeit ausstrahlen, die sie in ihrer Heimat oft schmerzlich vermissten. Sie übersahen dabei oft die Probleme Italiens und erhoben das Land damit zu einem Mythos.

Brüchig wurde die deutsche Italienliebe erst mit dem **Amtsantritt Silvio Berlusconis.** Der Mailänder Medienzar fand nicht mehr die ungeteilte Zuneigung der Deutschen. Ein anderes Gesicht Italiens kam zu Vorschein: das des unsympathischen Kleinbürgers, der skrupellos seine Interessen verfolgt. Vorbei war es mit dem Bild von einem Land, das zwar alle 2 Mo-

nate die Regierung wechselte, aber trotzdem, scheinbar, seine Probleme im Griff hatte.

Zur **Krise im deutsch-italienischen Verhältnis** kam es dann endgültig, als der Parlamentsabgeordnete *Stefano Stefani* im Sommer 2003 seine Abneigung gegenüber den deutschen Touristen entdeckte, die er als „Horden von Barbaren" bezeichnete, die immer zur Ferienzeit italienische Strände bevölkerten. Schlecht gekleidete, hässliche Menschen seien die Deutschen, „besoffen von arroganter Selbstsicherheit". Daraufhin sagte der damalige Bundeskanzler *Schröder*, als „Italophiler" bekannt, sogar seinen Italienurlaub ab.

Die Ereignisse rund um die Äußerungen des Abgeordneten *Stefani* führten zu einer Verstimmung im sonst so guten deutsch-italienischen Verhältnis. Was war eigentlich passiert? Der Abgeordnete *Stefani* gehört der rechtsregionalistischen **Partei Lega Lombarda** an. Die Partei existiert nur in Norditalien und ist eine Sammelbewegung derjenigen Norditaliener, die eine Abspaltung vom Süden wünschen. *Stefani* ist also ganz in der

Ideologie Norditaliens verhaftet. Und als Norditaliener hat *Stefani* bestimmt vielen aus der Seele gesprochen.

Wenn es eine **Abneigung gegen Deutsche** gibt, dann im Norden Italiens. Das hat mit historischer Erfahrung zu tun. Schon während des allmählichen Niedergangs des Römischen Reiches begannen die Germanen in Norditalien einzufallen. Im heutigen Friaul und in der Provinz Verona drangen die germanischen Langobarden ein, die Goten brandschatzten in Norditalien. Von alters her hatten also die Norditaliener mit ihren nördlichen Nachbarn zu tun. Nach der Niederlage *Napoleons* setzten sich die Österreicher in der Region fest. Bis 1918 waren Teile des Friaul, Triest und das Trentino Teil des habsburgischen Reichs. Nach dem 1. Weltkrieg besetzten Italiener das mehrheitlich deutschsprachige Südtirol: Ein Konfliktherd, der bis heute besteht. (Siehe auch das Kap.: „Südtiroler".)

Für die **Süditaliener** dagegen ist Deutschland weit weg, konkrete historische Erfahrungen gab es nur während des 2. Weltkriegs, als die Deutschen nach der Kapitulation der Italiener (1943) das Land besetzten. Mehr

Zweisamkeit: deutsch-italienische Beziehungen

Die Deutsche und der Italiener:

An Roberto haben mir zuerst die großen, warmen braunen Augen gefallen. Wir haben uns vor 15 Jahren in einem Ferienklub in Kalabrien kennengelernt. Ich machte Urlaub und er war Animateur. Am Ende des Urlaubs war klar, dass ich nicht ohne Roberto nach Hause fahren würde. Er kündigte seinen Vertrag im Ferienklub und kam mit mir nach München. In einem Fitnessklub fand er schnell Arbeit als Trainer.

Von Roberto habe ich erst gelernt, was Genuss eigentlich bedeutet. Früher aß ich, wenn ich Hunger hatte. Heute lebe ich mit dem Bewusstsein, dass der Tag aus drei geregelten Mahlzeiten besteht, die genossen werden und über deren Qualität anschließend auch noch diskutiert wird. Zuerst hat mich Roberto in die Regeln der italienischen Kochkunst eingeweiht, wie man das Gemüse schneiden muss, welche Pasta mit welcher Soße gegessen wird und dass man Cappuccino nicht mehr nach elf Uhr morgens trinken darf. Ich liebte ihn auch dafür, dass er mir all diese Dinge gezeigt hat.

Für Roberto war die erste Zeit in Deutschland nicht einfach. Er litt sehr unter der Kälte und hatte oft Sehnsucht nach seiner Heimatstadt Florenz. Mit der deutschen Mentalität tat er sich am Anfang schwer und mit den

noch: Im Weltbild eines Neapolitaners besteht kein wesentlicher Unterschied zwischen einem Mailänder und einem Berliner. Norditalien ist für die Bewohner des *mezzogiorno* Teil einer kalten, unwirtlichen Gegend, in der die Menschen viel arbeiten und wenig leben.

Als **Touristen** sind die Deutschen überall in Italien beliebt. Sie akzeptieren (meistens) die Bedingungen, die sie am Urlaubsort vorfinden, eine Eigenschaft, die italienischen Reisenden völlig fremd ist. Für die meisten Italiener ist der Urlaub der Höhepunkt des Jahres, für den recht viel Geld ausgegeben wird. Dafür muss dann aber auch alles stimmen. Wenn das Essen nicht schmeckt oder die Zimmer zu klein sind, führt das oft zu lautstarken Beschwerden. Die Deutschen dagegegen sind meistens zufrieden mit dem Essen, das sie vorgesetzt bekommen. Wie sollte es auch anders sein, schließlich ist die deutsche Küche – da sind sich die Italiener einig – ungenießbar. Italiener sind ungern bereit, sich auf fremde Gaumenfreuden einzulassen und neigen dazu, auch in den Urlaub nach Thailand Nudeln, Tomaten in der Dose und Parmesan mitzunehmen.

Italienern, die in München leben, konnte er auch nichts anfangen, weil sie meistens aus dem Süden Italiens kamen. Für ihn waren die genauso fremd wie die Deutschen.

Wir haben uns oft wegen Kleinigkeiten gestritten in dieser ersten Zeit, wie das eben so ist, wenn ein Paar aus unterschiedlichen Kulturkreisen kommt. Mich hat zum Beispiel immer gestört, wie Roberto Auto fährt, so aggressiv und immer nur auf seinen eigenen Vorteil bedacht. Undenkbar, dass er mich auch mal ans Steuer gelassen hätte. Autofahren ist für einen Italiener reine Männersache. Am Sonntag war klar, dass Robertos Nachmittag aus Fußball bestand: Er hatte sich extra eine Satellitenschüssel auf unserem Balkon anbringen lassen, damit er auch bloß die Spiele seines Lieblingsvereins nicht verpasst. Nervig war auch seine Eifersucht. Wenn ich mich abends mal ohne ihn mit männlichen Freunden treffen wollte, führte das immer zu stundenlangen Streitereien. In Robertos Vorstellungswelt hatten Frauen einfach keine männlichen Freunde. Damals stand unsere Beziehung kurz vor dem Ende. Roberto ist dann erstmal für ein paar Monate nach Italien gefahren, um Abstand zu gewinnen. Aber schon bald stand er wieder vor der Tür unsrer gemeinsamen Münchner Wohnung. Wir haben lange geredet und uns dann dafür entschieden, es noch einmal zu probieren.

Heute haben wir zwei Kinder, Roberto hat mittlerweile sein eigenes Fitnessstudio in München.

Wie wir unsere Beziehung gerettet haben? Roberto hat sich erst einmal intensiv mit der deutschen Kultur beschäftigt. Angefangen bei den „Buddenbrooks" hat er sich durch die deutsche Literatur gelesen. Heute versteht er einfach besser, wie die Deutschen denken und funktionieren. Streit gibt es natürlich immer noch, aber wir haben gelernt, den kulturellen Hintergrund des anderen in allen Diskussionen mitzudenken.

Was ich an italienischen Männern mag? Die große Emotionalität, die in einer Beziehung herrscht, die vielen Komplimente, die man als Frau erhält und dass die Männer viel Wert auf ihr Äußeres legen.

Der Deutsche und die Italienerin:

Ich fand Italienerinnen schon immer anziehend. Für meine heutige Frau war es umgekehrt nicht so. Sie hatte, bevor sie mich kennenlernte, kein besonders positives Bild von den Deutschen und schon gar nicht von den deutschen Männern. Die gelten in Italien immer noch als gefühlskalt und uncharmant. Ich habe meine Frau vor zehn Jahren auf dem Weihnachtsmarkt in Frankfurt kennengelernt. Viele Italiener finden ja Weihnachtsmärkte besonders toll. Sie war mit ihrer Familie für ein paar Tage in die Stadt gekommen. Ich stand da mit meinem Glühwein und im Gedränge habe ich aus Versehen den Inhalt meines Glases auf ihren Mantel geschüttet. Ein paar Wochen zuvor hatte ich einen Italienischkurs gemacht und so konnte ich mich zumindest entschuldigen. Die Leute waren unheimlich nett und dann bin ich mit ihnen essen gegangen, in ein Apfelweinlokal. Na ja, der Apfelwein hat den Neapolitanern nicht geschmeckt, aber Rippchen mit Kraut fanden sie gut. Obwohl mein Italienisch damals noch sehr schlecht war, haben wir viel gelacht an diesem Abend. Danach haben wir die Adressen getauscht und schon drei Monate später war ich in Neapel.

Ich hatte mit Maria eine wundervolle Zeit. Ich war begeistert von Neapel und seinen Menschen. Mit jedem kam man sofort ins Gespräch, Maria hatte einen riesigen Freundeskreis. Jeden Abend saßen wir an einem großen Tisch im Restaurant, die Freunde brachten ihre Kinder mit und alle haben mich mit Begeisterung aufgenommen. Ich war sehr verliebt damals in Maria: Eine italienische Frau ist wie ein Vulkan. Eine bedingungslose Leidenschaft verband uns in dieser ersten Zeit. Das hat allerdings auch seinen Preis: Maria war gnadenlos eifersüchtig. Einmal sprachen wir drei

Tage nicht miteinander, weil ich angeblich bei einem gemeinsamen Spaziergang in der Innenstadt auf eine Plakatwand geschaut hatte, auf der eine Frau in Unterwäsche abgebildet war.

Nach zweieinhalb Monaten waren die Semesterferien zu Ende und ich musste nach Hause fahren. Beim Abschied gab es viele Tränen. Zurück in Frankfurt war mir schon bald klar, dass ich wieder nach Süditalien zurückfahren wollte. Ich belegte einen Intensivsprachkurs an der Uni und bemühte mich darum, mein Informatikstudium in Neapel fortsetzen zu können. Die Trennung von Maria war hart, wir hatten damals jeden Monat eine vierstellige Telefonrechnung.

Nach sechs Monaten war es soweit: Ich zog um nach Neapel. Damit begannen allerdings auch die Probleme: Die Familie mischte sich in alles ein. Eine gemeinsame Wohnung zu finden, war schwer und außerdem war Marias alte und herzkranke Mutter der Meinung, dass wir erst heiraten sollten. Also nahm ich mir zunächst ein winziges Zimmer in einem Studentenwohnheim mit Sperrholzwänden. Unser Sexualleben fand daher im Auto auf irgendwelchen Parkplätzen statt. Für mich war das ein unerträglicher Zustand. Und jedes Wochenende mussten wir mit Marias vielköpfiger Familie Ausflüge unternehmen. Die waren zwar alle sehr nett, aber ich wäre auch gern mal mit meiner Freundin allein gewesen.

Irgendwann habe ich dann der Ehe zugestimmt. Es schien wohl die einzige Möglichkeit zu sein, ein gemeinsames Leben aufzubauen. Die Hochzeit fand in einem Hotel in der Nähe von Neapel statt.

Wer eine Beziehung mit einer Italienerin führen möchte, sollte wissen, dass ihn eine anstrengende Aufgabe erwartet. Die Frauen sind süchtig nach Komplimenten, sie wollen immer zum Essen eingeladen werden und behandeln jeden Konflikt mit großem Pathos. Meine Frau hat bestimmt schon hundertmal damit gedroht, sich die Pulsadern aufzuschneiden oder sich von einem Hochhaus zu stürzen. Wer es liebt, mit seiner Frau etwas auszudiskutieren, sollte sich lieber in anderen Kulturkreisen nach einer passenden Partnerin umsehen.

Warum sich meine Frau in einen Deutschen verliebt hat? Ich glaube, dass italienische Männer zwar viele Anziehungspunkte haben, aber es gibt natürlich auch die negativen Seiten: Die Männer tun wenig im Haushalt, viele gehen fremd und messen gern ihre Partnerin an ihrer Mutter.

Was mir fehlt in Italien? Im Winter der Schnee und die Kälte. Und manchmal wünsche ich mir ein Glas Apfelwein, mit Rippchen und Kraut natürlich.

055it Foto: fs

Was die Italiener an den Deutschen überhaupt nicht ausstehen können, ist die **„Geiz ist geil"-Mentalität.** Natürlich gibt es auch geizige Italiener, aber wer von dieser Schwäche befallen ist, redet ungern darüber. Geiz als Tugend zu begreifen, darauf stolz zu sein und es gar zu einem Gesprächsthema zu erheben, ist für die meisten Italiener unverständlich, ja sogar ausgesprochen peinlich.

Unbestreitbar gibt es eine **erotische Anziehungskraft** zwischen Deutschen und Italienern, wie sollte es auch anders sein bei zwei Völkern, die emotional so unterschiedlich sind. In unzähligen Schlagern werden der heißblütige Italiener und die kühle Deutsche besungen. Umgekehrt schätzen italienische Frauen an deutschen Männern ihre Bereitschaft, im Haushalt und bei der Kindererziehung gleichberechtigt mitzuarbeiten.

Deutsche Tugenden wie Fleiß, Pünktlichkeit und Zuverlässigkeit werden vor allem in der Arbeitswelt Norditaliens geschätzt. Besonders die Effizienz, mit der die Deutschen arbeiten, wird bewundert, schließlich verbringen die Menschen in Italien im Durchschnitt wesentlich mehr Zeit an ihrem Arbeitsplatz als in Deutschland.

Bewundert wird das **Verhältnis der Deutschen zu ihrem Staat.** In Italien ist die Staatsverdrossenheit groß. Für den italienischen Durchschnittsbürger sind Politiker und Vertreter der Staatsorgane dubiose Gestalten, die versuchen, das Volk zu bestehlen. Vor allem das Vertrauen in die politischen Parteien ist äußerst gering. Umso mehr wird die relativ zuversichtliche Haltung der Deutschen gegenüber den Gestaltungsmöglichkeiten der Politik bewundert. Seit Jahren versucht die italienische Innenpolitik, den Zentralstaat mit all seinen natürlichen Schwächen zu reformieren. Interessiert wird dabei auf den deutschen Föderalismus geschaut.

Während der **Fußballweltmeisterschaft 2006** zeigte sich, dass die viel gerühmte deutsch-italienische Freundschaft nicht immer gut funktioniert. Nach dem verlorenen Halbfinalspiel gegen die *Azzurri* gab es unschöne Szenen und Kommentare in Deutschland. Der versteckte Rassismus der Deutschen gegen die „Südländer", die sich einfach nicht an deutsche Tugenden wie Anstand, Verlässlichkeit und Kampfgeist halten wollen, kam zum Vorschein. Man war wieder stolz, ein Deutscher zu sein und demonstrierte deutlich, dass man die chaotischen Italiener, deren Lebensstil man zumindest während des Urlaubs zu kopieren versuchte, nicht nötig hatte, sondern sich lieber wieder ausschließlich auf die deutschen Tugenden verließ. Da fühlte man sich eher mit *Zinedine Zidane* solidarisch: Wie sonst hätte jener, so die Meinung mancher Deutscher, die Beleidigungen von *Marco Materazzi* parieren sollen als mit dem berühmt-berüchtigten Kopfstoß.

In Südtirol, wo man die Konflikte zwischen Deutschen und Italienern wie unter einem Vergrößerungsglas beobachten kann, kam es **nach dem Halbfinalspiel zu Ausschreitungen.** Ein Freund aus Bozen erzählte mir, dass man nur froh sein könne, dass nicht die Deutschen das Spiel gewonnen haben, „sonst hätte es Krieg gegeben." Bürgerkrieg, genauer gesagt, denn die deutschsprachigen Südtiroler hatten schon zu Beginn der WM deutsche Fahnen vor die geranienverzierten Fenster ihrer Bauernhöfe gehängt. Die Vertreter der italienischen Staatsorgane sahen das nur ungern, es kam zu Rangeleien und gegenseitigen Beschimpfungen.

Aber vielleicht nähern sich die Mentalitäten ja doch noch an, schließlich schreitet **die „Germanisierung" Italiens** voran: Das Nichtrauchergesetz, das in Italien seit 2004 in allen Restaurants und Bars das Rauchen verbietet, wurde im Eilverfahren vom Parlament verabschiedet. In Deutschland dagegen gelang es der Bundesregierung erst nach monatelangen Diskussionen, sich gegen die Interessenverbände der Tabakindustrie und der Gastronomie durchzusetzen.

059it Foto: fs

ANHANG

Glossar

- **Adelsrepublik** – bezeichnet die Führung des Gemeinwesens durch Großgrundbesitzer, die Patrizier. Die eigentliche Macht übte im alten Rom der Senat aus. Er bestand aus den etwa 300 Oberhäuptern der Patrizierfamilien. Das gleiche Prinzip führten einige norditalienische Republiken im Mittelalter fort.
- **Alto Adige** – (dt.: „Hochetsch") bezeichnet im italienischen Südtirol und ist die offizielle Bezeichnung für die Provinz Bozen.
- **Amatriciana** – eine leicht scharfe Tomatensoße, die mit Schweinbacke und Knoblauch zubereitet wird.

In den Dörfern Italiens sind oft nur noch die Alten geblieben

- **Aostatal** – autonome Region in Nordwestitalien mit einer starken frankophonen Minderheit.
- **Arditi** – eine italienische Freischärlergruppe um *Gabriele D'Annunzio,* die 1919 Fiume besetzte.
- **Autonomiepaket** – (ital.: *pacchetto*) das nach dem Zweiten Weltkrieg beschlossene Autonomieabkommen für Südtirol.
- **Borgate** – die römischen *borgate* (Vorstädte) wurden in den 1930er-Jahren von der faschistischen Regierung außerhalb des Stadtzentrums angelegt. Hier wurde den Unterschichten Roms die Möglichkeit gegeben, sich aus „aus dem Material von Abbruchhäusern ihre Behausungen zu bauen."
- **Briganten** – im Königreich beider Sizilien wurden in der Zeit des Risorgimento nach 1815 die neapolitanischen und nach 1861 die bourbonischen Rebellen als *briganti* bezeichnet. In Süditalien wird die Erinnerung an die Briganten bis heute gepflegt.
- **Calcio** – bezeichnet im Italienischen den Fußball. Der Begriff wurde in den 1920er-Jahren von den Faschisten eingeführt und bezog sich ursprünglich auf ein dem Fußball ähnliches Ballspiel aus dem Mittelalter.
- **Campagna** – bezeichnet eine italienische Landschaft in der Umgebung von Rom (Campagna Romana), kann aber auch allgemein für Provinz gebraucht werden.
- **Cantautori** –Liedermacher/Sänger, die ihre Lieder selbst schreiben und texten.
- **Carabinieri** – Polizeitruppe, die aber ein Bestandteil der italienischen Armee ist.
- **Carbonari** – der bedeutendste der an der Fortentwicklung der italienischen Einigungsbewegung des Risorgimento im 19. Jh. beteiligten Geheimbünde.
- **Casa della Libertà** – Zusammenschluss verschiedener Mitte-rechts-Parteien zu einem Wahlbündnis unter Führung des derzeitigen Ministerpräsidenten *Silvio Berlusconi.*
- **Colf** – eine Haushaltshilfe.
- **Condominio** – eine Haus- oder Siedlungsgemeinschaft in Italien.
- **Craxianismus** – nach dem Politiker *Bettino Craxi.* Bezeichnet ein System von Schmiergeldzahlungen und Korruption, das in den 1980er-Jahren von Mailänder Staatsanwälten entdeckt wurde.
- **Dreibund** – in der zweiten Hälfte des 19. Jahrhunderts abgeschlossenes Bündnis zwischen Österreich-Ungarn, dem Deutschen Reich und Italien. Im Jahre 1915 trat Italien aus dem Dreibund aus und schloss sich der Entente an.

- **Duce** – Als Führer der faschistischen Bewegung bzw. des faschistischen Regimes führte *Benito Mussolini* den Titel *Duce del Fascismo* (dt.: „Führer des Faschismus", Kurzform auch *Il Duce*, „ Der Führer").
- **Emilia Romagna** – italienische Region an der Adriaküste. Wichtigste Städte sind Bologna, Ravenna und Ferrara.
- **Entente** – (frz. für „Bündnis, Einvernehmen") ein 1904 zwischen England und Frankreich geschlossenes Bündnis, dessen Mitglieder auch gemeinsam in den 1. Weltkrieg zogen. 1915 schloss sich Italien der Entente an.
- **Etrusker** – ein antikes Volk, das im nördlichen Mittelitalien im Raum der heutigen Regionen Toskana, Umbrien und Latium lebte. Die etruskische Kultur ist in diesem Gebiet zwischen 800 und 100 v. Chr. nachweisbar.
- **Fasci** – Rutenbündel, in denen ein Beil steckte. Die *fasci* waren ein Zeichen der Macht der hohen Beamten im alten Rom. Später wurden sie zu dem Symbol des Faschismus. Sie sind noch heute an vielen Gebäuden aus der faschistischen Zeit zu sehen.
- **Ferragosto** – Mariä Himmelfahrt (15. August), für die Italiener einer der höchsten kirchlichen Feiertage und Höhepunkt des Sommers.
- **Festa della befana** – bezeichnet in Italien den 6. Januar. An diesem Tag kommt eine Hexe *(befana)* zu den italienischen Kindern und bringt Süßigkeiten vorbei.
- **Finochi** – (dt.: Fenchel) in Italien auch gebräuchlich als Bezeichnung für Homosexuelle.
- **Friaul-Julisch-Venetien** – italienische Region in Nordostitalien. Reicht von Verona im Westen bis nach Triest im Osten.
- **Gens** – die großen Familienverbände im alten Rom, zu denen auch nicht blutsverwandte Abhängige gehörten.
- **Ghibellinen** – im mittelalterlichen Italien die Bezeichnung für die Parteigänger des Kaisers, benannt nach der heute württembergischen Stauferstadt Waiblingen und dem Kampfruf der Staufer. Die Existenz dieses Namens ist erstmals um 1215 zur Zeit des Stauferkaisers *Friedrich II.* bezeugt.
- **Giandujotti** – köstliche piemontesische Vollmilchpralinen mit Haselnuss.
- **Gladio** – (ital. vom lat.: *en gladius*, „Schwert") oder auch Stay-behind-Organisation war der Name einer paramilitärischen Geheimorganisation von NATO, CIA und des britischen MI6 während des Kalten Kriegs. Sie existierte von etwa 1950 bis mindestens 1990 und erstreckte sich über das damalige Westeuropa. Besondere Bedeutung hatte *Gladio* in Italien, weil die NATO massive Ängste vor einer Regierungsbeteiligung der mächtigen Kommunistischen Partei hatte.

- **Gnocchi** – kleine Kartoffelklößchen, die vor allem in Norditalien mit Hackfleischsoße *(ragú)* gegessen werden. Der Begriff und die Speise sind verwandt mit den deutschen „Nocken".
- **Guelfen** – Die Gegenspieler der Ghibellinen unterstützten die Politik des Papsttums. Sie hatten sich nach den Rivalen des Stauferhauses, dem Geschlecht der Welfen benannt. Allerdings unterstützten die italienischen Guelfen gegebenenfalls auch die Sache des Kaisers, wenn es in ihrem Interesse war.
- **Hedonismus** – bezeichnet eine philosophische bzw. ethische Strömung, die Lust als höchstes Gut und Bedingung für Glückseligkeit und gutes Leben ansieht.
- **Historischer Kompromiss** *(compromesso storico)* – die italienische kommunistische Partei entschloss sich zur Zusammenarbeit mit den bedeutendsten im Parlament vertretenen demokratischen Parteien (Christdemokraten und Sozialisten), um einen möglichst breiten Konsens innerhalb der demokratischen Institutionen zu finden und einem eventuellen Putsch von Rechts vorzubeugen.
- **Infiorata** – ein Blumenfest, das in vielen italienischen Städten abgehalten wird.
- **Internationale Brigaden** – kommunistische und sozialistische Gruppen aus ganz Europa, die während des Spanischen Bürgerkriegs (1936–1939) auf seiten der Republik kämpften.
- **Interventionismus** – Bestrebungen politischer bzw. gesellschaftlicher Gruppierungen, den Staat zum direkten oder indirekten Eingreifen in das politische Geschehen außerhalb des Landes zu bewegen.
- **Jota** – eine Art Sauerkrautsuppe, die gerne im nordostitalienischen Triest gegessen wird.
- **Katakombenschulen** – wurden illegalerweise während des Faschismus in Südtirol geschaffen, um weiterhin Schüler in ihrer Muttersprache (Deutsch) unterrichten zu können.
- **Karthago** – Großstadt in Nordafrika nahe dem heutigen Tunis in Tunesien. In der Antike war Karthago die Hauptstadt der gleichnamigen See- und Handelsmacht. Die Einwohner Karthagos wurden von den Römern als Punier (abgeleitet von Phönizier) bezeichnet. Nach dem Untergang der Stadt löste sich das karthagische Reich im 2. Jh. v. Chr. im römischen Imperium auf.
- **Kelten** – nördlich und in den Alpen angesiedelte Indogermanen, die in viele verschiedene Stämme zersplittert waren und nie ein einheitliches Volk bildeten. Vor den Germanen waren die Kelten, die im 3. Jahrhundert v. Chr. Rom belagerten, die große Bedrohung Italiens aus dem Norden.

- **Klientelismus** – ein System von Abhängigkeitsbeziehungen zwischen zumeist wohlhabenden, einflussreichen Personen und ihren Klienten. Es erfolgt ein Austausch von Schutz und Fürsorge gegen beispielsweise politische Unterstützung bei Wahlen.
- **Konklave** – die Versammlung der Kardinäle in der Sixtinischen Kapelle, während der nach dem Tod eines Papstes das neue Kirchenoberhaupt gewählt wird.
- **Konsulat** – (lat.: *consulatus*) das Amt eines Konsuls (lat.: *consul*) war das höchste zivile und militärische Amt *(cursus honorum)* im Römischen Reich. Es wurden jährlich jeweils zwei Konsuln vom römischen Volk gewählt.
- **Korporatives System** – ideologische Strömung, die die Vereinigung von Personen eines Berufes oder einer bestimmten Branche als Fundament der Gesellschaft ansieht und die korporative Regierung und ständische Staats- und Gesellschaftsordnung als ideales System erachtet. Die Faschisten errichteten ein solches System in den 1920er-Jahren und entmachteten damit die Gewerkschaften.
- **Kurie** – bezeichnet seit dem 11. Jh. die Gesamtheit der Leitungs- und Verwaltungsorgane der römischen Kirche.
- **Lateranverträge** – Im Wesentlichen erkannte der Papst in den 1929 abgeschlossenen Verträgen die Stadt Rom als Sitz der italienischen Regierung an, während der italienische Staat die politische und territoriale Souveränität des Vatikans garantiert. Der Name der Verträge leitet sich vom Ort der Unterzeichnung ab, dem Lateranpalast in Rom.
- **Latiner** – ein Hauptstamm der Italiker, eng verwandt mit den Faliskern. Sie sind zu einem nicht genau zu bestimmenden Zeitpunkt, vermutlich zu Beginn des 1. Jahrtausends v. Chr., in das Gebiet des heutigen Italien eingewandert.
- **Lega Lombarda** – regionalistische Partei, die in der norditalienischen Region Lombardei aktiv ist und als Fernziel die Abspaltung des Nordens vom Süden Italiens fordert.
- **L'Ulivo** – italienisches Mitte-links-Bündnis, das von 1996 bis 2001 regierte. Seit 2001 in Opposition zur Regierung von *Silvio Berlusconi,* gewann das Bündnis 2006 die Parlamentswahlen gegen den Medienzar. Bei den Neuwahlen vom Frühjahr 2008 scheiterte *L'Ulivo* gegen *Berlusconi* und sein Mitte-rechts-Bündnis *Casa della libertà*.
- **Lupercale** – war eine Höhle am Hügel Palatin und eine der wichtigsten Kultstätten der antiken Stadt Rom. Laut dem Gründungsmythos Roms wurden dort die Zwillinge Romulus und Remus von einer Wölfin gesäugt, bevor sie 753 v. Chr. die Stadt gründeten.

- **Magna Greca** – (dt.: „großes Griechenland“) Regionen im antiken Süditalien und Sizilien, die ab dem 8. Jh. v. Chr. durch griechische Siedler besetzt wurden.
- **Mammoni** –Kinder, die noch im fortgeschrittenen Alter bei ihren Eltern wohnen.
- **Mani pulite** – (dt.: „saubere Hände“) politischer Bestechungsskandal der frühen 1980er-Jahre, in den vor allem die sozialistische Partei *Craxis* verstrickt war. Die Staatsanwälte konnten nachweisen, dass *Craxi* ein System von Schmiergeldern beim Bau der U-Bahn in Mailand eingerichtet hatte. Die Ermittlungen griffen von Mailand aus schnell auf andere Städte über. Die gesamte politische Klasse war involviert, keine der Parteien war unbeteiligt, doch in einigen Parteien war die Korruption verbreiteter als in anderen.
- **Meridionali** – alle Italiener, die südlich von Rom leben.
- **Mezzogiorno** – (ital. für „Mittag“) Mit *mezzogiorno* wird (nach dem Stand der Sonne) der Süden im Allgemeinen benannt; davon abgeleitet bezeichnet das Wort in seinem häufigsten Gebrauch den Süden Italiens. Entsprechend wird auch der Begriff *le midi* (Mittag) für den Süden Frankreichs verwendet.
- **Neorealismo** –italienischer Filmstil, der in den 1940er-Jahren von Regisseuren wie *Roberto Rosselini* und *Vittorio de Sica* begründet wurde.
- **Nonnokratie** – von *nonno*, „Opa“, die Herrschaft der Großeltern, die oft Erziehungsaufgaben der Eltern übernehmen.
- **Omertà** – (von ital.: *uomo*, „der Mann“) süditalienischer Ehrbegriff, der besagt, dass bei privaten Auseinandersetzungen auf keinen Fall die Staatsorgane zu Hilfe gerufen werden. Mitglieder der Mafia verstehen darunter die Pflicht, über andere Mitglieder und interne Angelegenheiten zu schweigen.
- **Opera buffa** – komische Oper, entstand zuerst im Italien des 16. Jh. und stellt eine der Urformen der Oper dar.
- **Opere** – der Begriff wurde häufig während des Faschismus verwendet und bezeichnet die „großen Werke“. Gemeint war damit zum Beispiel die Trockenlegung der vielen Sümpfe in Italien oder der Bau ganzer Städte. Der derzeitige Ministerpräsident *Berlusconi* benutzt diesen Begriff seit den 1990er-Jahren wieder.
- **OVRA** – (dt.: Organisation zur Überwachung und Bekämpfung des Antifaschismus) eine italienische Geheimpolizei, entstanden 1927 aus der politischen Polizeiabteilung der italienischen Staatspolizei. Sie war für *Mussolinis* faschistisches Regime ein entscheidendes Instrument zur Sicherung des Machterhalts.
- **Panettone** – süßer Hefekuchen, der an Weihnachten gegessen wird.

- **Pasquetta** – bezeichnet in Italien den Ostermontag.
- **Patrizier** – (lat. *patres*, „Väter, Vorfahren") Bezeichnung für Angehörige der alteingesessenen Oberschicht im antiken Rom. Davon abgeleitet wird auch die sozial relativ abgeschlossene Oberschicht in vielen mittelalterlichen Städten als Patriziat bezeichnet.
- **Pippinische Schenkung** – Der fränkische König Pippin garantierte 754 dem Papst das Dukat Rom, das Exarchat Ravenna, die Pentapolis, Tuszien, Venetien, Istrien und die Herzogtümer Spoleto und Benevent als kirchliche Territorien. Aus diesen Gebieten entstand später der mächtige Kirchenstaat, der bis ins 19. Jahrhundert ganz Mittelitalien beherrschte.
- **Pizzocheri** – sind vergleichbar mit den schwäbischen Spätzle. Sie werden aus einer Mischung von Weizen- und Buchweizenmehl hergestellt und vor allem in Norditalien verzehrt.
- **Plebejer** – (lat.: *plebs* „Menge, Volk") in der römischen Republik das einfache Volk, das nicht dem alten Adel, den Patriziern, angehörte. Es bestand vor allem aus Bauern und Handwerkern.
- **Propaganda Due** – ursprünglich 1887 in Rom als freimaurerisches Gegenstück zur Kurienkongregation „Propaganda Fide" gegründet, ging angesichts des Faschismus unter. 1944 Neugründung durch *Licio Gelli*. Die Mitglieder der *Propaganda Due* rekrutierten sich aus Führungspersonen der Wirtschaft, des Militärs, der Politik, der Mafia und der Geheimdienste. Eines der Hauptziele der *P2* war, im Fall eines Wahlsiegs der Kommunistischen Partei Italiens durch einen Putsch die Macht zu übernehmen.
- **Punische Kriege** – Kampf um die Hegemonie im westlichen Mittelmeer zwischen Rom und Karthago im 3. Jh. v. Chr. Die Kriege erstreckte sich über einen Zeitraum von 63 Jahren und forderte von beiden Staaten einen hohen Blutzoll.
- **RAI** – Abkürzung für die staatliche italienische Rundfunkanstalt und bedeutet *Radiotelevisione Italiana*.
- **Renaissance** – („Wiedergeburt") Bezogen auf seinen Ursprung bedeutet der Begriff die „kulturelle Wiedergeburt der Antike". Im weiteren Sinne meint Renaissance daher die Wiedergeburt des Menschenbildes der Griechen und Römer. Die Renaissance revolutionierte im 14. und 15. Jh. Kunst und Architektur Italiens.
- **Risorgimento** – (ital. für „Wiedergeburt/Wiedererstehung") bezeichnet sowohl eine Epoche als auch weltanschaulich sehr heterogene politische und soziale Bewegungen, die zwischen 1815 und 1870 die Vereinigung der damals eigenstaatlichen Fürstentümer und Regionen der Apenninen-Halbinsel in einem unabhängigen Nationalstaat Italien anstrebten.

- **Rote Brigaden** – (ital.: *Brigate Rosse, BR*) eine linksextremistische Terrororganisation in Italien. Sie wurde im Jahre 1970 in Mailand gegründet und verübte zahlreiche Entführungen. Später radikalisierten sich die *Roten Brigaden* und erklärten den Mord an politischen Gegnern zur Notwendigkeit im politischen Kampf. Sie ist heute nicht mehr aktiv.
- **Sabiner** – ein von den Umbrern abstammendes Volk in den Sabiner Bergen des Apennins. Sie waren unmittelbare Nachbarn der Römer und erhielten im Jahr 268 v. Chr. das römische Bürgerrecht, nachdem sie 290 v. Chr. endgültig unter deren Herrschaft gefallen waren.
- **Schlutzkrapfen** – kulinarische Spezialität aus dem Pustertal in Südtirol. Schlutzkrapfen gleichen den Ravioli und werden mit Spinat, Knoblauch und Frischkäse gefüllt.
- **Schwarzhemden** – (ital.: *camicie nere*) Bezeichnung für die Mitglieder der *Fasci di Combattimento,* der faschistischen Kampfbünde im Italien der Zwischenkriegszeit, die schwarze Hemden trugen.
- **Senat** – („Rat der Alten", lat.: *senex*, „alt") bis zum Ende der Republik die wichtigste Institution des römischen Staates. Im Senat versammelten sich die etwa 300 bedeutendsten Familien Roms in einer Art Parlament.
- **Strategie der Spannung** – Oberbegriff für einen Komplex aus zielgerichteten, verdeckten Maßnahmen zur psychologischen, gesellschaftlichen oder politischen Destabilisierung oder Verunsicherung von Bevölkerungsteilen, einer Region oder eines Staates durch Mitglieder einer nationalen bzw. global agierenden Elite. Von Skeptikern wird der Begriff oft unter die Verschwörungstheorien eingereiht. Es gibt jedoch eine Anzahl von bewiesenen Fällen aus der jüngeren Geschichte.
- **Tarantella** – vor allem im süditalienischen Kalabrien verbreiteter Volkstanz, der bis auf die griechische Besiedlung des Landes zurückgeht.
- **Terroni** – (sing. *terrone*) norditalienisches Schimpfwort für Süditaliener, bedeutet wörtlich übersetzt „Erdfresser".
- **Trattoria** – ist ein kleines italienisches Speiselokal, in dem einfache Speisen zubereitet und angeboten werden. Die Atmosphäre ist familiär und unterscheidet sich somit von der eines Restaurants.
- **Trentino-Alto Adige** (Trentino-Südtirol) – autonome Region in Norditalien, die aus der deutschsprachigen Provinz Südtirol (Alto Adige) und dem italienischsprachigen Trentino besteht.
- **Ultras** – die organisierten und streitlustigen Fans der italienischen Fußballklubs.
- **Valori bolati** – Wertmarken, die in Tabakläden erworben werden können. Viele Dokumente in Italien, für die Gebühren entrichtet werden müssen, werden mit diesen Wertmarken versehen.

- **Zwölf-Tafelgesetz** - entstand in den Auseinandersetzungen zwischen den Patriziern und den Plebejern (Ständekämpfe) und regelte das Verhältnis zwischen den beiden Gruppen.

Verzeichnis der Parteien Italiens

- **La Destra** - Absplitterung der *Alleanza Nazionale,* gegründet im November 2007. Beruft sich gerne auf die faschistische Vergangenheit Italiens.
- **Popolo della Libertà (PdL)** - im Februar 2008 gegründete große neue Rechtspartei Italiens. Die *PDL* entstand aus der Parteienfusion von *Berlusconis Forza Italia* und der ehemals neofaschistischen *Alleanza Nazionale.*
- **Lega Nord** - Vereinigung der regionalistischen norditalienischen Parteien. Die *Lega Nord* strebt langfristig eine Abspaltung Norditaliens vom Süden an.
- **Unione dei Democratici Cristiani e Democratici di Centro (UDC)** - Überrest der Christdemokraten *(DC),* die bis in die 1980er-Jahre die stärkste politische Partei Italiens waren.
- **Partito Democratico (PD)** - im Oktober 2007 gegründete neue große Linkspartei Italiens.
- **Italia dei Valori (Lista Di Pietro)** - die Partei wurde von dem querköpfigen Staatsanwalt *Antonio di Pietro* gegründet, der Ende des vergangenen Jahrhunderts die Ermittlungen gegen zahlreiche korrupte Politiker leitete.
- **Radicali italiani** - Radikale Partei. Seit den 1970er-Jahren ist die Gruppierung bekannt für ihre undogmatische Haltung.
- **Verdi** - Grüne Partei Italiens.
- **Partito della Rifondazione Comunista** - Überrest der italienischen Kommunisten unter ihrem kämpferischen Chef *Fausto Bertinotti.*

Lesetipps

- *Anton Blok:* **Die Mafia in einem sizilianischen Dorf.** Edition suhrkamp 1981. Der Soziologe *Blok* untersucht anhand von Dokumenten und den Erinnerungen Überlebender das konkrete Schicksal einzelner Familien und Personen, die mit der Mafia in Kontakt kamen. Das Buch bietet einen guten Einblick in die Strukturen der „Ehrenwerten Gesellschaft". (Das Buch ist zurzeit leider nur in Antiquariaten erhältlich.)

- *Lara Cardella:* **Ich wollte Hosen.** Fischer Taschenbuch 1990. Die 20-jährige Autorin landete 1989 mit diesem Buch ihren einzigen Erfolg – der allerdings war bemerkenswert. In dem Buch geht es um die Unterdrückung der Frauen auf Sizilien durch die Männer.
- *Joachim Fest:* **Im Gegenlicht: Eine italienische Reise.** Siedler Verlag, Berlin 1988. Der mittlerweile Verstorbene frühere Mitherausgeber der FAZ und Hitler-Biograf *Fest* beschreibt eine Reise von Süditalien bis nach Rom, die von der Wehmut darüber geprägt ist, dass die jetzige Generation die letzte sein könnte, die noch das alte Italien erlebt.
- *Anselm Jappe* (Hrsg.): **Schade um Italien.** Eichborn Verlag 1997. Eine Sammlung mit Essays italienischer Schriftsteller *(Giacomo Leopardi, Giuseppe Prezzolini, Ennio Flaiano)* aus zwei Jahrhunderten, die sich kritisch oder sogar hämisch mit ihrem Land auseinandersetzen.
- *Veit Heinichen:* **Die Toten vom Karst.** dtv Taschenbuch 2003. Der deutsche Schriftsteller *Veit Heinichen* lebt seit einigen Jahren in der norditalienischen Hafenstadt Triest. Er war der erste, der es wagte, der grausamen Geschichte des ethnischen Konflikts zwischen Slowenen und Italienern eine literarische Form zu geben. Die Toten vom Karst ist ein Kriminalroman mit Tiefgang – absolut lesenswert.
- *Klaus Wagenbach* (Hrsg): **Mein Italien, kreuz und quer.** Wagenbach Verlag 2007. Schöne Textsammlung italienischer Literaten *(Umberto Eco, Leonardo Sciascia, Luciano de Crescenzo),* die von ihrem Land, seinen Städten und Landschaften, Sitten und Gebräuchen und immer wieder von seinen Bewohnern erzählen.
- *Johann Wolfgang von Goethe:* **Italienische Reise.** dtv Ausgabe 1997. Der Klassiker der deutschsprachigen Italienliteratur ist auch nach mehr als 200 Jahren immer noch lesenswert. Besonders interessant sind die Alltagsbeobachtungen, die *Goethe* mit soziologischer Genauigkeit unternommen hat.
- *Andrea de Carlo:* **Wir drei.** Diogenes Verlag 2001. In den 1980er-Jahren erreichte das Buch in Italien Kultstatus. Es handelt sich um die fantastische Geschichte zweier Männer und einer Frau, die im Italien der Craxi-Zeit nach Orientierung suchen.
- *Theodor Mommsen:* **Römische Geschichte.** Phaidon-Verlag 2002. Zwar ist das Buch des berühmten deutschen Historiker über 100 Jahre alt, aber es erstaunt immer noch, mit welcher Meisterschaft es *Mommsen* gelingt, die Steine und verfallenen Bauwerke des alten Roms zum Sprechen zu bringen.
- *Giuliano Procacci:* **Geschichte Italiens und der Italiener.** C.H. Beck-Verlag 1989. Umfangreiches Werk des italienischen Historikers über die Geschichte Italiens von 1000 n. Chr. bis in die 1960er-Jahre. Unentbehr-

lich für jeden, der sich eingehender mit der Vergangenheit des Landes beschäftigen möchte.

- *Pier Paolo Pasolini:* **Ragazzi di vita.** Wagenbach Verlag 1990. In den 1950er-Jahren eines der Skandalbücher Italiens. In einer vulgären, ungeschliffenen Sprache schildert *Pasolini* das Alltagsleben der kleinen Gauner in den Vorstädten Roms.
- *Peter Kammerer, Ekkehardt Krippendorf:* **Reisebuch Italien,** Von Rom bis nach Sizilien, Der Süden. Europäische Verlagsanstalt 1999. In den 1970er-Jahren waren die beiden in Italien lebenden Autoren die „Gurus" der politisch linken Italienreisenden. Das Buch ist immer noch lesenswert und vor allem in der Analyse der sozialen Zustände Süditaliens brandaktuell.
- *Paul Tschurtschenthaler:* **Nirgends mehr daheim.** Edition Raetia 2000. Tagebuch eines deutschsprachigen Südtirolers, das den Alltag während des italienischen Faschismus der 1930er-Jahre in einer überwiegend von Deutschsprachigen bevölkerten Provinz eindrucksvoll beschreibt.
- *Giovanni Guareschi:* **Don Camillo und Peppone.** Rowohlt Taschenbuch 2002. Eigentlich richtete sich das Werk des konservativen *Guareschi* gegen die Kommunistische Partei Italiens. Für die Leser hat dieser ideologische Ansatz aber nie eine Rolle gespielt. Sie ergötzten sich lieber an den Streitereien zwischen dem kommunistischen Ortsbürgermeister und seinem Gegenspieler, dem Pfarrer des Dorfes.
- *Franca Magnani:* **Mein Italien.** Verlag Kiepenheuer & Witsch 2004. Die Autorin war seit 1964 die Auslandskorrespondentin der ARD in Rom. Sie hat das Italienbild einer ganzer Generation in Deutschland geprägt. Im Jahr 1996 ist sie gestorben. Ihr posthum erschienenes Buch, das eine Auswahl ihrer Texte und Reportagen präsentiert, ist immer noch lesenswert.
- *Curzio Malaparte:* **Die Haut.** Fischer Taschenbuch 2008. Der 1957 gestorbene Schriftseller hatte einen deutschen Vater und hieß eigentlich *Kurt Erich Suckert.* In den 1920er-Jahren begeisterte er sich für den Faschismus, von dem er sich später abwandte. In „Die Haut" schildert *Malaparte* die Ereignisse in Neapel nach der Besetzung der Stadt durch die Alliierten. Ein schockierendes, immer noch lesenswertes Buch, voller surrealer Weltuntergangsvisionen. Und ein Buch über den moralischen Verfall einer von Krieg und Entbehrung gepeinigten Bevölkerung.
- *Gian Enrico Rusconi:* **Deutschland – Italien / Italien – Deutschland:** Geschichte einer schwierigen Beziehung von *Bismarck* bis zu *Berlusconi.* Schöningh Verlag 2006. Einer der namhaftesten Zeithistoriker untersucht in dem umfangreichen Werk die Dynamik der wechselvollen Beziehungen zwischen den spätgeborenen Nationalstaaten Deutschland und Italien.
- *Roberto Saviano:* **Gomorrha. Reise in das Reich der Camorra.** Hanser Belletristik 2007. Das Buch war 2007 ein Riesenerfolg in Deutschland.

Saviano, der nach dem Erscheinen des Buches in Italien vorübergehend untergetaucht ist, schildert die Machenschaften des organisierten Verbrechens in Neapel und Kampanien.

- *Beppe Severgnini:* **Überleben in Italien: ... ohne verheiratet, überfahren oder verhaftet zu werden.** Karl Blessing Verlag 2007. Eine Reise durch Italien von Norden nach Süden auf der Suche nach den Eigentümlichkeiten der Italiener. Der Autor ist einer der berühmtesten Journalisten Italiens.
- *Giuseppe Tomasi di Lampedusa:* **Der Leopard.** Lübbe 1994. Vielleicht der bedeutendste italienische Roman des 20. Jahrhunderts, der mit soziologischer Genauigkeit den Übergang von der sizilianischen Feudalgesellschaft zur bürgerlichen „mafiosen" Gesellschaft beschreibt. Das Buch spielt zur Zeit der Gründung Italiens (1861) und ist von dem großen italienischen Filmregiesseur *Luchino Visconti* eindrucksvoll und opulent verfilmt worden.
- *Stefan Ulrich:* **Quattro Stagioni – Ein Jahr in Rom.** Ullstein-Ausgabe 2008. Der Korrespondent der Süddeutschen Zeitung lebt seit 2005 in Rom und berichtet von dort für die Münchner Tageszeitung. Er hat es verstanden, den Kulturschock einer deutschen Familie in Rom sehr wahrhaftig zu schildern. Ich habe selbst einige Zeit in der Stadt verbracht und fast all das ebenso erlebt, was *Ulrich* mit Ironie und viel Zuneigung für die Römer beschreibt.
- *Joseph Zoderer:* **Der Schmerz der Gewöhnung.** Carl Hanser Verlag 2002. Der Roman eines deutschsprachigen Südtirolers handelt von den Schwierigkeiten einer deutsch-italienischen Beziehung in Südtirol. Die italienische Übersetzung des Buches war auch in Italien sehr erfolgreich.

Internettipps

- **italienpolitik.blog.de** – interessante und kritische Texte zu allen nur denkbaren Themen des italienischen Alltagslebens
- **www.enit.de** – die Website des staatlichen italienischen Fremdenverkehrsamts mit allen Informationen zum Thema Urlaub in Italien
- **www.reise-nach-italien.de** – Infos über aktuelle italienische Bücher, Chatroom für Deutsche und Italiener, aktuelle Infos zu den verschiedensten Regionen Italiens
- **www.auswaertiges-amt.de/diplo/de/Laenderinformationen/01-Laender/Italien.html** – Infos zu Wirtschaft, Außenpolitik und Kultur des Landes. Außerdem stellen sich auf der Website die deutschen Schulen in Italien vor.

Die Reiseführer von Reise

Reisehandbücher
Urlaubshandbücher
Reisesachbücher
Wohnmobil-Tourguides
Edition RKH, Praxis

Algarve, Lissabon
Amrum
Amsterdam
Andalusien
Apulien
Auvergne, Cévennen

Barcelona
Berlin, exotisch
Berlin, Potsdam
Borkum
Bretagne
Budapest

City-Trips mit Billigfliegern, noch mehr
Cornwall
Costa Blanca
Costa Brava
Costa de la Luz
Costa del Sol
Costa Dorada
Côte d'Azur, Seealpen, Hochprovence

Dalmatien Nord
Dalmatien Süd
Dänemarks Nordseeküste
Disneyland Resort Paris
Dresden

Eifel
Elba
El Hierro
Elsass, Vogesen
EM 2008 Fußballstädte
England, der Süden
Erste Hilfe unterwegs
Estland
Europa BikeBuch

Fahrrad-Weltführer
Fehmarn
Föhr
Formentera
Friaul, Venetien
Fuerteventura

Gardasee, Trentino
Georgien
Golf von Neapel, Kampanien
Gomera
Gotland
Gran Canaria
Großbritannien

Hamburg
Helgoland
Hollands Nordseeinseln
Hollands Westküste

Ibiza, Formentera
Irland
Island, Faröer
Istanbul
Istrien

Juist

Kalabrien, Basilikata
Katalonien
Köln
Kopenhagen
Korfu, Ionische Inseln
Korsika
Krakau, Tschenstochow
Kreta
Krim, Lemberg, Kiew
Kroatien

Landgang an der Ostsee
Langeoog
La Palma
Lanzarote
Latium mit Rom
Leipzig
Ligurien, Cinque Terre
Litauen
London

Madeira
Madrid
Mallorca
Mallorca, Leben/Arbeiten
Mallorca, Wandern
Malta, Gozo, Comino
Mecklenb./Brandenb.: Wasserwandern
Menorca
Montenegro
Moskau
Motorradreisen
München

Norderney
Nordseeinseln, Dt.
Nordseeküste Niedersachsens
Nordseeküste Schleswig-Holstein
Nordspanien, Jakobsweg
Nordzypern
Normandie
Norwegen

Ostseeküste Mecklenburg-Vorp.
Ostseeküste Kreuzfahrthäfen
Ostseeküste Schleswig-Holstein
Outdoor-Praxis

Paris
Piemont, Aostatal
Polen Ostseeküste
Polens Norden
Polens Süden
Provence
Provence, Templer
Pyrenäen

Rhodos
Rom
Rügen, Hiddensee
Ruhrgebiet
Rumänien, Rep. Moldau

Sächsische Schweiz
Salzburg, Salzkammergut
Sardinien
Schottland
Schwarzwald, südl.
Schweden, Astrid Lindgrens
Schweiz, Liechtenstein
Sizilien, Liparische Inseln
Skandinavien, der Norden
Slowakei
Slowenien, Triest
Spiekeroog
Stockholm, Mälarsee
St. Petersburg
St. Tropez und Umgebung
Südnorwegen
Südwestfrankreich
Sylt

Teneriffa
Tessin, Lago Maggiore
Thüringer Wald
Toscana

Know-How auf einen Blick

Tschechien
Türkei, Hotelführer
Türkei, Mittelmeerküste

Ukraine, der Westen
Umbrien
Usedom

Venedig

Wales
Wangerooge
Warschau
Wien

Zypern, der Norden
Zypern, der Süden

Wohnmobil-Tourguides

Dänemark
Kroatien
Provence
Sardinien
Sizilien
Südnorwegen
Südschweden

Edition RKH

Durchgedreht – Sieben Jahre im Sattel
Eine Finca auf Mallorca
Geschichten aus dem anderen Mallorca
Mallorca für Leib und Seele
Rad ab!

Praxis

All inclusive?
Bordbuch Südeuropa
Canyoning
Clever buchen, besser fliegen
Clever kuren
Drogen in Reiseländern
Expeditionsmobil
Feste Europas
Fiestas Spanien
Fliegen ohne Angst
Frau allein unterwegs
Geolog. Erscheinungen
Gesundheitsurlaub in Dtl. Heilthermen
GPS f. Auto, Motorrad
GPS Outdoor-Navigation
Handy global
Höhlen erkunden
Inline Skating
Islam erleben
Kanu-Handbuch
Kartenlesen
Kreuzfahrt-Handbuch
Küstensegeln
Langzeitreisen
Marathon-Guide Deutschland
Mountainbiking
Orientierung mit Kompass und GPS
Paragliding-Handbuch
Pferdetrekking
Radreisen
Reisefotografie
Reisefotografie digital
Reisekochbuch
Reiserecht
Schutz vor Gewalt und Kriminalität
Schwanger reisen
Selbstdiagnose unterwegs
Sicherheit in Bärengebieten
Sicherheit Meer
Sonne, Wind, Reisewetter
Spaniens Fiestas
Sprachen lernen
Survival-Handbuch Naturkatastrophen
Tauchen Kaltwasser
Tauchen Warmwasser
Transsib
Trekking-Handbuch
Volunteering
Vulkane besteigen
Wann wohin reisen?
Wildnis-Ausrüstung
Wildnis-Backpacking
Wildnis-Küche
Winterwandern
Wohnmobil-Ausrüstung
Wohnmobil-Reisen
Wohnwagen Handbuch
Wracktauchen
Zahnersatz, Reiseziel

KulturSchock

Familienmanagement im Ausland
Finnland
Frankreich
Irland/Nordirland
Italien
Leben in fremden Kulturen
Polen
Rumänien
Russland
Schweiz
Spanien
Türkei
Ukraine
Ungarn

Europa

Wo man unsere Reiseliteratur bekommt:
Jede Buchhandlung Deutschlands, der Schweiz, Österreichs und der Benelux-Staaten kann unsere Bücher beziehen. Wer sie dort nicht findet, kann alle Bücher über unsere **Internet-Shops** bestellen.
Auf den Homepages gibt es **Informationen** zu allen Titeln:

www.reise-know-how.de oder **www.reisebuch.de**

Register

Italien
SCHWEIZ
ÖSTERREICH
UNGARN
SLOWENIEN
KROATIEN
BOSNIEN-
HERZEGOWINA
FRANKREICH
Südtirol-
Trentino
(Trentino-Alto Adige)
Friaul-
Julisch-
Venetien
(Friuli-Venezia Giulia)
Aostatal
(Valle d`Aosta)
Lombardei
(Lombardia)
Venetien
(Veneto)
Piemont
(Piemonte)
Ligurien
(Liguria)
Emilia-Romagna
Toskana
(Toscana)
Marken
(Marche)
Umbrien
(Umbria)
Latium
(Lazio)
Abruzzen
(Abruzzo)
Molise
Korsika
(Frankreich)
Alpen
Alpen
Alpen
Apennin
Apennin
Apennin
Bolzano/
Bozen
Trento
Trieste
(Triest)
Aosta
(Aostatal)
Bergamo
Vicenza
Verona
Novara
Milano
(Mailand)
Brescia
Padova
Venezia
(Venedig)
Pavia
Torino
(Turin)
Alessandria
Piacenza
Asti
Parma
Ferrara
Reggio
Emilia
Genova
(Genua)
Bologna
Ravenna
Savona
Forli
Rimini
La Spezia
Lucca
Pistoia
Pesaro
Pisa
Firenze
(Florenz)
Ancona
Livorno
Arezzo
Siena
Perugia
Ascoli
Piceno
Teramo
Grosseto
Terni
Pescara
Viterbo
L´Aquila
Roma (Rom)
ADRIATISCHES MEER
LIGURISCHES
MEER

Lecce
Brindisi
Taranto
Bari
Matera
Potenza
Basilicata
Apulien
(Puglia)
Kalabrien
(Calabria)
Crotone
Catanzaro
Cosenza
Apennin
Benevento
Kampanien
(Campania)
Avellino
Salerno
Caserta
Napoli
(Neapel)
Latina
IONISCHES
MEER
Reggio di
Calabria
Messina
Sizilien
(Sicilia)
Catania
Siracusa
Enna
Ragusa
Madonie
Caltanissetta
Palermo
Agrigento
Trapani
TYRRHENISCHES MEER
Nuoro
Sardinien
(Sardegna)
Oristano
Cagliari
Sassari
0
100 km
TUNESIEN

058it Foto: fs

Der Autor

Frank Schwarz, Jahrgang 1960, studierte Germanistik sowie Film- und Fernsehwissenschaften. Seit über zehn Jahren ist der gebürtige Frankfurter als Autor und Kameramann für das wöchentliche Reisemagazin „Service Reisen" des hr-fernsehens tätig. In dieser Zeit entstanden unter anderem zehn Sendungen über verschiedene Regionen und Städte in Italien. Durch seine vielen persönlichen Kontakte entwickelte sich eine intensive Bindung an das Land, die sich während der häufigen Aufenthalte ständig vertiefte.

Frank Schwarz ist Autor vom „CityGuide Rom" und vom „CityTrip Rom", zusätzlich ist er Mitautor des Reiseführers „Latium mit Rom", alle drei sind ebenfalls im Reise Know-How Verlag erschienen.

Danksagung

All den Menschen, die mir ein Italien jenseits der gängigen Klischees gezeigt haben, möchte ich ganz besonders danken.

Außerdem gilt mein Dank all jenen, die mitgeholfen haben, dieses Buch entstehen zu lassen. Zuallererst natürlich meiner Frau, ohne die ich Italien nicht kennengelernt hätte. Dann meinen Freunden Alex Pontalti und Antonella Citro, mit denen ich in den vergangenen zwanzig Jahren unzählige Gespräche über Italien führen durfte. Weiter möchte ich Ute Eberhard und Erik Tauber danken, die mir nach der Lektüre der ersten Fassung viele wertvolle Hinweise gegeben haben. Besonderer Dank gilt Stefania Sorriano, die meine Arbeit an diesem Buch mit vielen wichtigen Tipps unterstützt hat, und Susanne Meyer, die mir ihre Diplomarbeit zum Thema „Humor in Italien" zur Verfügung gestellt hat.